건강한 삶

장수 십계명

목 사 **허봉식(錫)**

사람의 생명은
5분 동안 호흡하지 않으면
5일 동안 물을 마시지 않으면
50일 동안 음식을 먹지 않으면
500일 동안 햇빛을 보지 못하면
죽을 것입니다.
5의 숫자는 세상에서 생명의 숫자를 상징합니다.

사록꽃 출판사

건강한 삶

장수 십계명

『인간의 몸은
매 초당 1000만 개의 **세포 분열**이 일어나고 있고,
200가지의 **화학 반응**이 일어나는 주 무대이다』

Ten Habits for Healthy Lifestyle

(미국 현지에서 사용하는 건강 십계명 번역본)

1. Do abdominal Breathing.
2. Drink enough water :
   (For example, 1,8Liters daily for a 135-pound adult).
3. Get at least 30 minutes of sunshine daily.
4. Consume an equal amount of cooked and uncooked fruits and vegetables.
5. Exercise regularly.
6. Get plenty of rest (sleep) between 10:00 p.m. and 6:00 a.m.
7. Understand the importance of self – control.
8. Have a positive and thankful attitude.
9. Maintain a stable body temperature.
10. Have a regular Body Health Recovery Program routine

효소를 소개하여 주심으로 저자의 몸을 치유하여 주시고
본서를 출판하는데 아낌없는 협조를 하여 주신
「좋은 효소」
평택본부장님이신 김해원님과 김사록님께 감사를 드립니다.
H. 010 – 3227 – 3132 (김해원)
010 – 3392 – 3963 (김사록)

차 례

건강을 위한 10가지 생활습관 ··· 5
시 언 ··· 8
나의 건강 이야기 ·· 11
우리 몸에 대한 기본적인 상식 ································· 31
대사 증후근과 효소 ··· 43

들어가면서 ·· 75
장수 1 계명 ·· 93
장수 2 계명 ·· 121
장수 3 계명 ·· 149
장수 4 계명 ·· 165
장수 5 계명 ·· 199
장수 6 계명 ·· 221
장수 7 계명 ·· 243
장수 8 계명 ·· 263
장수 9 계명 ·· 285
장수 10 계명 ·· 305

부 칙 ··· 321
나가면서 ·· 333

시 언

나의 건강을 회복시키소서

허 석

님의 형상으로 신의 형상 되게 하시고
창조의 혼으로 인생의 삶에 생명을 주시며
님의 영으로 신의 성품을 이 심령에 허락하셨습니다.

님의 숭고한 손길로 흙을 빚어 이 몸을 만드시고
거룩한 사랑으로 품어주셨으니
님의 은혜를 간직한 사랑받는 자 되었습니다.

님은 나를 낳으셨기에 아버지가 되시며
나를 사랑하기에 연인이 되시며
나를 인도하시기에 선한 목자이십니다.

님이 허락한 이 몸에 상처를 입히고
십자가를 떠나 욕망의 의지로 삶을 살아
병들고 지친 모습으로 엎드립니다.

님 앞에 서는 날까지 지혜를 주시고
성령님의 기억을 마음속에 새기어
건강한 몸과 영혼으로 님에게 서기를 원합니다.

님 앞에 기도하는 다니엘의 모습처럼
다윗의 회개로 눈물 흘리오니
이 몸과 영혼이 거듭나 새롭게 하소서

◎ 주는 나를 용서하사 내가 떠나 없어지기 전에 나의 건강을 회복시키소서.
　(시편 39:13)
◎ 그것은 얻는 자에게 생명이 되며 그의 온 육체의 건강이 됨이니라. (잠언4:22)

나의 건강 이야기

죽어가고 있었던 저자의 몸

저자는 평범하게 자란 제주도 원주민입니다.

감사한 일은 어려운 여건에서 1972년도에 제주시 남문로타리에서 오른쪽 다리 큰 뼈가 골절이 되는 사건이 있었습니다. 이 사건을 계기로 접골원에 입원하여 치료를 받는 시간에 예수님의 부름에 응답하여 스스로 예배당을 향하여 발걸음을 옮겨서 예수님을 섬기는 신앙의 생활을 시작하였습니다.

당시 서신길 선교사님은 예수님을 믿게 하려고 다리 몽둥이를 분질러 놓았다고 농을 하셨습니다. 그만큼 제주도에서 예수님을 믿는다는 것은 놀라운 사건입니다.

제주대학교를 졸업하고, 장로회신학교 신대원을 졸업하여 순탄하게 목회의 길을 시작하였습니다. 몇 년 후 나에게 미미한 몸의 이상이 나타났으나 큰 관심을 두지 않고 선교적 삶에 나름 열심히 살았습니다.

사람은 나이가 들어가면서 관심을 두지 않았던 질병의 징후는 누구에게나 다 있는 인생의 과정이라고 생각했습니다. 그러나 알지 못하는 의학의 무지한 결과는 저의 인생에 참담함으로 다가왔습니다.

그 징후는 다음과 같습니다.

1. 몸무게의 증가입니다.

내 키는 170㎝에서 166㎝로 4㎝가 줄어들었습니다. 40대 몸무게는 65kg에서 지금은 최고 86.5kg 이 되었습니다. 작은 키에 비하여 무거운 몸무게는 상당히 부담스러운 문제였습니다.

그러나 이를 가볍게 여겼습니다. 나이가 들어가면서, 또는 갱년기 때문에 생기는 몸무게라고 여겼습니다. 그리고 복부지방도 나이가 들면 당연히 생기는 것으로 생각하였습니다. 이런 비만이 만병의 근원이 된다는 것을 너무나 간과했습니다.

2. 고혈압입니다.

수축기 혈압이 150을, 이완기 혈압이 100을 넘기 시작했습니다. 혈압은 계속하여 상승하는데 어떤 때는 165에서 135까지 오르는 상황이 되었습니다. 그래서 계속하여 혈압 약을 처방받았습니다.

3. 코골이입니다.

폭풍을 치는 뜻한 코골이가 옆 사람에게 공포가 되었습니다. 단체여행을 가서는 함께 잠을 자지 못하여 밤새 복도를 방황해야만 했습니다. 축농증 수술을 2번이나 하였고, 코뼈 수술도 하였습니다. 그러나 코골이는 계속되었습니다.

4. 대머리입니다.

대머리가 빠지기 시작하더니 앞머리부터 시작하여 정수리 뒤쪽까지 폭 7㎝로 간격으로 머리카락이 모두 빠져버렸습니다. 40대의 나이는 60대로 보였습니다.

5. 혈액 순환장애입니다.

손바닥과 발바닥은 선홍색으로 나타나야 건강한 모습입니다. 그런데 저는 황갈색을 띠고 있습니다. 장지 손가락의 모세혈관을 측정했더니 피가 흐르지 않고, 흐르더라도 미량으로 손바닥은 황색으로 변하여 있는 것입니다. 이는 몸의 각 끝부분에 있는 모세혈관에 혈액이 막혀 피가 흐르지 않고 있다는 증거입니다.

저의 얼굴을 보는 사람들은 모두 한결같은 말을 합니다. 얼굴에 혈색이 없다고, 마치 죽어가는 사람의 얼굴을 보는 것 같다고 말하는 사람들이 많았습니다.

6. 당뇨의 시초가 보였습니다.

이때부터 경각심을 가졌고 당뇨병에 대한 경각심을 가지고 있었고, 병에 대한 공포심도 함께 가지고 살게 되었습니다.

7. 감정에는 모두 신경질적으로 반응합니다.

감정적으로 자기 통제가 안됐습니다. 쉽게 스스로 실수하는 일이 많아지는 것을 발견했습니다. 갑자기 소리치는 감정의 폭발이 일어나는 분노조절이 되지 않았습니다. 이성으로 통제하지 못하는 상황이 자주 나타나곤 하였습니다. 그리고 모든 일을 성급하게 결정하여 후회하는 일이 빈번하게 일어났습니다.

8. 수면 무호흡증입니다.

병원에서는 호흡 중에 산소농도가 90% 이하가 되면 산소마스크를 착용해야 합니다. 그런데 저의 검사의 결과는 67%입니다. 이것은 그만큼 적은 양의 산소만이 뇌로 공급되고 있다는 증거입니다. 이 병은 참으로 무서운 병인데, 심장마비로 즉사할 수 있는 상태의 질병입니다.

점점 무능해지고 판단력이 흐려져서 어이없는 결정을 내립니다. 기억력은 점점 사라지고, 무신경하게 살아갑니다. 각 신체의 기능이 제대로 활동하지 못하여 안전운전을 하려고 하여도 경미한 접촉사고가 항상 일어났습니다.

두뇌에 산소가 공급되지 않으니 본인의 지능은 어린아이 수준에 머무른 상황과 같았습니다. 그래서 조상이 물려준 모든 재산을 날리는 상태가 되어도 이를 판단할 이성도 없었습니다. 이러한 판단 능력의 결핍으로는 목사의 직도 감당하기 어려웠습니다. 그래서 목사의 직도 자연스럽게 그만두었습니다.

항상 사고를 달고 살아야 했고, 실수를 해도 그 실수를 느끼지 못하는 바보가 된 것입니다. 이는 치매와 파킨슨병이 시작되는 단계에 있었던 것입니다. 그리고 잠을 자다가 아주 자연스럽게 이 세상을 떠날 수 있었습니다.

지금은 건강보험으로부터 양압기를 처방받아 사용하고 있습니다. 양압기는 호흡을 잘하기 위한 수단일 뿐만 아니라, 산소가 공급됨으로 인하여 맑은 정신이 돌아오고 있습니다. 지금까지 살아있게 한 하나님에게 감사합니다.

9. 왼쪽 어깨의 통증입니다.

염증이 있는 것인지, 오십견인지 계속적인 아픔이 이어졌습니다. 움직였다면 고통이 심하였고 이를 치료하기 위하여 한의원과 전문의원을 수차례 진료를 받았고, 약을 처방받아 치료되기를 원하였지만, 결코 치료되지 않았습니다. 약을 먹는 순간 진통을 약화시키는 정도입니다.

10. 지능의 쇠퇴입니다.

창의력과 독창성이 뛰어났던 특성들은 사라지고 기억력도 없어지고 있었습니다. 이는 두뇌에 이상이 생긴 것이고 활동을 하지 않는 무능한 두뇌를 만들어 버렸습니다. 마치 지능지수가 80이하가 되어 있는 상태입니다.

이러한 병의 원인으로 말미암아 잘못된 선택, 불순종하는 믿음, 상식에 어긋나는 행위, 신경질적인 반응, 어리석은 판단력으로 말미암아 경제적으로 완전히 파산하였습니다. 조상이 물려준 모든 경제적인 기반들은 모두 경매처리 되었습니다.

그리고 어느 순간 심장마비나 급사에 의하여 죽을 수 있는 상황에 내몰리는 자아의 상태가 되었습니다. 잠을 자다가 그냥 영원히 잠들어버릴 수 있는 몸이 된 것입니다.

그 원인은 어디에 있을까요?

내 삶의 방식을 지금에 와서 다시 되돌아 기억하였을 때, 겉은 아무 이상이 없는 것처럼 보였으나, 속은 병들어 제 기능을 하지 못하는 이유는 어디에 있었을까를 생각해 보았습니다.

학교에서 공부할 때는 하루에 믹스 커피를 6잔에서 7잔까지 마셨습니다. 식욕이 좋아서 항상 절제한다고 하면서도 순간순간 과식하는 습관도 있었습니다.

술과 담배는 하지 않았고, 방탕한 생활도 없었습니다. 그러나 내 삶은 항상 초라한 인생이 되었습니다. 아무리 생각해도 나에게 큰 잘못은 없어 보였습니다.

다량의 커피 마시기와 순간순간 과식이 그 이유라면 나는 너무 불행한 인생이라고 생각됩니다. 그런데 그 사소한 것이 내 몸을 병들게 하고 있었습니다. 그리고 혹시 유전적으로 감추어진 몸의 이상이 있을까 라는 생각까지 들었습니다.

이러한 증상은 분명 병을 안고 살아가는 것입니다. 그런데 병원을 찾아가서 진단을 해도 정확한 병명은 없습니다. 처방으로는 "운동을 하라는 것" 뿐입니다.

내 몸이 서서히 병들어가고 있는 원인은 무엇일까? 건강에 대하여 무지한 자신의 모습을 보면 그 원인을 찾아가고 또 이에 대한 자료를 정리하기 시작한 이후 효소 식을 한 이후부터 입니다.

우리의 몸은 '세포 분열'과 '화학 반응'에 의하여 순환되는 유기체입니다. 그러므로 '세포 분열'이 잘 일어나고, '화학 반응'이 잘 조성된다면 우리의 몸은 건강한 몸이라고 할 수 있습니다.

다른 말로 이야기하면 "잘 먹고 잘 배출하면 건강한 몸이다"는 옛말은 진리라고 할 수 있습니다.

우리가 먹는 음식으로 영양분에 의하여 '세포 분열'이 생성되고, '화학 반응'으로 우리 몸에 있는 소화되고 남은 음식의 찌꺼기들은 배출하게 되어 있습니다.

이 '화학 반응'을 일으키는 중요한 매체가 있다면 바로 '효소'입니다. 그런데 이 화학 반응을 일으키는 매체로 효소는 60도 이상에서 조리되어진 음식은 그 기능이 상실됩니다. 생식을 했을 때 얻어지는 효소는 화식 즉 익혀 먹는 생활습관으로 우리 몸에서 고갈되고 있습니다. 이것이 문제입니다.

유아기와 청소년기에 충분했던 내 몸의 효소는 40대가 지나면서 고갈되기 시작합니다.

내 몸에 들어오는 음식물은 가공식품과 육식, 그리고 입맛을 따라가는 식성으로 결국 효소의 부족을 가져왔습니다. 그래서 내 몸은 대사 증후근으로 말미암아 종합적인 병을 가지고 살아가는 환자가 된 것입니다.

대사증후군이란 우리의 몸에 있는 각 기관이 제 기능을 다함으로 신진대사가 원활하게 이루어져야 하는데, 그 기능을 다하지 못함으로 말미암아 생기는 현상입니다.

내 몸에서 배출되어야 하는 쓰레기들이 내 몸 안에 싸이면서, 점점 비정상적인 몸으로 만들어갑니다. 내 몸의 각 기관들이 화학작용을 포기함으로 말미암아 내 몸은 쓰레기 창고가 된 것입니다.

내 몸 안에서 일어나는 대사 효소의 부족을 내가 어찌 인지할 수 있었겠습니까? 특히 인체에 대한 지식과 의료지식이 없는 자신에게는 서서히 생명을 단축하고 있는 징조들을 분별할 의식이 전혀 없었습니다.

이제 '효소 식'을 하고 있습니다. 아는 분의 권유에 의하여 식사를 절제하면서 아침, 점심, 저녁으로 효소를 식용하므로 내 몸에 변화가 일어나고 있음을 확인하게 되었습니다.

본서를 기록하게 된 계기도 효소 식을 하므로 내 몸에서 일어나는 변화를 체험하게 되는데 이는 내 몸을 위한 복음과 같았습니다. 예수님과 성경의 말씀이 내 영혼을 위한 복음이라면 〈효소 식〉은 내 몸을 위한 복음과 같았습니다.

〈효소 식〉 한 달 후의 모습은?

한 달을 효소 식을 하였을 때, 그 변화의 모습을 열거하면 다음과 같습니다.

1. 몸의 무게는 86.5㎏에서 '효소 식' 한 달 후 76㎏으로 감소하였습니다.

이제 70㎏으로 체중을 줄이려고 합니다. 오늘도 보건소에서 체지방 검사를 하였습니다. 많이 좋아지고 건강해졌다는 진단을 받았습니다.

그 외로 좋아지는 몸의 데이터가 수치상으로 나타나는 것을 확인합니다. 몸의 각 기관 기관이 제 기능을 다하여 건강한 몸으로 재탄생하고 있는 컴퓨터 데이터가 저를 기쁘게 합니다.

저는 종교인으로서 얼굴에 개기름이 흐르거나, 몸이 살진 종교인들을 보면 약간의 비판의식을 가지고 있었습니다. 그런데 진작 자신이 살진 모습을 보면서 마음이 불편하기가 말할 수 없었습니다.

그런데 이 몸은 살진 것이 아니라, 병들어 부어오른 것입니다. 한마디로 병든 몸으로 살아온 것입니다. 이제 자신을 사랑한다면 자신의 몸에 대한 건강에 책임을 져야 합니다.

그리고 목사라는 직책의 종교인으로서 고행하는 모습을 가져야 진정한 삶의 모습일 것입니다. 그 고행은 적게 먹는 것으로부터 시작된다는 것을 새삼 깨닫고 있습니다.

2. 혈압도 정상으로 돌아왔습니다.

120에서 80입니다. 그래서 혈압약도 끊었습니다. 〈효소 식〉을 할 때의 혈압측정도이며, 효소식이 끝나면 항상 혈압의 상태를 점검해야 합니다.

3. 코골이도 없어지기 시작하였습니다.

이제는 약간 새근거릴 뿐이라고 합니다. 참 기쁨의 소식입니다. 그래도 몸이 피곤하면 여전히 코골이는 합니다. 몸무게를 70 이하로 내려와야 하는데 이는 저에게 있어 큰 고역이기도 합니다.

지금은 양압기를 사용하여 잠을 청하고 있습니다. 잠자리가 불편하기는 하지만 몸은 엄청 좋아하고 있음을 느낍니다.

4. 머리카락이 서서히 나기 시작했습니다.

중간 부분에서 나기 시작한 머리카락은 이제 5/1를 덮었고, 멀지 않아 머리 전체를 덮을 것입니다. 이는 머리에 산소가 공급된다는 것입니다. 여기에는 양압기의 효과도 있을 것입니다.

5. 손바닥이 혈색이 돌기 시작합니다.

손가락 끝부분과 중간 부분에 붉은색이 나타나기 시작했습니다. 아직도 황색 부분이 있으나 멀지 않아 혈색 좋은 손과 발이 될 것으로 예측하여 봅니다.

얼굴에 혈색을 되돌리기가 쉽지 않습니다. 그래도 계속하여 체중을 줄이고 혈액을 활성화하도록 노력하고 있는 중입니다. 효소를 더 먹어야 한다는 의견도 있지만 조금 지켜보기로 하였습니다. 경제적인 문제도 고려해야 하겠지요.

6. 당뇨에 대한 염려를 놓았습니다.

경각심도 없어지고, 검사 결과는 항상 정상을 유지하고 있습니다.

7. 맑은 이성이 지배하면서 사리 분별력이 나타나 감정을 조절하는 의식이 생겨나고 있습니다.

될 수 있으면 감정을 조절하려고 하기에 스스로 안정된 이성으로 살아가려는 의식을 가지게 되었습니다.

즉 몸이 건강한 신호를 보내니 마음까지도 편안해지는 것을 체험하고 있습니다. 이성이 회복되고 분별력은 더욱 높아지고 있습니다. 내 주위에 이유 없이 화를 내고 있는 분들을 살펴보면 반드시 그 이유가 존재합니다.

8. 수면무호흡 증상도 서서히 없어지고 있습니다.

잠자는 호흡이 정상으로 돌아오고 있다는 기쁨의 소식을 부인이 전해줍니다.

아직까지는 양압기를 끼고 잠을 자고 있으나, 멀지 않아 양압기도 제거하면 좋겠습니다. 그런데 이는 희망 사항입니다. 어쩌면 죽을 때 까지 양압기를 착용하고 잠을 자야 할 것 같습니다 그래두 새근새근 잠을 잔다는 소식이 너무나 기쁘고 감사하기만 합니다.

9. 그렇게 고통을 받고 있었던 어깨의 아픔도 지금은 완전히 사라졌습니다.

어깨의 고통으로 말미암아 먹던 약도 끊었고, 한의원에 진료도 중단하였습니다. 지금은 어깨의 아픔은 완전히 치료되어 평안한 시간을 보내고 있습니다.

10. 이제 서서히 이성이 회복되고, 기억력이 재탄생되고 있습니다.

창의력이 계속하여 발의되어 특허를 출원하기도 하고, 책 6권을 집필하고 있는 중입니다. 나에게 주어진 일들을 해결하기 위한 조치들을 하나하나 해결하려는 의지도 생겨나고 있습니다.

50세 이상 되시는 분들은 지금도 이런 체험을 할 것입니다. 청소년 시절에는 몸에 어떤 상처가 나더라고 소독을 하고 2~3일이 지나면 완전히 치료되었습니다. 그런데 나이 50이 넘어서면서부터는 몸의 상처가 1주일이 지나도 아물지 않습니다.

'나이가 들어서 그러겠지'라고 생각했는데, 이제는 그 원인을 찾아서 생각할 수 있는 사고가 생긴 것입니다. 그 원인의 첫째는 피부의 가장 겉 부분에 있는 모세혈관에 피가 흐르지 않는 것입니다. 피가 흐르지 않으니 영양이 공급되지 못하여 상처가 치료되는 시간이 길어지는 것입니다.

기간이 길어지면 이물질이 침입하여 농이 생기게 되고, 이를 방지하기 위하여 약을 먹습니다. 그리고 '농'은 우리 몸의 쓰레기 세포들이 모여 있는 것입니다. 즉 내 몸의 병균과의 싸움에서 쓰러진 병사들의 시체입니다.

상처를 치료하기 위하여 우리의 몸에 양약이 들어오면 우리 몸은 이를 해독하기 위하여 더 많은 효소를 사용하게 됩니다. 급한 곳에 사용된 효소는 다시 부족하여 각 기관의 기능을 활성화시키지 못하게 됩니다. 그래서 내 몸의 효소는 항상 부족하게 됩니다.

이와 같이 효소의 부족한 문제는 우리 몸에 대사 작용을 일으키는 화학작용 기능을 하는데 많은 시간을 필요하게 합니다. 그러는 사이에 우리의 몸의 각 기관들은 정상적인 기능을 하지 못합니다.

청년의 이슬과 같은 몸으로 하나님 앞에 서게 되는 이 몸은 이제 활력이 넘치는 삶으로 회복하고 싶습니다. 내 몸의 대사 에너지에 생기를 주어서 행복한 여행자로 나그네의 삶을 살아가고 싶습니다.

내 자신이 완전히 회복되었다고 말할 수는 없지만, 서서히 좋아지고 있는 모습을 볼 때 효소에 대한 유익과 이를 추천해준 분에게 감사를 드리고 싶습니다. 그래서 그 감격에 저는 지금 이 책 〈장수 십계명〉을 정리하고 있습니다.

이 책을 저술하는데 기본적인 참고문헌이 있는데, 그 책은 김세연 박사님이 쓴 〈5%는 의사가 고치고 95%는 내 몸이 고친다〉는 책과 〈면역력 키우는 장내 미생물〉이라는 책입니다. 참으로 고맙고 감사한 책입니다. 그리고 김세연 박사님의 건강강의는 참 유익한 시간입니다.

그 외에 여러 백과사전과 네이버와 다음, 그리고 여러 의학서적을 참고하였습니다. 저는 다만 재정리하였음을 고백합니다. 의학 지식이 없는 자신에게 체험을 통해서 알게 되는 기쁨을 그 무엇으로 표현할 수 있겠습니까?

목사의 직을 가지고 있는 자신에게 성경 말씀은 필연적입니다. 이 몸을 만드신 아버지의 손길에 감사를 드리며, 건강하고 병들지 않는 몸으로 잘 간직하고 건강하게 살아가는 것도 하나님 앞에 내 자신에 대한 나의 책임입니다.

그리고 잘 관리되어진 건강한 몸과 경건한 정신으로 여호와 아버지 앞에서고 싶습니다.

　건강한 삶을 위해서는 무엇보다도 자신의 몸을 알아야 합니다. 자신의 몸에 대하여 하나하나 배워가는 시간은 참으로 행복합니다. 왜냐하면 나의 건강한 삶에 직접적인 관계가 되기 때문이다.

　세속에 도취되지 않아야 한다는 의미도 조금씩 깨달아 갑니다. 먹는 것에 대한 탐식은 가장 세속적인 행위 중의 하나입니다. 가장 세속적인 탐욕적 행위의 첫 번째가 있다면 식탐이라고 할 수 있습니다. 할 수만 있다면 다니엘과 같은 자연식으로 살아가야 합니다.

　절제는 먹는 것으로부터 시작되어야 합니다. 나의 몸은 어떻게 생존하고 있으며, 건강한 몸으로 살아가는 것도 하나님이 우리에게 허락한 사명 중에 한가지입니다. 자신의 건강을 항상 점검하고 진단하면서 살아가야 합니다.

　본서의 중심적인 내용으로 관심을 가져야 할 분야가 있다면 대사 효소의 부족입니다. 본서〈장수 십계명〉도 한마디로 말하면 부족한 효소를 내 몸에 채워야 한다는 논리를 전개하는 내용입니다. 즉 효소의 부족으로 말미암아 대사 증후군이 나타나고, 이 대사 증후군은 만병을 부르는 원인을 제공합니다.

　그러므로 대사 효소의 부족은 우리 생명을 치명적인 관계에 이르게 하고, 자신의 몸을 병들게 하는 근원이라는 것을 강조하고 싶습니다.

　더 구체적으로 말하면 우리 몸 각 기관의 기능이 막히면 '기'의 흐름도 막히게 됩니다. '기'는 우리 몸의〈에너지〉를 말하는데, '기'가 기력이 쇠함으로 우리의 생명의 근원이 되는 '혼'은 우리의 몸을 떠나게 됩니다.

하나님은 영혼의 구원을 위한 사역으로 이 땅에 예수님을 보내셨습니다. 그런데 예수님은 이 세상에서 수많은 환자들을 고치셨습니다. 친히 찾아가서 병든 자를 치료하여 주셨습니다.

귀신이 들려서 사탄의 노예가 된 사람들을 회복시키셨습니다. 영혼의 구원을 위하여 먼저 육신의 병을 고치시는 예수님을 볼 수 있습니다.

'건강한 몸으로부터 건강한 정신이 나온다'는 명제에 대하여 명언임을 선언하고 싶습니다. 저는 지금까지 건강한 정신에서 건강한 몸이 나온다고 믿고 있었습니다.

몸이 정신을 지배하느냐, 아니면 정신이 몸을 지배하느냐는 문제는 숙제입니다. 그런데 저는 몸이 특히 혈액이 온몸의 각 부분에 잘 흐르지 못하면 정신까지도 피폐하는 것을 체험하였습니다. 맑은 정신은 맑은 피에 의하여 주장된다는 체험을 하게 된 것입니다.

이제 여러분 모두가 병으로부터 치유함을 받고, 건강한 몸과 삶으로 행복한 여행자가 되시기를 바랍니다. 모든 인류가 행복하고 건강한 삶을 살아갔으면 좋겠습니다. 왜냐하면 인류는 모두 하나님의 백성이기 때문입니다.

여러분 모두가 건강하여 장수하는 복을 누리며, 이 세상에 주어진 가치를 실현함으로 행복하시기를 기원합니다.

목사 허 봉 식 (錫)

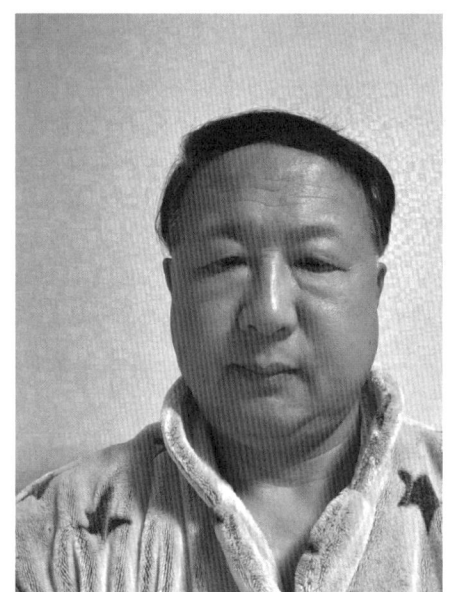

효소를 먹기 전 모습

효소를 먹은 후 1개월 후의 모습

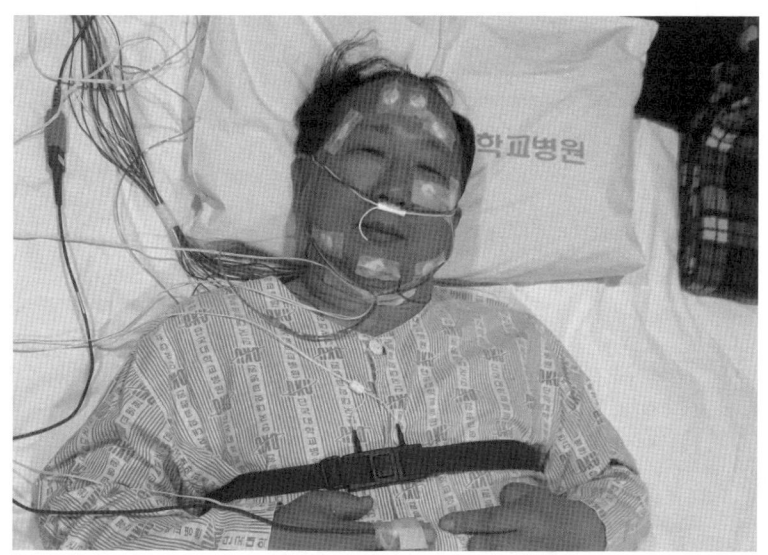
단국대병원에서 수면무호흡 검사를 받는 모습

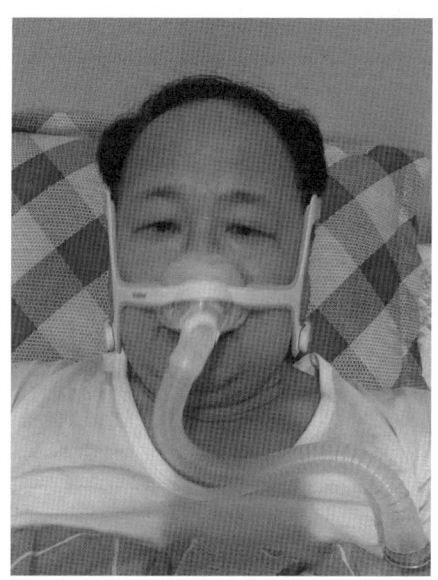
양압기를 설치하고 잠을 청하는 모습

건강한 몸으로부터 건강한 정신이 나온다

우리의 몸에 대한
기본적인 상식

우리의 몸 / 人體 / Human Body

『인간의 몸은 매 초당 1000만 개의 **세포 분열**이 일어나고 있고, 200가지의 **화학 반응**이 일어나는 주 무대이다』

◎ 출처 : 나무위키 백과사전. 인체편.
◎ 1000만개의 세포분열 중에서 5000개 이상은 암을 유발하는 좀비 세포다. 그러므로 우리 몸에서 세포 분열과 화학 반응이 잘 진행되면 이는 건강한 사람이다.

인체의 체계 (System of the Body)
〈 인체의 체계는 세포의 집합체이다 〉

구 분	목 록
골격계	척추 치아
근육계	근육
순환계	심장 동맥 정맥 모세혈관 혈구 혈장
호흡계	폐 기도
소화계	대장 소장 간(쓸개) 위(위액) 취장
신경계	귀 눈 코 입
피부계	모낭 유방
비뇨기계	콩팥 방광 요도 요관
생식계(남성)	음경 포피 귀두 전립선 고환
생식계(여성)	음문 음핵 질 자궁
내분비계	호르몬

인체의 체계는 세포로 구성되어 있습니다. 그러므로 우리 몸이 병들면 병원의 의사에게 진단을 받고 치료를 해야 합니다.

'세포 분열'

인간의 몸을 뜻하는 말로 구성요소로는 크게 내장, 근육, 뼈, 혈관, 혈액, 체액, 신경계 등이 있는데 이 중에 하나라도 없으면 절대로 살아갈 수 없습니다.

그만큼 인체는 연약합니다. 그리고 일부 구성요소는 상처를 입거나 없어져도 다시 회복되는 경우도 있지만, 일단 한번 확실하게 절단되면 재생할 수 없습니다.

인간은 해부학적으로 상당히 기형적인 신체 구조를 가졌다고 합니다. 덕분에 다른 포유동물들에게 없는 질병이 상당수 있으며 출산하기도 어렵습니다.

한 인간이 성인의 시기로 접어들기까지 온몸의 세포는 대략 100조 개에 달하는 세포로 이뤄져 있습니다. 각 부분의 유기체는 필수적인 생명 기능을 수행하도록 되어 있습니다. 이들에는 순환 체계, 면역 체계, 호흡 체계, 소화 체계, 배설 체계, 근육 운동, 신경 운동, 남성과 여성의 생식 등이 포함됩니다.

사람의 몸은 조직체와 세포로 크게 구분하기도 하며 소분자에서 부터 폴리펩티드와 같은 아미노산 결합물이 세포 속에 있으면서 세포의 발생을 촉진하게 됩니다.

몸의 성분 (60kg의 일반인 기준 위키백과 출처)

성분		몸의 비중	무게	원자백분율
O	산소	65.0%	38.8kg	25.5%
C	탄소	18.5%	10.9kg	9.5%
H	수소	9.3%	6.0kg	63%
N	질소	3.2%	1.9kg	1.4%
Ca	칼슘	1.5%	1.2kg	0.2%
P	인	1.0%	0.6kg	0.2%
K	칼륨	0.4%	0.2kg	0.07%
S	황	0.3%		
Na	나트륨	0.2%		
Cl	염소	0.2%		
Mg	마그네슘	0.2%		
기타		1.0%	아연, 철, 구리, 셀레늄, 붕소, 크롬, 망간, 코발트, 요오드, 몰리브덴, 바나듐, 실리콘	

◎ 백과사전마다 다른 견해를 제시할 수 있다. 사람의 인체는 약 24개의 원소로 구성되어 있는 유기체이다.

우리의 몸에서 세포에 대한 인체 체계의 진단과 치료는 병원에서 의사의 진료가 필요하지만, 우리 몸의 '화학 반응'은 우리 몸 스스로 강화하고 있습니다. 사람의 몸에서 일어나고 있는 '화학 반응'의 주요 매체는 〈효소〉입니다.

'세포 분열'은 우리가 먹는 음식의 영양분으로 구성하고 있습니다. 그러므로 완성한 '세포 분열'을 위해서는 양질의 음식을 신체의 발육과 나이에 상관관계를 가지고 있습니다.

가난했던 옛 시절에는 먹을 것이 부족하여 영양분의 부족으로 살았습니다. 그러나 지금은 영양분이 넘치는 식생활을 하고 있습니다. 그래서 비만이라는 질환으로 말미암아 만병의 시작을 알리는 폭탄을 가지고 살아가는 현실입니다.

'화학 반응' 과 장수

그리고 우리가 주지해야 할 사실은 '세포 증식'을 하기 위해서는 우리 몸에서 '화학 반응'에 의하여 이루어집니다. 중 고등학교에서 우리는 이에 대한 학문의 이론들을 배웠습니다.

소화 효소가 분비되고 영양분이 혈류와 함께 온 몸에 골고루 적합한 장소에 배분하는 상황에서 그 기능은 몸의 '화학 반응'에 의하여 이루어집니다.

그러므로 건강한 우리의 몸을 위해서는 무엇보다도 '화학 반응'이 중요합니다. 즉 영양분들이 온 몸으로 전달되어 세포증식의 사역을 감당하고 다시 버려지는 세포들을 배출하기 위해서는 '화학 작용'을 해야 하기 때문입니다.

우리 몸의 '화학 반응'은 다음과 같은 여건에 의하여 생성됩니다.

가장 먼저 '화학 반응'의 주원료가 있다면 〈효소〉입니다. 즉 〈효소〉는 자동차에 있어서 윤활유와 같은 기능을 합니다. 온 몸의 각 기관이 원활하게 작동할 수 있도록 그 역할에 도움을 주는 사명을 감당하고 있습니다.

'화학 반응'에 대한 여러 가지 설에 대하여 말하면 다음과 같습니다.

가장먼저 '화학 반응'을 위한 주원료를 가지고 태어난다는 설입니다. 미국의 영양학자인 '에드워드 하웰' 박사가 주장한 〈효소 수명 결정론〉입니다. 즉 사람의 생명은 결국 효소의 량에 의하여 결정된다는 설입니다.

두 번째는 일본인 의사 '하루야마 시게오'가 쓴 〈뇌내혁명〉이라는 책에서는 긍정적인 생각만으로 사람의 병을 예방하고 건강해 질 수 있다는 이론입니다.

이는 뇌에서 발생하는 '화학 작용'으로 우리의 생각과 감정이 '화학 작용'을 활성화시킨다는 견해입니다. 분노와 적대감은 심장박동을 빠르게 하고, 혈압을 올리며, 얼굴을 붉게 만듭니다.

불안감은 식은땀을 흐르게 하고 입에 침이 마르도록 합니다. 공포를 느끼면 얼굴이 하얗게 변하고 온 몸에 힘이 빠집니다. 즉 사람의 감정과 생각들이 화학적인 메시지로 전환되는 '화학 작용'이 일어난다는 견해입니다.

박사는 이렇게 말합니다. "근심, 걱정, 분노, 불안 등의 마이너스 사고는 뇌 속에서 '노르아드레날린'을 분비시키고, 공포는 '아드레날린'을 생성된다. 이들 물질은 무서운 유독물질과 같아서 병을 일으키는 원인이 된다"

"그러나 플러스 사고를 한다면 '베타 엔돌핀'이 분비되는데, 이 호르몬은 젊음을 유지시키며 암세포까지도 해치운다. 플러스 사고는 우리의 몸에 제

약공장의 역할을 하여 면역력이 있는 양약을 만들어낸다"고 말합니다.

긍정적인 사고는 우리 몸의 효소를 극대화시켜야 양호한 〈화학 작용〉을 하는데 기여한다고 말하고 있습니다.

세 번째는 충분한 사랑을 하고 또 받는 것입니다. 내가 사랑받고 있다는 인식은 우리의 온몸의 각기관들이 그 기능을 행복하게 작동하도록 도움을 줍니다.

사랑하는 사람과 사랑을 받는 사람의 심리적 상태는 행복합니다. 그러면 그 몸도 같이 행복합니다. 이를 어찌 과학적으로 증명하라고 요구하겠습니까? 우리 모두가 체험하는 것이 그 증거입니다.

네 번째는 1,000년의 인생을 살았던 에덴동산의 식생활로 돌아가는 것입니다. 즉 과일과 생채식으로 식사의 변화를 주는 것입니다.

현대인의 식생활

'화학 작용'의 주원료인 효소는 현 식생활에서는 생산할 수 없습니다. 왜냐하면 가열하고, 익히고, 삶아서 먹는 음식에는 모든 효소가 파괴되기 때문입니다.

다시 말하면 우리가 먹는 음식의 영양분은 대부분 세포증식을 위하여 사용되어지고 있습니다. 이는 위에 있는 24개의 원자들을 생성하기 위한 원천이 됩니다. 옛날에 비하여 영양가 있는 음식물로 인하여 왕성한 세포증식이 일어나 비만을 가져오고 있습니다.

그런데 우리 몸을 이루고 있는 10개의 인체 기관을 움직이는데는 반드시 효소가 필요합니다. 우리 몸의 기관이 삐걱거리지 않고 원활한 기능을 다 하기 위해서는 윤활유를 제공해야 하는데, 그 직무를 수행하는 것이 효소입니다.

우리가 먹는 음식은 잘 요리되어 영양분이 넘치지만, 효소는 죽어있는 음식입니다. 그러므로 세포증식에 의하여 몸무게는 증가하고 있지만, 오장육부의 기능은 저하되어 갑니다. 생식으로만 살 수 없는 우리는 효소 부족으로 말미암아 대사 증후근 증상이 발현됨으로 인하여 각종 질병이 우리 몸을 병들게 하고 있습니다.

우리 몸의 수많은 질환들은 대사 효소의 부족으로 말미암아 '화학 반응'이 정상적으로 활성화되지 못함으로서 발생합니다. 그래서 사람의 생명은 효소가 사라짐으로 말미암아 우리 인생의 삶도 끝을 맺는 것으로 정의를 내릴 수 있습니다.

즉 대사 효소가 하는 일은 우리 몸의 '기'의 흐름을 원활히 하는 일을 합니다. 성경에서도 '기'가 다하여 생명이 끝이 났다는 표현을 사용하고 있습니다. 즉 사람이 노환으로 죽는 것은 몸의 '기'가 다함으로 죽음을 맞이하는 것입니다.

즉 '기'라는 것은 우리 몸에서 일어나는 화학작용을 소통시키는 에너지입니다. 우리 몸에서 〈효소〉가 고갈되면 에너지가 생성되지 않으면서 화학작용도 중단됩니다. 이때 우리의 몸에서 〈혼〉은 거할 수 없으므로 몸에서 분리됨으로 우리의 생명은 끝이 납니다.

오늘도 수많은 사람들이 수명을 다하고 생명이 끝나고 있습니다. 질병으로 말미암아 또는 노환으로 세상을 떠나십니다. 그러면 죽음의 결정적인 요인은 무엇이겠습니까?

다시 강조하지만 사고사가 아니라면 그 원인은 바로 '효소'의 부족입니다. 즉 효소가 우리 몸에서 고갈되어 끝이 나는 순간 우리 몸은 화학 반응이 중단됨으로 우리 몸의 생명도 끝을 맺는 것입니다.

치료와 치유

치료는 의사가 하는 의료행위입니다. 그러므로 질병은 의사의 도움을 받아서 치료해야 하는 병을 말합니다. 외상이나 세균, 박테리아, 기생충 등에 감염된 병들을 말합니다.

치유는 우리 몸을 스스로 작용하고 있는 화학 반응입니다. 그러므로 질환은 나의 몸이 스스로 치유해야 하는 병들을 말합니다. 이 병들은 혈액이나 세포의 오염 및 호르몬의 부조화로 인하여 생기는 병들을 말합니다.

비만, 고지혈, 고혈압, 당뇨, 협심증, 심근경색, 뇌경색, 척추협착증, 갑상선 기능 저하 및 항진, 아토피, 우울증, 조울증, 류머티즘 등과 같은 대사질환이 이에 속합니다.

그러므로 우리가 내 몸에 대한 의료상식을 조금이라도 알고 있다면, 내가 가지고 있는 병의 원인이 무엇인지를 알고 있어야 합니다. 그리고 이에 잘 대처한다면 건강한 몸을 유지하고 행복한 삶을 만들어가는 지혜자가 될 것입니다.

하나님은 당신의 형상으로 사람을 만들 때에 1,000년이 넘는 시간을 살 수 있도록 만드셨습니다. 더 나아가서 영원한 시간에 존재할 수 있도록 창조하셨습니다.

그 방법이 있다면 그것은 자율면역 치료시스템입니다. 지금은 자동차도 자율주행이 보편화되는 시대에 살고 있습니다. 우리 몸도 하나님은 자율 면역치료체계를 세워서 노아 홍수 이후에는 사고가 아니라면 120년을 살 수 있도록 하셨습니다. (창6:3)

그러면 왜 사람은 병들고 늙어서 죽어가고 있습니까? 그 첫 번째와 마지막 답이 있다면 바로 탐욕입니다. 첫 여인은 신과 같은 존재가 되고 싶은 탐욕으로 말미암아 사탄의 유혹에 순응하였습니다.

지금도 수많은 사람들은 탐욕의 삶으로 말미암아 죽어가고 있습니다. 그리고 탐욕의 노예가 되었습니다. 이들은 밤을 버렸습니다. 쉼을 버렸습니다. 안식을 버렸습니다. 태양을 버렸습니다. 가족의 사랑을 버렸습니다. 온 누리가 가져다 주는 혜택을 버렸습니다. 그리고 생수를 버렸습니다.

그리고 돈을 따라갑니다. 맛을 따라 탐욕스런 식탐을 즐깁니다. 즐거움을 따라갑니다. 욕구를 따라서 몸이 따라갑니다. 좁고 어둠 속에 많은 사람들이 즐기는 곳에서 호흡합니다. 그래서 우리의 몸은 망가지고 있습니다.

이러한 탐욕은 사람의 몸과 정신에 독성물질을 만들어 내고 있습니다. 그리고 우리 몸은 이 독성물질을 해독하기 위하여 자율면역을 작동합니다. 자율면역을 작동하는 화학 반응의 주원료는 효소입니다. 그런데 효소의 부족으로 인하여 우리 몸의 각 기관은 그 기능을 할 수 없어서 병들어가고 있습니다.

그 결과 생명을 다하는 순간은 바로 우리 몸에서 효소가 소멸되고 나면 우리 몸의 각 기관은 그 기능을 멈춤으로 우리의 인생도 끝을 맺는 것입니다. 즉 우리 몸에서 더 이상 화학작용이 없음으로 '기'의 활동, 다른 말로 말하면 에너지의 발생이 중단되는 것을 말합니다.

그러면 우리의 '혼'도 우리 몸에서 더 이상 생존하지 못하여 우리의 몸에서 떠나게 되는 것입니다. '혼'이 내 몸에서 분리되는 순간 생명은 끝나 죽음에 이르게 됩니다.

대사 증후근과 효소

고통이나 아픔없이 우리의 생명을 죽음으로 몰고 가는 병의 원인이 있습니다. 우리는 이를 〈대사 증후근〉이라고 합니다. 이 질병은 우리 몸의 각 기관의 기능이 재 활동을 하지 않고 마비되는 현상입니다.

《대사 증후근》에 대한 상식

대사증후군 또는 메터볼릭 신드롬(영어: metabolic syndrome)은 인슐린 저항성이 원인인 것으로 추정되는 질환으로 비만, 중성지방, 콜레스테롤, 혈압, 혈당치 중 3개 이상의 수치에 이상이 생기는 증상입니다.

각종 심혈관 질환과 제2형 당뇨병의 위험요인들이 서로 군집을 이루는 현상을 한 가지 질환군으로 개념화시킨 것입니다. 인슐린 저항성(IR) 및 이와 관련된 복잡하고 다양한 여러 대사이상과 임상 양상을 모두 포괄하여 설명할 수 있는 유용한 개념입니다.

대사 증후군을 방치하면 동맥경화, 심근경색, 뇌졸중 등 심혈관 질환 혹은 세2형 딩뇨녕의 발벙 위험도가 증가합니다.

대사 증후근의 원인

대사 증후근의 원인은 체내에 인슐린이 있더라도 저항성으로 인해 고혈당은 개선되지 않은 채, 인슐린 농도만 높아지는 데 있습니다.

주요 증상은 혈당 대사 이상으로 인한 당뇨병, 지질대사 이상으로 인한 중성지방 증가, 고밀도 콜레스테롤, 나트륨 성분 증가로 인한 고혈압, 요산 증가로 인한 통풍 등입니다.

대사 증후근의 진단기준

미국 국립콜레스테롤 교육프로그램(NCEP)이 제시한 진단기준은 다음과 같습니다.

미국 국립콜레스테롤 교육프로그램(NCEP)진단기준

no	진 단 명	남자	여자
1	비만(복부)	102cm(동양인 90cm)	88cm(동양인 85cm)
2	중성지방	150mg/dℓ 이상	
3	콜레스테롤	40mg/dℓ	여성 50mg/dℓ
4	공복 혈당	100mg/dℓ 이상 또는 당뇨병 치료 중	
5	혈압	수축기 130mmHg 이상 또는 이완기 85mmHg 이상	

◎ 5가지 지표 가운데 3가지 이상이 기준치를 넘으면 대사 증후군으로 본다.

대사 증후군의 치료 및 예방

대사증후군은 심혈관 질환의 위험과 당뇨병 발병의 위험을 증가시키므로 일단 진단이 되면 이들 질환 발병의 위험을 줄이기 위해 적극적인 치유에 나서야 합니다.

일차적인 치료는 건강한 생활습관을 가지도록 하는 것으로 1년에 5~10%의 체중 감량을 달성할 수 있도록 칼로리를 제한하고, 운동량을 증가시키며, 식사내용을 변화시켜야 합니다.

생활습관의 개선만으로 충분치 않거나, 심혈관 질환의 위험도가 매우 높은 경우에는 혈관의 수축으로 혈액이 흐르지 않아 사망에 이를 수 있습니다. 그리고 당뇨병의 경우는 병원에서는 인슐린 증감제를 사용해 약물치료를 할 수 있습니다.

그러나 치료할 수 있는 뚜렷한 방법은 아직 밝혀지지 않고 있으므로 예방이 매우 중요합니다. 비만이 가장 근본적인 원인이므로 적절한 체중 유지와 규칙적인 운동으로 예방해야 합니다.

또한 스트레스를 받지 않도록 정신적·육체적 환경을 잘 조절해 마음을 편안하게 하는 것이 중요합니다. 스트레스는 우리 몸의 '기'를 떨어지게 만드는 주요한 원인입니다. 다른 말로 표현한다면 "피가 말리는 현상"입니다.

피(혈액)와 대사 증후근

이는 성경에서도 생명은 피(혈액)에 있다고 합니다. (창9:3-6) 그래서 성경은 "고기는 먹을 수 있으나 피와 함께 먹어서는 않된다"고 말씀합니다.

우리 몸의 '기'는 '에너지'입니다. "기력이 쇠한다"는 말은 "몸을 유지하는 에너지가 소멸되고 있다"는 뜻입니다. 이 에너지에 의하여 우리의 생명은 유지되고 있는데, 이러한 에너지가 떨어지면 생명(혼)은 우리 몸에서 분리하게 됩니다. 분리는 죽음을 의미합니다.

　그러므로 에너지의 보충방법은 몸에 합당한 영양보충으로 에너지를 계속 공급하는 일입니다. 그리고 에너지의 과도한 소비를 줄이는 것입니다.

　다시 말하면 영양보충은 에너지를 공급하는 것이라고 한다면 그 에너지가 제 몫을 잘 담당하도록 하는 일은 화학작용으로 말미암아 이루어지게 되는데 그 화학작용을 하는 매체는 바로 효소입니다.

　그런데 문제는 각 기관이 활성화되지 못함으로 '기'의 흐름이 차단됩니다. 즉 '기'의 흐름을 원활하게 하는 요소가 바로 '효소'입니다.

　우리의 몸은 곧 생명(혼)과 직결되는 관계를 가지고 있습니다. 생명이 내 몸에 거주할 때는 '육체'가 되지만, 생명이 내 몸에서 떠나는 순간 우리의 몸은 '시체'가 됩니다.

　우리의 몸에서 이상 징후를 발견할 수 있는 초기의 과학적인 방법은 대사증후근을 점검하는 것입니다.

　　혈압의 이상 증상,
　　혈당의 이상 증상,
　　혈류의 이상 증상
　　혈전의 이상 증상
　　혈류의 이물질 (콜레스테롤. 중성지방),

　결국 사람의 생명은 '피'에 있습니다. '피'는 사람의 온몸을 돌아다니면서 산소와 함께 영양분을 공급하여 세포를 증식시킵니다. 그리고 이물질을 받아와서 각 기관을 통하여 대사 운동을 주도하게 됩니다. 이것이 동맥과 정맥이 하는 일입니다.

더 구체적으로 말하면 동맥은 심장에서 나온 피, 즉 영양분과 산소를 인체의 각 부분으로 보내주는 혈관입니다.

그리고 정맥은 인체의 각 부분에서 동맥의 산소와 영양분으로 쓰고 남아 배출된 노폐물과 이산화탄소를 심장으로 되돌려주는 사명을 가진 기관이 혈관입니다. 그런데 대부분 정맥이 하는 일에 하자가 생긴 것입니다. 즉 정맥이 하는 일에 장애가 생긴 것입니다.

이 과정을 원활하게 잘 이동하도록 도와주고, 각 기관이 자신의 기능을 잘 할 수 있도록 도와주며 우리 몸에 남아 있는 쓰레기들을 잘 배출할 수 있도록 도와주는 역할을 하는 것이 바로 〈효소〉입니다.

그 외 예방법

그 외 예방하는 가장 좋은 방법은 바로 '운동'입니다. 운동을 생활화하고 술과 담배를 줄이는 것이 대사 증후군을 예방하는 방법입니다.

비만한 사람이 규칙적인 운동을 통해 체중을 줄이게 되면 신체의 인슐린 저항성이 개선될 뿐 아니라, 이와 동반된 당뇨병이나 고혈압, 고지혈증 등의 증상도 호전될 수 있다는 것이 연구 결과를 통해 증명된 바 있습니다.

하루 30분 정도 걷기 (1주에 150분 이상의 유산소 운동)나 가벼운 조깅은 체중을 줄이는 데 도움이 될 뿐 아니라 혈압 개선과 혈중 콜레스테롤 감소, 당뇨병 발생 위험을 줄이는 데 효과가 있습니다. 그러나 중병인 경우는 다른 처방을 받아야 합니다.

운동 중 가장 효과적인 방법으로는 복부를 중심으로 살빼기입니다. 허리 둘레를 줄이면 내장비만의 위험성도 감소하고 이에 따라 대사증후군에 걸릴 확률도 줄어들게 됩니다.

올바른 식사습관을 갖는 것도 중요합니다.

특히 50대를 넘은 사람들에게는 '소식'을 권장합니다. 우리의 몸에 부족한 효소는 과식으로 말미암아 소화효소로 다량을 소모하게 되면, 대사 작용으로 사용되는 효소가 부족하게 됩니다. 대사 작용이 원활히 작동하지 않으면 내 몸에 찌꺼기는 쌓이게 됩니다.

영 유아기에는 영양가가 있는 음식을 소량으로 다식해야 합니다. 그리고 청소년기에는 에너지가 많이 필요하므로 영양가 있는 음식으로 하루 3식을 시간에 맞추어서 식사하는 습관이 필요합니다.

40대와 50대는 3식을 하되 소식을 하는 것을 권합니다. 그러나 50대 후반부터는 하루 2식으로 하되 과식하지 않는 습관을 가지는 것이 좋은 식습관의 자세입니다.

우선 탄수화물 섭취는 전체 칼로리 중 50% 미만으로 낮추는 것이 좋습니다. 탄수화물은 단순 다당류의 탄수화물보다는 정제하지 않은 곡류로 만든 빵이나 제품, 현미가 좋으며 설탕은 정제하지 않은 흑설탕이 좋습니다.

이를 통해 칼로리를 감소시키고 저지방을 유지해 복부비만을 방지할 수 있습니다. 규칙적인 운동이 병행돼야 함은 물론입니다.

《대사 증후근》은 만병의 근원이다

대사 증후근의 결과로 우리 몸에 가져오는 질병들을 백과사전을 통하여 찾아 보았을 때 다음과 같은 결과를 볼 수 있습니다.

1. 비만

- 기본적으로 자신이 감당할 수 있는 무게보다 많은 살을 갖고 있다 보니 운동능력이 현저히 떨어집니다. 체력, 지구력, 유연성, 순발력 등이 떨어지므로 위급 상황에 대처하는 능력도 떨어집니다. 다만 근력은 아무래도 무거운 몸을 이끌고 다니다 보니 더 늘어날 수 있습니다.

- 비만은 각종 성인병의 원인이며, 비만 자체가 성인병이기도 합니다. 워낙 많은 병의 원인이 되는지라 일일이 나열하기가 힘들 정도입니다.

- 비만으로 무거워진 몸 때문에 디스크, 관절염 등 각종 관절 질환이 발생하기 쉬워지며, 그로 인한 부상도 잦아집니다. 다만 비만인 사람은 고압력을 계속 견뎌왔기 때문에 상대적으로 골다공증에 걸릴 확률이 적어 질수도 있습니다.

• 비만인 사람은 추위를 타지 않아 감기에 잘 안 걸린다고 생각하는 사람들이 많은데, 비만은 인체의 면역 체계에 혼란을 가져와 오히려 감기에 더 잘 걸리게 됩니다.

그나마 비만이 그렇게 심하지 않아 적당히 뚱뚱한 수준이면 외부 활동은 하는 데 별 지장 없으니까 좀 낫지만, 심각한 비만일 경우에는 체력적인 문제로 인해 신체 활동 자체를 꺼리게 되고 이는 면역력의 저하로 이어져 악순환이 발생합니다.

• 비만으로 인한 내장지방은 신체 각 부위를 압박하게 되는데, 특히 엉덩이 골반 부위에 살이 찐 경우는 앉아서 생활하는 시간이 많은 현대인들은 전립선에 큰 부담을 받게 됩니다.

나이가 들어서 오줌 제대로 누고 싶다면 미리미리 엉덩이 골반 주위의 살을 빼 두는 것이 좋을 것입니다. 다른 여러 가지 원인도 많이 있지만 전립선의 주적은 엉덩이 비만입니다.

• 코골이, 수면무호흡증의 가장 큰 원인도 비만입니다. 말 그대로 코와 목에 살이 쪄서 호흡을 방해하는 것입니다. 깨어 있을 때에는 잘 못 느끼지만 누워서 잠이 들게 되면 코에 찐 살로 비강이 좁아지고 목에 찐 여분의 살이 목을 압박하고 혀뿌리 조직(비만인 사람은 여기도 살이 찐다)이 뒤로 넘어가면서 기도를 막아 호흡이 뚝뚝 끊기게 됩니다.

수면 무호흡증 하나가 수많은 질병의 원인이 됩니다. 이를 열거하면 다음과 같은데 만성 피로, 우울증, 발기부전, 두통, 부정맥에다 당뇨나 고혈압 등의 성인병 원인이기도 합니다.

숨을 못 쉬어 잠을 깨거나 자주 뒤척여 편안한 잠을 잘 수 없고, 짧게는 다음날 하루 종일 피곤한 것부터 해서 나중에 가면 치매의 원인이 되기도 합니다.

심한 경우는 잠을 자다가 고요히 심장마비로 죽을 수 있습니다. 그러므로 잠을 자다가 심장마비를 죽었다는 진단을 받는다면 이는 수면 무호흡증에 의한 산소의 단절입니다. 더 나아가서 뇌에 혈류가 유동하지 않으므로 파킨스병의 원인이 됩니다.

어린이의 경우 발달 지연, 학습 부진, 그리고 일부 환자에게는 입으로 숨을 쉬게 되어 얼굴이 길어지는 현상이 생기기도 합니다. 게다가 지방이 내장을 압박하여 엎드려서 많이 자게 되고 이는 척추 질환의 원인이 되며 턱관절에도 좋지 않습니다.

- 지방이 너무 없어도 문제지만, 지방이 너무 많아도 피부에 좋지 않습니다. 게다가 지방은 두피의 혈액순환을 방해하여 뾰루지와 비듬, 탈모의 원인이 되기도 합니다.

- 치아에도 좋지 않습니다. 비만의 특성상 단것을 많이 먹게 되는데 이는 당연히 충치의 주요한 원인이 됩니다. 얼굴에 살이 많이 찐 사람은 입 안쪽을 뺨의 살이 눌러 어금니를 닦기 힘들어 대충 닦게 되고 이 결과로 또 충치가 발생합니다.

볼에 살이 많으면 음식을 씹다가 볼 안쪽 살을 자주 깨물게 되는데 이 상처에 음식물 찌꺼기나 미생물이 침입해 감염증을 일으킬 수 있습니다.

- 겨드랑이의 악취인 암내의 재료는 쓸모없는 체지방입니다.

- 무호흡증에서도 언급했지만, 비만 자체가 자신감을 잃어버리는 우울증의 원인이 될 수 있습니다.

- 각종 정신병에 노출되기 쉽습니다. 비만이면 이미 뇌가 음식에 중독된 상태여서 도파민을 제대로 내뿜지 못한다는 소리입니다. 그래서 비만인은 감정을 다스리기가 어렵습니다. 그러므로 정신병 판정을 쉽게 받습니다. 경우에 따라서는 정신병이 비만의 원인일 가능성도 있습니다. 대표적으로 ADHD(주의력결핍 과잉행동장애), 아스퍼거 증후군(자폐 스펙트럼 장애) 등입니다.

- 비만은 성조숙증 유발률을 5배 이상 높이게 됩니다. 호르몬 분비를 교란시켜 신체가 2차 성징이 찾아올 시기로 착각하게 합니다.

- 남성의 경우 비만으로 인해 심각한 성 기능 장애가 생길 수 있는데, 우선 비만도가 높아지게 되면 그에 비례하여 호르몬 렙틴의 혈중 농도가 높아지게 됩니다.

그런데 혈중 렙틴 농도가 높아질 경우 고환 내의 남성 호르몬 분비 세포인 라이디히 세포의 렙틴 수용체에 작용하여 라이디히 세포 본연의 역할인 남성 호르몬 분비를 방해하게 됩니다. 결과적으로 성 선기능 저하증을 초래합니다.

- 비만은 성호르몬을 교란하여 체내 성호르몬 비중을 중성적으로 변화시킵니다. 중년이 되면 남자는 감성적으로 변해가고, 여자는 터프해 지는데 비

만은 이 시기를 대폭 앞당긴다는 설이 있습니다.

- 난임 또는 불임의 가능성이 높아집니다.

- 비만인 사람은 사회적 인식으로 자기 관리에 실패한 것으로 여겨져 멸시 당하는 일이 많습니다.

- 비만은 좋지 않게 보는 사람이 태반입니다. 특히 20대나 30대에 비만이 있으면 공기업 사기업 취업이나 각종 인사고과에서도 뚱뚱하다는 이유 하나 만으로도 저평가 받을 수 있습니다.

21세기 현대사회에서 비만이 자기 관리의 실패라는 논리가 통하는 이유는 대한민국의 경우 90년대 이후 3차 산업의 발달과도 연관이 있습니다. 3차 산업에서의 직원의 외모는 기업의 이미지와 바로 직결될 수 있기 때문입니다.

특히 사람을 많이 상대해야 하는 아르바이트, 영업사원, 금융권 및 서비스업 산업들이 이런 경향을 많이 가지고 있습니다.

대기업의 사무직이나 수도 광역시 중심지에 일하는 청년들의 경우에 뚱뚱한 사람들을 한 손가락에 꼽을 정도로 찾아보기가 힘들며, 인사담당자에 따라서는 비만인 사람이 면접 보러오면 압박 면접을 실시하는 경우도 있다고 합니다.

날씬한 체형을 가졌다 해도 주위를 돌아보면 흔하고 흔해서 쟁쟁한 경쟁자들이 많은데 여기다가 살까지 찌면 더더욱 살아남기 힘듭니다.

옷맵시를 유지하기 위해 식단관리나 운동은 기본이고 정기적으로 피부과를 방문해 레이저 제모, 박피 등 각종 시술을 받고 있습니다. 심지어 취업을 위해 성형까지 감행하는 경우가 오늘의 현실입니다.

- 결과적으로 말하면 급속하게 체중이 늘거나 줄어들게 되면 이는 이상 증상입니다. 유전적으로 또는 선천적으로 체중이 무거운 경향이라면 문제가 없지만, 그 외의 것은 위험을 알리는 신호가 됩니다.

2. 중성지방

고지혈증은 혈중 지방이 필요 이상으로 높아진 상태입니다. 고지혈증은 동맥경화, 협심증, 심근경색, 뇌졸중 등의 원인이 될 수 있습니다.

3. 콜레스테롤

일반적으로 20세가 되면 콜레스테롤 수치를 검사하기 시작해야 하고 최소 5년에 한 번은 검사해 보아야 합니다.

특히 다음과 같은 경우는 심장병의 위험이 높아져 보다 자주 검사를 해야 합니다. 병력으로 보면 고혈압, 흡연, 당뇨병, 비만, 음주 특히 알코올 중독 등의 병들을 발생시킬 수 있습니다.

45세 이상의 남성과 55세 이상의 여성 중에서 호르몬 치료를 하지 않는 폐경 여성, 직계 가족 중 급사나 심근경색 등 가족력이 의심되는 경우입니다. 그리고 갑상선에 이상이 있을 경우에 콜레스테롤 수치가 높게 나올 수 있습니다.

4. 당뇨

대혈관 합병증은 심혈관 질환을 말하며 대표적으로 심근경색, 뇌졸중 등이 있습니다. 심혈관 질환은 당뇨인의 사망 원인 1위에 해당합니다.

즉, 당뇨병은 심혈관 질환을 일으키는 치명적인 요인입니다. 반면에 미세혈관 합병증의 경우 치료법의 발달로 인해 발병률을 많이 낮출 수 있게 되며, 발병하더라도 최악, 즉 절단이나 실명에 이를 가능성이 크게 낮아졌고 합니다.

대 혈관 합병증

- 급성 심근경색, 협심증, 심부전 등 심장질환 :
당뇨는 심장을 먹여 살리는 관상동맥의 파괴에도 영향이 있습니다. 물론 주원인은 아니고 좀 더 기여하는 정도지만, 어쨌건 이로 인해 당뇨병 환자의 경우 좀 더 엄격한 혈압 관리(130/80)와 지방 수치(LDL <100)의 관리가 요구됩니다.

즉 고혈압 1단계나 전 단계도 당뇨 진단이 나오면 거의 무조건 약 쓴다는 이야기입니다. 참고로 대개 고혈압이 주원인인 심근경색은 당뇨병 환자가 사망하는 가장 흔한 원인입니다. 이를 위해 아스피린 및 스타틴 계열의 약물을 처방하게 되며 또한 철저한 관리가 요구됩니다.

- 말초동맥질환이 발생하고
- 뇌졸중 증세가 나타날 수 있습니다.

미세혈관 합병증

• 족부괴저 / 족부궤양 :
쉽게 말하면 손발부터 썩는 병입니다. 혈당량이 높으면 피가 걸쭉해지기 때문에 심장에서 먼 쪽의 모세혈관(특히 발끝)부터 타격을 입고, 동시에 말초신경도 죽어 나가기에 조직 괴사가 발생합니다.

즉, 피도 잘 안 통하는 데다 신경이 죽어서 다쳐도 아픈 줄 모르기 때문에, 상처가 나도 이를 방치하기 쉽고 금방 또 악화됩니다.

• 망막병증 :
실질적으로 당뇨 환자에게 더 위험한 쪽은 다리 절단보다는 안과 계통의 질병으로 관리하기가 어렵기 때문입니다.

인체에서 가장 예민하고 정교한 부위 중 하나인 눈의 모세혈관이 손상되어 망막에 죽은 부위가 생길 수 있습니다. 이를 당뇨망막증이라고 부르며 비증식성, 증식성의 단계를 거쳐 망막박리가 일어나 최종적으로 실명하게 됩니다.

비증식성의 경우 망막에 부종이 발생하기 전까지 아무런 증상이 나타나지 않을 수도 있습니다. 그러다 병이 진행되어 가며 부종 및 허혈이 발생하게 되면서 실명에 이르게 됩니다.

이에 비하여 증식성의 경우 새로운 혈관 형성에 의해 발생되는 질병으로, 비증식성에 비해 높은 확률로 실명에 이르게 됩니다.

- 만성 신부전 :

콩팥은 인체에서 혈관이 가장 빽빽하고 오밀조밀하게 모여 있으며, 간과 함께 가장 혈관의 역할이 중요한 장기입니다. 당연히 망가지기 쉬운 장기로, 이런 곳의 혈관에 문제가 발생한다면 정말 골치 아파집니다.

신장 기능은 한 번 감소하기 시작하면 회복할 방법이 아예 없습니다. 여러 약물을 통해 최대 수십 년까지 신장 기능 감소를 지연시킬 수 있지만, 최종적으로는 인공투석을 받게 되고 신장 이식만이 유일한 해답이 됩니다.

신장 기능 감퇴의 원인이 되는 혈당 문제가 해결되지 않는다면 운 좋게 이식받은 신장이 다시 나빠지는 악순환에 빠져 또 다시 신장 이식 신청자 명단에 이름을 올리는 경우도 상당합니다.

조직학적으로 가장 먼저 콩팥의 사구체 한쪽에 유리질의 축적이 나타나게 되며, 이 증상이 신장에 광범위하게 나타나게 되면서 신장의 기저막이 두꺼워 지게 됩니다.

이를 치료하지 않으면 고혈입으로 이이지게 되고, 고혈압도 신기능을 떨어지게 하므로 고혈압과 신기능 손상, 당뇨병이 시너지를 일으키면서 광속으로 신부전 증상을 가져오게 됩니다.

- 만성피로 및 무기력 :

영양 공급의 항상성과 순환기의 능력에 문제가 생겼기 때문에 초래되는 현상입니다. 초기부터 나타나는데, 문제는 당뇨 외에도 다른 것으로도 나타난다는 점입니다. 이 때문에 초기에 피로로 인해 당뇨병을 조기에 발견하는 경우가 거의 없습니다.

• 치아 및 손발톱 빠짐 :
　족부괴저와 마찬가지로 말단의 모세혈관의 흐름이 당에 의해 제대로 공급되지 못해 치아 또는 손발톱이 빠지기도 합니다.

　치아 뿌리는 혈관이 연결되어 꾸준히 영양을 공급을 받으며 단단하게 턱에 고정되어있는데, 혈관으로부터의 영양 공급이 부족해지면 치아가 약해져 쉽게 흔들리고 빠져버립니다.

　마찬가지로 손발톱도 손톱 뿌리에서 모세혈관에 의해 영양을 공급받고 성장하고 모양을 유지하는데, 혈류가 원활하지 않으니 손상이 쉽게 가고 약해지거나 심하면 빠지기도 합니다.

• 말초 신경염 :
　바늘을 쿡쿡 찌르는 듯한 심한 통증을 유발하거나, 혹은 마비가 와서 물건을 잡을 때 전혀 감각이 없어지는 증상입니다. 전자의 경우가 매우 고통스러운데, 대상포진에 보여주는 신경통과 버금갈 정도의 통증이 오기도 합니다.

　그렇다고 후자도 좋을 게 없습니다. 왜냐하면 마비로 인해 손발의 움직임이 저하되기도 하거나 더 심한 경우는 손을 쓰거나 걷기가 힘들어집니다.

　말초 신경병증의 경우 대부분 하지의 감각신경에 영향을 미치는 신경염으로, 감각이 무뎌지며 이로 인해 위에 서술된 궤양을 야기됩니다.

　당뇨는 뇌신경의 손상을 입히기도 하는데, 주로 뇌신경 3번인 동안신경을 손상시키며 통증, 복시(한 개의 물체가 두 개로 보이는 현상), 하수증 (안면신경이 노화되어 눈꺼풀이 처지는 현상) 등이 나타나기도 합니다. 그 외 뇌신경 6번과 9번에 손상이 발견되기도 합니다.

당뇨는 또한 단일 신경병을 일으키기도 합니다. 주로 정중신경의 손상으로 인한 통증 및 허리 엉치 신경 총병증 – 허벅지 통증 등이 발견됩니다. 당뇨는 자율신경에도 손상을 입혀, 발기부전, 요실금, 위부전 마비 및 체위 저혈압 등이 나타나게 됩니다.

- 당뇨병성 케톤산증 / 고혈당성 고 삼투성 혼수 :

이는 최악의 상황입니다. 이는 인슐린의 절대적 부족 혹은 심한 탈수나 스트레스로 유발되는 급성 합병증입니다.

일반적으로 케톤산증은 1형 당뇨병에 흔하며 고 혈당성, 고 삼투성 혼수의 경우 2형 당뇨병에 흔하다고는 하지만 꼭 그렇지는 않습니다. 먹는 약과 인슐린 제재를 포함한 당뇨병 조절 약물의 발전과 병의원에 대한 접근성 상승으로 과거보다는 흔치 않지만 여전히 때때로 발생하는 합병증입니다.

이때 중환자실에서 대량의 인슐린과 수액을 맞으면서 치료를 해야 합니다. 게다가 이런 급성 합병증이 오는 환자들은 심한 스트레스, 감염, 탈수와 같은 매우 좋지 않은 상태에 처해있는 경우가 많기 때문입니다.

- 말기 :

말 그대로 진짜 빼빼 말라 죽는 것입니다. 암과 비슷한 단계입니다. 기력이 쇠해서 혼자 걸어 다니기도 어려우며, 괄약근이 약해져 변실금이 생기는 경우가 많아 간병인 혹은 가족들의 고충이 너무너무 심합니다.

5. 혈압

고혈압은 뇌졸중, 심근경색 (심장마비), 심부전, 혈관 동맥류(예를 들면 대동맥류), 하지 동맥류 등의 주요 위험 인자이며, 만성 신부전의 원인이 되기도 합니다. 동맥 혈압이 약간만 높더라도 기대 수명 단축에 연관될 수 있습니다.

고혈압이 있는 일부 사람들은 어지러움, 현기증, 귀 울림, 시력 저하 또는 실신에 더하여 두통(특히 아침에 머리 뒷부분)을 말하기도 합니다. 어쨌거나, 이러한 증상들은 고혈압 자체보다는 연관된 불안감에 관련되었을 가능성이 더 크다고 할 것입니다.

신체검사에서, 검안경 검사로 눈 뒷쪽의 안구 기저부에서 고혈압 망막병증이 발견되는 것을 근거로 고혈압을 의심할 수 있습니다.

전통적으로 고혈압 망막병증의 변화는 1~4등급으로 나뉘어 있는데, 가벼운 증상은 구별하기 어렵습니다. 검안경 검사의 발견은 또한 고혈압이 얼마나 오래되었는지 어느 정도 알려줍니다.

임신 기간에는 약 8~10%에서 고혈압이 발생합니다. 6시간 간격을 두고 두 차례 혈압을 측정하여 140/90mm Hg를 넘는 것으로 임신 중 고혈압을 진단합니다.

임신 중 고혈압인 대부분의 여성들은 이전부터 존재하던 원발성 고혈압을 가지고 있지만, 임신 중 높은 혈압은 임신기의 후반부와 산욕의 심각한 건강 상태인 자간전증의 징후일 수 있습니다.

자간전증은 혈압의 증가와 단백뇨가 특징입니다. 이는 임신의 약 5%에서 발생하며, 전 세계의 모든 산모 사망의 약 16%의 원인입니다. 자간전증은 또한 출산 전후 사망의 위험을 두 배로 늘리고 있습니다. 대부분 자간전증은 증상이 없으나, 정기적 선별 테스트로 알아낼 수 있습니다.

자간전증의 증상으로서 가장 흔히 일어나는 것은 두통, 시각 장애(종종 '광시증'-눈을 감거나 어두운 곳에서 번쩍거리고 시야가 흐린 증상), 구토, 명치 통증, 부종입니다.

자간전증은 생명을 위협하는 자간증으로 가끔 발전될 수 있는데, 자간증은 고혈압성 긴급증이며, 실명, 대뇌 부종, 간대성 간질성 발작 또는 경련, 콩팥기능부전, 폐부종, 파종 혈관 내 응고(혈액이 응고되는 병)를 포함하는 여러 심각한 합병증이 있습니다.

성장 장애, 발작, 과민성, 졸음증, 호흡곤란이 신생아와 영유아의 고혈압에 관련될 수 있습니다. 그보다 나이가 많은 유아와 어린이에서 고혈압은 두통, 이유 없는 과민성, 피로감, 성장 장애, 흐린 시력, 코피, 벨 마비를 유발시킬 수 있습니다.

그러므로 만병의 근원을 몰고 가는 대사 증후근을 유발하는 근본된 원인은 우리 몸의 화학작용을 일으키는 주원료로 바로 '효소'의 부족으로부터 파생되는 것입니다.

〈효소〉는 사람의 인체의 각 기관을 원활하게 그 기능을 잘 할 수 있도록 하는 윤활유라고 할 수 있습니다.

인체의 체계는 화학 반응에 의하여 활동한다.

단백질, 지방, 탄수화물, 비타민, 무기질 등 5대 영양소와 미네랄을 중심으로 하는 각종 영양소가 세포로 시작하여 인체의 기관을 만들고 있습니다.

우리 몸에서 일어나고 있는 200여 가지 '화학 반응'은 우리가 학교에서 배워서 알고 있는 것입니다. 아밀라이제는 탄수화물을 분해하고, 리파아제는 지방을, 그리고 프로테아제는 단백질을 분해합니다.

이렇듯 화학 반응을 돕는 요소가 있다면 바로 '효소'입니다. 효소의 종류와 역할은 수없이 많습니다. 가장 먼저 우리가 섭취한 음식물을 잘게 분해하는 소화효소가 있습니다. 소화효소가 분해시킨 음식물을 영양소의 형태로 흡수합니다.

그리고 인체의 각 기능을 원활하게 유동시키고, 체외로 배설하는 일에 대사효소가 관여하고 있습니다. 소화효소가 하는 일이 한가지라고 한다면 대사효소가 하는 일은 수없이 많습니다.

즉 대사 효소가 부족하여 체내에 있는 쓰레기를 체외로 배설하는 일을 잘 감당하지 못할 때 우리 몸에는 독소가 쌓이게 됩니다. 이 독소 세포가 계속하여 쌓이고 시간이 지나면서 종양이 되며, 다시 이 종양이 발전하면 각종 암으로 우리 몸을 병들게 합니다.

우리 몸에 축척되고있는 찌꺼기들은 정맥의 순환과 신경 자극 그리고 여러 작용에 의하여 몸 밖으로 배출하는 시작을 알립니다. 그래서 대변작용, 소변작용, 땀, 피부호흡이나 생명 호흡, 방귀 등으로 우리 몸에 이물질들을 몸

밖으로 배출해야 합니다.

그래서 운동을 하여 땀을 흘리는 이유가 여기에 있습니다. 그런데 문제는 운동만으로는 부족합니다. 우리의 몸은 기계와 같은 원리가 있으나 차원이 다른 하나님의 작품이기에 인위적으로 풀 수 없는 숙제가 있습니다.

이는 사람의 할 수 있는 최선의 방책으로 자신의 몸을 관리한다는 것에 초점이 있습니다. 그러므로 항상 인명은 재천이라는 낙천적인 마음으로 열심히 살아가는 신앙의 자세도 필요합니다.

사람의 인체 기관을 원활하게 유동시키고 그 기능을 잘 수행할 수 있도록 윤활유와 같은 요소가 바로 〈효소〉라고 한다면 그 효소에 대한 소견을 살펴보도록 하겠습니다.

효소에 대한 상식 (효소는 무엇인가?)

효소(enzyme)는 반응물인 기질과 결합해서 효소 - 기질 복합체를 형성한 생체 화학 성분입니다.

효소는 우리 몸의 화학 반응의 활성화 에너지 수준을 낮춤으로써 물질대사의 속도를 증가시키는 생체 촉매 역할과 또는 속도를 조절하는 생체 보호 기능을 수행합니다.

효소는 기질을 생성물로 알려진 다른 분자로 전환시킵니다. 세포의 거의 모든 대사 과정은 생명을 유지할 수 있을 만큼의 빠른 속도로 일어나야 하기 때문에 효소 촉매 작용을 필요로 합니다. 우리 몸의 대사 경로는 효소에 의존하여 개별 단계들을 촉매합니다.

효소에 대해 연구하는 학문을 효소학이라고 하며, 효소는 5,000가지 이상의 생화학 반응 유형들을 촉매하는 것으로 알려져 있습니다.

대부분의 효소들은 단백질이지만, 일부 효소들은 촉매 기능을 가지고 있는 RNA 분자입니다. 촉매 기능을 가지고 있는 RNA를 '리보자임'이라고 합니다. 효소의 특이성은 독특한 3차원 구조를 가지고 있습니다.

효소의 상세한 내용

생물 활동의 핵심으로, 효소가 작동하지 못하면 생물이 살아가는 데 큰 지장이 생깁니다. 사실 우리가 알고 있는 대부분의 단백질이 효소라고 보면 됩니다.

효소에 대한 일반적인 연구 단계는 여기까지입니다. 우리 몸의 신비는 하나님의 전능하고 전지한 능력 안에서 살펴야 할 사건입니다.

효소가 필요한 이유는 생물체가 살기 위해서 필요한 화학 반응을 적정한 온도에서 빠르게 할 수 있게 하기 때문입니다. 효소 없이 화학 반응을 일으키기 위해서는 오랫동안 기다리거나 온도를 높이면 됩니다. 그런데 그 기다린다는 시간이 문제입니다.

바이러스는 자체적으로는 효소를 만들 수 없고 숙주 세포의 리보솜 등을 이용하여 단백질을 만들고 있습니다. 이렇게 만들어진 효소로 여러 활동을 하게 되는 것입니다.

결국 모든 생물 활동에 없어서는 안 될 존재가 효소입니다. 그리고 사람의 몸은 생체에 어긋난 생활 활동과 우리 몸이 원하지 않는 음식물로 인하여 효소는 계속하여 힘든 일을 하므로 점점 소멸되고 있습니다.

효소 연구의 역사

효소의 연구는 1700년대 후반으로 거슬러 올라갑니다. 1785년 이탈리아의 성직자이자 생물학자였던 스팔란차니는 새의 위액이 고기를 분해하는 현상을 관찰하였습니다.

그리고 1825년, 독일의 과학자 슈반은 새의 위액이 산성 조건에서만 고기를 분해하며, 열을 가하면 그 능력을 잃는 것을 발견하였습니다. 슈반은 이 성분을 펩신이라고 명명했으며, 분해 과정에서 펩신이 소모되지 않는 것으로부터 펩신이 촉매임을 밝혀냈습니다.

이후 술의 발효과정 또한 효모 안의 효소의 작용 때문임이 밝혀졌으며, 1897년 독일의 부흐너 형제가 효모 추출액도 알코올 발효를 일으킨다는 사실을 발견해 효소가 단백질임을 밝혀냈고, 1907년 노벨상을 수상합니다.

많은 효소 연구는 효모를 기반으로 이루어졌습니다. 효소의 영문명인 en-zyme부터가 접두사 en-에 효모를 뜻하는 -zyme이 결합된 형태로 된 단어입니다.

효소라는 이름 자체도 효모에서 유래되었습니다. 참고로 이 효소라는 이름은 맥주의 나라 독일의 화학자이자 생리학자였던 빌헬름 퀴네가 처음 사용했습니다.

DNA가 생체활동을 조절하는 원리 중 하나가 효소 발현을 조절하는 것입니다. 유전정보가 잘못되어 비정상적인 효소를 만들거나, 혹은 정상 효소를 만들더라도 그 양이 적절하지 않다면 생체활동에 문제가 생기게 됩니다.

유전병은 대체로 효소와 관련된 유전정보에 선천적으로 문제가 생긴 것이며, 방사선은 DNA 정보를 교란시켜 효소 정보에 오류가 생기도록 유발합니다.

일반적으로 섭씨 40도만 돼도 버틸 수가 없습니다. 이외에도 pH 등의 영향을 크게 받고 있습니다. 하지만 일부 미생물은 90도가 넘는 고온과 산성 환경에서도 활성을 유지하는 극한 효소를 갖고 있어 생존하는 경우도 있습니다.

효소의 구성

주효소
효소는 단백질로 이루어진 부분이며 단백질인 만큼 환경(온도, pH)에 영향을 많이 받고 있습니다

보조인자
효소의 비단백질 부분으로 주 효소에 비해 크기가 작으며, 온도와 pH의

영향을 덜 받습니다. 보조인자는 금속 이온과 coenzyme(조효소)로 분류됩니다. 이때 보조인자는 보결족이라고 부르며 단백질과 공유결합을 이루어 영구히 결합합니다.

조효소
대부분이 유기물이며 비타민 등으로 이루어져 있습니다. 반응이 끝난 뒤에는 주효소로부터 분리되며 한 종류의 주효소가 여러 종류의 조효소와 결합 되어도 활성화가 유효합니다.

- ATP(아데노신3인산) 합성 효소

미토콘드리아 내부 그리고 엽록체 내부에서 ATP를 만드는 효소입니다. 마치 전화기 같은 생김새를 하고 있습니다. ATP는 세상의 모든 생물들의 에너지 대사에 필요한 물질인데, 즉 세포가 가지고 다니는 보조 배터리라고 할 수 있습니다.

- Na-K ATPase

세포막에 위치해 ATP에서 얻은 에너지를 이용해 농도기울기를 거슬러 Na(나트륨) 이온을 밖으로 내보내고, K(칼륨) 이온을 안쪽으로 들여보내는 효소이다.

효소 식품은 진정으로 존재하는가?

효소 함유 식품은 효소의 기능을 통해 음식물이 흡수되기 용이한 형태로 전환시킴으로서 영양소의 흡수를 촉진시키는 작용을 합니다. 또한 효소와 식이섬유는 장의 연동운동을 촉진하여 배변을 도움으로써 변비를 호전시키는 효과가 있습니다.

내 몸의 효소는 어떻게 보충할 수 있겠는가? 그 방법의 시작은 발효식품에서 출발합니다. 우리가 먹는 발효식품은 1차 발효, 2차 발효가 이에 해당합니다.

발효식품의 예를 들면 다음과 같습니다. 즉 1차 발효는 청국장을 말합니다. 그리고 2차 발효는 된장, 간장, 고추장 같은 것입니다. 그래서 그 외도 개인적으로 발효식품을 만들어서 식음하는 분들도 있어서 다양하다고 할 수 있습니다.

1차 발효는 20~30%가 영양 흡수된다고 한다면, 2차 발효음식은 30~40%가 영양흡수 됩니다. 이제는 특수 공법에 의하여 3차 발효식품이 생산되고 있습니다. 3차 발효식품은 80% 이상을 영양 흡수함으로 우리의 몸의 각 기관의 기능을 활성화시키는 최적의 단계에 이르게 하는 것입니다.

여기서는 독자가 스스로 공부하고 찾아서 취사선택을 해야 할 것입니다. 자신의 건강은 단순히 먹는 것만으로 해결되지 않습니다. 즉 장수 십계명을 내 삶의 생활습관으로 정례화되어야 한다는 것입니다.

대사 효소의 증진은 내 몸을 보링하는 것이다

그리고 사람의 몸이 50년이 지나가면 인체 내의 대사 효소는 부족하게 됩니다. 그 원인은 장이 오랜 시간 일을 하였으므로 그 기능을 못하는 것입니다. 그리고 우리의 식생활 변화에 의하여 추가적인 효소를 공급해 주지 않기 때문입니다.

우리 몸에서 좋은 영양분을 공급하여 아무리 세포증식을 한다고 할지라도 효소의 화학 반응을 제대로 하지 못하면 우리의 몸을 정상을 유지할 수 없습니다.

오늘의 현대사회는 사회 환경과 음식 환경과 심적인 환경이 오염에 의하여 병들어 가고 있습니다. 그래서 우리 몸에서 화학 반응으로 대사 반응이 제대로 일어나지 않는다면 우리는 치유해야 하는 수많은 병을 가지고 살아가는 것입니다.

그러므로 지혜의 사람과 건강을 원하는 사람은 효소를 우리 몸에 제공함으로 자신의 몸에 있는 쓰레기들을 청결하게 처리함으로 말미암아 건강하고 장수하는 사람이 될 수 있는 비결입니다.

비만, 고혈압, 당뇨병, 각종 암 질환, 그리고 면역기능 등은 대사 반응이 우리 몸에서 일어나지 않기 때문에 생겨난 병들입니다. 다시 말하면 어린 시절에는 우리 몸에 있는 다량의 대사물질인 효소가 풍부하지만, 많은 일을 함으로 말미암아 성년이 되어서는 점차 효소는 소멸됩니다.

그리고 우리 몸에 쌓이는 노폐물이 독소가 되어 우리 몸을 병들게 합니다. 그러면 우리 몸에 있는 독소를 제거하는 일을 대사 반응으로 처리하는데, 정작 일을 해야 하는 효소가 우리 몸에 부족함으로 말미암아 대사 운동이 일어나지 않는 것입니다.

그러면 어떻게 해야 할까?

40세가 넘어가는 사람이라면 대사 운동이 원활히 일어나도록 장수 십계명을 생활 습관화해야 하며, 10번째의 계명을 인체 정화 프로그램에 참여하여 자신의 몸을 보링하는 기회를 가져야 합니다.

내가 내 자신의 몸을 사랑한다면, 자동차에게 좋은 기름과 각종 오일을 적시에 제공하므로 자동차가 삐걱거리는 소리 없이 안전하게 운행되도록 관리를 해 주는 원리와 같습니다.

자동차를 사람의 몸에 비유한다면 원료(경유, 휘발유. LPG. 전기에너지. 수소에너지 등)는 우리가 먹는 음식입니다. 질 나쁜 경유나 휘발유를 넣었다면 자동차의 수명에도 영향을 받습니다. 우리의 몸도 마찬가지입니다. 우리가 먹는 음식이 우리의 몸에 적합한 음식이 아니면, 같이 망가지는 것입니다.

자동차가 원료만 넣는다고 운행이 되는 것은 아닙니다. 자동차의 모든 부품들이 제 기능을 하려면 각 기관에 각종 오일이나 냉각수를 보충해 주어야 합니다. 그래야 자동차는 고장이 나지 않고 또 사고도 일어나지 않습니다.

자동차의 각 부품에 들어가는 오일 종류를 살펴보면 엔진오일을 교환할 뿐만 아니라, 엔진에 있는 찌꺼기를 제거해야 합니다. 그리고 엔진에 있는 찌꺼기를 걸러내는 필터가 있습니다.

더 나아가서 트랜스미션(변속기) 오일, 브레이크 오일, 냉각수, 파워스티어링(핸들) 오일, 디퍼런셜(기어) 오일을 보충해 주어야 합니다.

보충하는 오일은 사람의 몸으로 비유한다면 효소입니다. 이 효소를 보충해 주지 않으면 우리 몸은 사고가 나거나 고장이 나서 가다가 멈추게 됩니다. 고장이 나서야 우리는 병원을 찾게 되는데, 이것은 자동차나 사람이나 같은 원리입니다.

만일 내가 내 몸을 알고 있어서 올바른 진단과 예방을 실천한다면 돈과 시간을 소비하지 않고, 고통 없이 건강한 삶을 살 수 있을 것입니다.

하나님은 120년의 삶을 예정하셨습니다. 모두 건강하여 장수하는 복을 누리시기를 바랍니다. 이것은 하나님이 내리시는 은혜요, 복입니다.

하나님의 가장 사랑받는 자녀로서 사랑함으로 행복한 삶을 살아가는
경건한 자손으로 훈련받기 위하여, 이 아름다운 별 지구에
아담의 후손을 통해서 탄생하게 된 존재라고 말합니다.
(시편 4:3. 말라기 2:15)

들어가면서

그러면 우리는 어떻게 살 것인가?

인간은 "어디에서 왔다가, 어떻게 살다가, 어디로 가는가"라는 명제는 인류가 질문하는 세기의 문제입니다.

'어디서 왔는가'는 종교적이고 인류학적인 문제입니다. 그래서 기독교에서는 하나님의 세계에 존재했던 인류는 창조하여 만들어진 우주의 가장 아름다운 별 지구에 보내진 하나님의 자녀들이며, 그 목적은 하나님의 사랑받는 영적인 훈련을 받기 위하여 아담(사람)의 후손으로 부모를 통해서 탄생되어진 존재입니다.

그리고 인류학적으로는 인류의 탄생 기원을 논하면 네안데르타인 등등을 이야기하면서 복잡한 그래프를 그려낼 것입니다.

생리학적으로는 아버지의 정자와 어머니의 난자가 만나 수정되고 잉태되어 탄생 된 유전학적인 관점에서 논할 것입니다. 이 문제에 대해서는 우리는 학자들과 신학자들에게 위임하고 싶습니다.

그리고 '어디로 가'는 또한 '어디서 왔는가'란 문제와 동일하므로, 그래서 이것도 또한 학자들과 신학자들에게 맡겨 장수하는 인생과는 관계가 없는 것으로 하고 싶습니다.

어떤 논리로 전개되더라도 우리는 이 땅에 존재하고, 이 지구에서 살아가고 있습니다. 그러면 우리는 어떻게 건강하고 행복하게 살아가다가 생을 마치는 것이 우리에게 있어서는 최우선의 과제입니다.

우리는 왜 지구라는 별에 탄생되고 있습니까? 하나님은 이렇게 말합니다.

〈하나님의 가장 사랑받는 자녀로서
사랑함으로 행복한 삶을 살아가는
경건한 자손으로 훈련받기 위하여,
이 아름다운 별 지구에
아담의 후손을 통해서 탄생하게 된 존재〉
라고 말합니다.
(시편 4:3. 말라기 2:15)

그래서 그 무엇보다도 행복하고 경건한 자손은 '건강'이 삶의 질을 풍성하게 할 뿐만 아니라, 행복함을 가져다주는 원천이 된다는 것을 우리는 잘 알고 있습니다. 모든 인간은 '장수의 삶'을 살기를 원합니다. 이것은 인간이 가진 가장 기본적인 욕구입니다.

'장수'는 그 밑바탕에 '건강'이 자리 잡고 있습니다. 건강하지 못하고 장수한다는 것도 또한 불행입니다. 그러나 인간은 장수하기를 원합니다.

그래서 수많은 병원을 찾아다니고, 좋은 보양식을 합니다. 자신에게 주어진 환경이 부족해서 그렇지, 나에게 주어진 좋은 환경이 있다면 사람은 오래 살기 위하여 수많은 수단과 방법을 동원할 것입니다.

'9988234' 와 '일십백천만' 운동

'9988234'는 우리가 잘 알고 있는 금언이고 건배사입니다. 참으로 저자도 9988234의 삶을 살았으면 너무나 좋겠습니다. 99세까지 88하게 살다가 2-3일 병원에 입원했다가 4일 만에 죽을 수 있다면 이처럼 복된 일은 없을 것입니다.

요즘 들어서는 '9988234'를 위해서는 '1, 10, 100, 1000, 10000' 즉 '일 십 백 천 만' 운동이 일어나고 있습니다. '9988234'의 삶을 살고 싶다면 '일 십 백 천 만' 운동을 하라고 말합니다.

다시 말하면
"'일'은 하루에 한 가지 이상의 선한 일을 하여 가정과 이웃을 행복하게 해 주고,
 '십'은 하루에 열 번 이상 웃는 삶을 살고,
 '백'은 하루에 백 단어 이상의 글을 쓰고,
 '천'은 하루에 천 단어 이상의 글을 읽고,
 '만'은 하루에 만 보 이상의 걷기 운동을 하는 것이다"라고 합니다.

그래서 건강한 장수의 삶을 살 수 있다면 이는 복 받은 사람입니다.

성경에서 이야기하는 장수한 인물들

인류의 조상인 '아담'은 하나님의 모양으로 창조되고 130세부터 자녀를 낳기 시작하여 800년을 살면서 자녀들을 낳았고 930세에 죽었다고 기록

하고 있습니다. 참으로 수많은 자녀와 긴 인생의 삶을 사셨습니다. (창세기 5:3-5)

아담보다 더 오래 장수하신 분이 있는데, 이분은 '므두셀라'라는 분으로, 187세부터 자녀를 낳기 시작하여 780년 동안 자녀를 낳고는 969세에 돌아가셨다고 기록하고 있습니다. 즉 돌아가시기 2년 전까지 자녀를 낳았으니 얼마나 많은 자녀를 낳았을까 하는 놀라움 뿐입니다. (창세기 5:25-27)

성경은 노아 홍수가 일어나기 전까지 인류는 너나 할 것 없이 900년 이상의 장수하는 인생을 살았습니다. 노아 홍수전의 인류는 그 주어진 환경과 하나님 은혜의 역사가 지금과는 전혀 다른 세계였음을 우리는 이해해야 합니다.

인류의 첫 음식

가장 먼저 '아담'이 먹었던 음식이 있다면
『온 지면의 씨 맺는 모든 채소와 씨 가진 열매 맺는 모든 나무'의 열매를 먹을거리로 주셨다. 그리고 '아름답고 먹기에 좋은 나무'의 열매가 있었다. 그리고 그 가운데 생명나무의 열매도 열려있었다.』
라고 기록하고 있습니다. (창세기 1:29. 2:9)

그리고 에덴동산의 중심에서 발원되고 있는 생명수와 같은 물을 마실 수 있었습니다. 즉 인류의 조상인 '아담'과 그 후손들이 먹는 음식은 주로 나무의 열매를 먹었습니다. 그리고 채식과 맑은 물이라는 것을 알 수 있습니다. 특히 열매에 중심을 두고 있습니다.

그러나 노아 홍수 후에는 급격한 환경의 변화를 가져옵니다. 하늘이 창문이 열리는 홍수가 40일 × 24시간 동안 내리게 됩니다. 그 뿐만 아니라 이 땅이 지각 변동을 일어나고 화산이 폭발하면서 대륙이 이동할 정도의 변화가 이 지구에 일어난 것입니다.

그 결과 높은 산과 산맥이 형성되고 골짜기가 생깁니다. 긴 강이 나타나 힘들게 강을 건너야 했습니다. 수많은 섬들이 생겨서 바다를 건너야 하는 도구를 만들어서 노를 젖어야했습니다. 살아가기가 힘한 환경으로 변화된 것입니다. 그래서 하나님은 인류에게 육식을 허락하셨습니다.

'아담'과 그 후손들은 모든 세계의 온누리와 동일체의 삶을 살았습니다. 즉 사자와 함께 술래잡기 놀이를 하고 호랑이와 함께 춤을 추었을 것입니다.

그러나 노아 홍수 이후에는 여호와가 육식을 허락함과 동시에 인류와 동물 사이에 경계가 생기게 됩니다.

성경은 이렇게 기록하고 있습니다.
『모든 산 동물온 너희의 먹을 것이 될지라. 채소 같이 내가 이것을 다 너희에게 주노라』(창세기 9:3) 그러나 한 가지 단서가 있으니 피는 먹지 말라는 것입니다.

노아 시대의 대홍수로 말미암아 변화된 지구의 환경은 산을 넘고 골짜기를 헤매며 큰 강과 작은 강을 건너는 변화된 환경에서 삶을 살아야만 했습니다. 그래서 인류는 힘든 고난의 삶을 살아야 했고, 그러기 위해서는 힘을 쓰는 에너지가 필요했기에 하나님은 육식을 허락하여 주셨습니다.

그래서 인류는 동물을 잡기 위하여 동물의 뒤를 쫓아야만 했고, 동물들은 도구를 사용하는 사람들을 피하여 도망을 가야만 했습니다. 그래서 인류는 서서히 고기를 잘 먹기 위하여 치아의 구조도 변하기 시작했으니 바로 4개의 송곳니로 진화되어진 것입니다.

다양한 채식주의자들

그러므로 창조된 인류는 과일과 채소로 살아가야 하는 식생활을 위한 몸의 구조를 가지고 있습니다. 그런데 죄악으로 말미암아 인류의 생명은 단축되었고, 삶은 힘든 여정을 걸어가야 하였습니다.

채식주의는 인간이 동물성 음식을 먹는 것을 피하고, 식물성 음식만을 먹는 것을 뜻합니다. 동물성 음식은 보통 동물로 만든 음식과 동물로부터 나온 유제품 (우유, 버터, 치즈, 요구르트 등), 동물의 알, 동물 성분을 물에 넣고 끓인 국물과 어류까지도 포함하는 식단입니다.

일부 엄격하지 않은 채식의 경우에는 동물의 고기를 제외한 일부의 동물성 음식을 먹는 경우도 있습니다.

채식주의자들이 채식 먹기를 주장하는 논리들은 서양에서는 동물 보호주의, 생태주의나 반자본주의, 자연보호, 정신 수양 등의 관점에서 채식을 주장합니다. 그러나 한국에서는 주로 건강을 위해서 채식을 하는 경우가 많습니다.

인도 인구의 20-30% 정도가 '락토 베지테리언'인데 이들은 동물성 음식

중에서 유제품은 먹는 채식주의자들입니다. 이들이 전 세계 채식주의자의 70%를 차지합니다.

또한 한국이나 일본을 비롯한 아시아 여러 나라의 국민들은 서구화 이전에는 육식을 많이 하지 않았습니다.

서양에서는 20세기 이후 건강, 윤리, 환경보호 등을 이유로 채식주의자의 비율이 꾸준히 늘어나고 있는 추세입니다. 미국의 조사에 따르면 1%에서 2.8% 정도의 국민이 닭고기와 물고기 포함한 육식을 하지 않는 것으로 조사됐습니다.

채식주의자들의 종류

비건(vegan) :
유제품과 동물의 알, 벌꿀을 포함한 모든 종류의 동물성 음식을 먹지 않고, 짐승의 가죽으로 만든 옷이나 화장품류처럼 동물성 원료가 포함된 모든 상품도 사용하지 않는 경우입니다. 동물계에 인간이 가하는 모든 형태의 착취와 학대를 배제하고자 하는 생명 윤리적 의미가 포함되어 있습니다.

생 채식주의 :
식물성 재료를 열을 이용해 조리하지 않고 먹거나, 효소가 파괴되는 온도인 48°C (118 °F) 이상으로는 열을 가하지 않습니다. 조리과정에서 영양소가 파괴되거나 변형되는 것을 막기 위한 경우가 많습니다.

그 외에도 과식주의, 락토 베지테리언, 오보 베지테리언, 락토-오보 베지테리언 등이 있습니다.

종교적 채식주의자들

불교 채식주의 :
모든 고기류와 양파, 마늘, 부추, 리크, 샬롯 등을 먹지 않는 부류입니다.

자이나교 채식주의 :
유제품은 먹지만 달걀, 꿀, 뿌리 식물을 먹지 않습니다.

명상 채식 :
요가 채식이라고도 말합니다. 유제품과 벌꿀을 포함하지만, 동물의 알과 발효식품, 술을 비롯해 마늘과 육두구 같은 자극적인 향신료를 피합니다.

그 외에도 준 채식, 페스코 베지테리안, 폴로 베지테리안, 플렉시테리안 등이 있습니다.

과도한 채식주의가 건강에 미치는 영향

관절염
관절염을 치료하는 데 도움이 되는지를 알아보기 위해 채식주의 식단이 연구되었지만, 좋은 근거는 발견되지 않았습니다.

뼈 건강

몇몇 연구에 따르면, 채식주의자의 생활 방식은 비타민 B12의 결핍과 낮은 골밀도와 연관될 수 있다고 합니다. 2019년 조사 결과, 채식주의자들은 일반인에 비해 대퇴골 목과 요추의 골밀도가 낮은 것으로 나타났습니다.

치아 건강

2019년 조사에서는 채식주의 식단이 충치의 위험성과 관련이 있을 수 있다는 것을 발견했습니다.

당뇨병

채식주의 식단은 당뇨병에 걸릴 위험을 줄일 수 있습니다. 채식주의 식단이 제2형 당뇨병에 걸린 사람들이 당분 조절을 하는 데 도움을 줄 수 있다는 증거가 존재합니다.

심장병

채식주의 식단은 심장병의 위험을 낮추고 만성 질환에 처방된 약의 필요성을 줄일 수 있습니다. 2015년 조사에서는 채식주의 식단이 총 콜레스테롤, 저밀도 지단백질 콜레스테롤, 고밀도 지단백질 콜레스테롤, 비고밀도 지단백질 콜레스테롤의 혈중 농도를 "효과적으로 낮춘다"는 것을 발견하였습니다."

'채식주의와 장수'과의 관계

붉은 고기와 가공육의 고기를 먹는 사람들의 그 섭취량이 적은 사람들의 경우는 많이 먹는 사람들에 비해 치사율이 25%에서 50%까지 줄어드는 것으로 확인되었습니다.

또한 17년 이상 장기간 채식만 한 사람들의 경우 짧은 기간 채식한 사람들에 비해 수명이 3.6년 더 길게 살았습니다.

이외에도 계란, 우유 등도 전혀 먹지 않는 완전 채식 다이어트를 하는 사람들의 경우, 고혈압, 비만, 심혈관계 질환 등으로 인한 치사율이 가장 떨어졌습니다.

연구를 이끈 브룩실드 롤랑 박사는 "이번 결과는 장기적으로 먹는 음식이 당신에게 해가 되는지 득이 되는지 보여 준다"면서 "고기를 줄이고 과일, 야채, 곡물, 견과류 등이 풍부한 식사를 하는 것이 좋다는 의미"라고 권고하였습니다.

WHO 측은 암을 유발할 수도 있는 고기 섭취를 전적으로 중단할 필요는 없다고 선을 그은 바 있습니다. WHO는 "암 유발 위험을 줄이기 위해 가공육을 적당히 섭취해야 한다는 의미지, 당장 중단하라고 권유하는 것은 아니다"라고 밝혔습니다.

'아담'과 그 후손들이 누렸던 지구의 환경

노아 홍수 이전의 지구와 홍수 이후의 지구는 전혀 다른 세계라는 것을 우리는 기억해야 합니다. 그래야만 우리는 이 지구의 지질과 탐사되고 있는 연구의 결과들을 바르게 이해되고 또 논리가 정연하기 때문입니다.

지금도 발견되고 있는 화석들을 보면 현재의 채소들이 노아 홍수 이전에는 10-20배의 크기로 더 크게 성장했다는 것이 증명되고 있습니다. 노아 홍수 이전의 지구의 환경은 모든 채소와 나무의 열매가 크고 풍성하여 인류가 먹기에 족하고 넘치는 환경임을 알 수 있습니다.

어떤 광물학자가 말하기를 지구에 있는 석탄의 추정치는 현재 지구에 있는 산림의 수천 배에 달하는 량이라고 말합니다. 즉 노아 홍수 이전의 산림은 나무와 열매 맺는 나무의 성장 속도가 빠르고 거대하게 성장하여 풍성한 숲과 열매를 가져다 주었을것입니다.

그 이유는 무엇일까요? 성경은 말하고 있습니다. 지구는 온실효과를 누리고 있었습니다.

『하나님이 이르시되 물 가운데에 궁창이 있어 물과 물로 나뉘라 하시고 하나님이 궁창을 만드사 궁창 아래의 물과 궁창 위의 물로 나뉘게 하시니 그대로 되니라 하나님이 궁창을 하늘이라 부르시니라 저녁이 되고 아침이 되니 이는 둘째 날이니라』(창세기 1:6-8)

여기서 궁창은 하늘입니다. 하늘에 있는 물이 온실의 역할을 하여 모든 채소와 나무들이 왕성하게 성장하도록 하는 환경입니다.

발효 이용의 역사

성경에 기록된 노아는 지금으로부터 4,500년 전의 사람입니다. 아담으로부터 노아 홍수 이전에 넘쳐나는 과일과 채소를 가지고 더욱 맛있게 먹기 위한 지식은 넘쳐났을 것입니다. 그중에 가장 핫한 발효물이 있다면 바로 '포도주'입니다.

노아는 조상들이 만들어온 포도주를 잘 보아 왔을 것이고 또 직접 포도주를 제조하였습니다. 그래서 홍수 후에 노아는 포도나무를 심었고 또 포도를 생산하여 먹고, 제조하여 포도주를 만들었습니다. 우리는 성경을 통해서 포도주에 취하여 벌거벗은 채로 잠이 든 노아의 모습을 볼 수 있습니다. (창세기 9:20-21)

백과사전을 살펴보면 신석기 시대부터 술을 만들기 위해 발효를 사용해 왔다고 합니다. 이에 대한 기록은 기원전 7000 ~ 6600년 사이에 중국 지아후의 문서와 기원전 5000년 인도의 아유르베다에 많은 약용 포도주에 대한 언급이 있습니다.

기원전 6000년의 조지아와 기원전 3150년의 고대 이집트, 기원전 3000년 바빌론, 기원전 2000의 스페인 정복 이전의 멕시코, 기원전 1500년의 수단에서도 발효의 역사를 찾아볼 수 있습니다. 발효식품은 유대교와 기독교에서 종교적으로도 중요합니다.

실험실에서 연구 중인 루이 파스퇴르

1837년에 카냐르 드 라 투르, 테오도어 슈반, 프리드리히 트라우고트 퀴징은 현미경 관찰을 통해 효모가 출아법에 의해 생식하는 생물이라는 결론을 내린 논문을 독자적으로 발표하였습니다.

1850년대와 1860년대에 루이 파스퇴르가 슈반의 실험을 반복하고, 일련의 연구를 통해 발효가 생물에 의해 개시된다는 것을 보여준 것이 발효 연구의 전환점입니다.

1857년에 파스퇴르는 젖산 발효가 생물에 의해 일어난다는 것을 보여주었습니다. 1860년에 파스퇴르는 세균이 우유의 산성화를 일으킨다는 것을 보여주었는데, 이전에는 우유의 산성화가 단지 화학적인 변화일 뿐이라고 생각하였습니다.

그리고 미생물이 식품 손상을 일으킨다는 것을 확인한 파스퇴르의 연구는 저온살균법을 이끌어 냈습니다. 프랑스의 양조 산업의 발전을 위해 노력한 파스퇴르는 1877년에 《맥주에 관한 연구(Etudes sur la Bière)》라는 발효에 관한 유명한 논문을 발표하였고, 1979년에 《발효에 관한 연구》라는 제목으로 영어로 번역되었다.

살아있는 미생물 작용의 결과로 발효가 일어난다는 것을 보여주는 것은 획기적이었지만, 발효과정의 기본적인 성질을 설명하지는 못하였습니다. 파스퇴르를 포함한 많은 과학자들은 효모에서 발효 효소를 추출하는데는 실패하였습니다.

부흐너와 발효 효소

1897년 독일의 화학자 에두아르트 부흐너는 발효 효소를 추출하는데 성공하였는데, 부흐너는 효모를 갈아서 효모 추출액을 얻은 후, "죽은" 효모 추출액이 마치 "살아있는" 효모와 흡사하게 설탕 용액을 발효시켜 이산화탄소와 알코올을 만드는 것을 보고 크게 놀라게 됩니다.

부흐너의 발효과정에 대한 연구 결과는 생화학의 시작으로 간주됩니다. 비조직화된 발효 효소들은 조직화된 것처럼 행동하였습니다. 이때부터 효소(enzyme)이라는 용어는 모든 발효물에 적용되었습니다.

그런 다음 발효가 미생물에 의해 생성된 효소에 의해 유발된다는 것을 알게 되었고, 부흐너는 자신의 연구성과를 인정받아 1907년 노벨 화학상을 받은 것을 알고 있습니다.

미생물학 및 발효 기술의 발전은 현재까지 꾸준히 계속되어 왔습니다. 예를 들어, 1930년대에는 물리적, 화학적 처리로 돌연변이가 된 미생물이 높은 수율, 빠른 성장, 산소 부족에 대한 내성, 보다 농축된 배지를 사용할 수 있다는 사실이 밝혀졌습니다.

균주 선택과 잡종화 기술 또한 개발되어 대부분의 현대 발효식품에 영향을 미치고 있습니다.

발효는 우리 음식의 기본이다

이처럼 발효에 대하여 역사를 기록하는 것은 중요한 의미가 있습니다. 왜냐하면 발효가 장내 미생물의 발생을 유도합니다. 장내 미생물이 유익균의 수를 증가하여 소화·흡수가 잘 되어 세포의 구석구석에 영양분이 잘 전달되게 합니다.

더불어 대사효소의 기능을 완벽하게 수행함으로 우리 몸으로 하여금 건강한 삶을 살도록 만들어 주는 것입니다.

땅 속에 미생물이 풍부하면 모든 식물이 건강하게 잘 성장합니다. 건강하게 자란 식물에게는 농약이나 비료는 필요하지 않습니다. 우리의 몸도 마찬가지입니다.

대사 효소로 전환될 수 있는 식품들 즉 자연식품, 식이섬유, 발효식품을 섭식하게 되면 우리 몸의 장은 유익한 미생물로 가득차게 됩니다. 이 유익한 미생물이 우리의 몸을 건강하게 하고 장수로 이끄는 단추가 됩니다. 그 시작이 바로 발효이기 때문입니다.

그래서 발효에 대한 역사와 성경의 말씀을 인용하는 것은 우리 몸은 발효된 음식을 섭취하도록 만들어졌고, 또 발효된 음식을 식음해야 건강한 몸으로 제 수명을 살 수 있다는 점을 강조하기 위한 것입니다.

장수 십계명		
계명	내 용	
1	맑은 공기를 마시고 복식호흡을 하자	몸의 건강을 위한 외부요소
2	물을 제대로 마시자	
3	햇빛을 쬐자	
4	음식을 바로 먹자	
5	꾸준한 운동을 하자	
6	충분한 휴식을 취하자	
7	절제의 미덕을 기르자	몸의 건강을 위한 내부요소
8	감사하는 마음, 낙천적인 마음을 갖자	
9	몸을 따뜻하게 하자	
10	정기적으로 인체 정화를 하자	건강한 몸을 유지하기 위한 방법
부칙	사랑하자	

인간의 생명은

5분 동안 호흡하지 않으면

5일 동안 물을 마시지 않으면

50일 동안 음식을 먹지 않으면

500일 동안 햇빛을 보지 못하면 죽을 것입니다.

5의 숫자는 세상의 생명의 숫자를 나타냅니다.

장수 1 계명

맑은 공기를 마시고
복식 호흡을 하자

주 하나님께서
땅의 흙으로 사람을 지으시고 생명의 숨을
그의 콧구멍에 불어 넣으시니 사람이 살아있는 혼이 되니라.
(창1:7)

사람의 생명을 위한 가장 첫 번째 음식

호흡을 하지 않으면 얼마나 살 수 있을까요?

사람이 호흡을 하지 않으면 '죽은 자'입니다. 사람마다 다르긴 하지만 5분 동안 호흡을 할 수 없으면, 사람은 죽을 수밖에 없습니다. 그러므로 사람에게 가장 필요하고 절대적인 음식이 있다면 바로 '공기'를 먹어야 합니다.

그렇습니다. 공기가 없으면 5분 이내로 죽을 것입니다. 그리고 물을 마시지 않는 단식은 5일을 넘기지 못할 것이고, 더 나아가서 물은 마시지만, 음식을 먹지 않으면 50일을 넘기지 못합니다.

세상의 유례에서나 기독교에서는 5라는 숫자의 의미는 '세상'을 상징합니다. 가장 먼저 손과 발에는 5개의 손가락과 발가락이 있습니다. 손가락과 발가락은 세상에 삶을 위한 위대한 도구입니다.

동양에서는 목·화·토·금·수의 오행을 상징합니다. 오대륙은 아시아, 유럽, 아프리카, 아메리카, 오세아니아이고, 오대양은 태평양, 대서양, 인도양, 남극해, 북극해입니다. 올림픽의 오륜기는 참가하는 오대륙을 상징합니다.

오감은 시각, 청각, 후각, 미각, 촉각의 다섯 감각입니다. 사람은 신맛, 쓴맛, 단맛, 짠맛, 감칠맛의 5가지 맛을 느낄 수 있습니다. 오곡은 쌀, 보리, 콩, 조, 기장의 다섯 곡식을 말합니다. 그리고 한의학에서 오장은 간장(간), 심장(염통), 비장(지라), 폐(허파), 신장(콩팥)을 말합니다.

미국 버지니아주에 있는 미국의 국방부 건물을 펜타곤이라고 말합니다.

펜타곤을 항공사진으로 보면 정오각형입니다. 아마도 세상을 지킨다는 의미가 있는 것 같습니다. 공기놀이에서는 알 5개를 사용하고, 악보를 그릴 때 오선지를 사용합니다.

5라는 숫자의 의미는 우리가 이 세상에 생존하는 법칙과도 같습니다. 우리의 일생은 어머니 배 속에서 시작하여 유아기, 청소년기, 장년기, 노년기로 이 5단계를 지나면서 이 세상에서 저세상으로 옮겨지는 인생입니다. 이것이 우리들의 '인생사'입니다.

가장 먼저 우리의 생각을 전환해야 할 요소가 있습니다. 우리는 살아있어서 호흡하는 것이 아니라, 호흡하기 때문에 생존하고 있습니다. 우리는 호흡하는 일이 아주 자연스러운 일이기 때문에 그 중요성을 잊어버리고 있습니다. 우리의 몸은 음식으로 받아들인 영양소와 호흡으로 받아들인 산소를 중심으로 하여 에너지대사를 하고 있습니다.

사람에게 있어서 생명의 유지를 위하여 가장 필요하고 중요한 음식은 바로 공기이며, 공기 중에 있는 산소(O)입니다. 사람의 인체에 유입되는 공기 중에 20%는 두뇌에 공급되어 지는데, 이 공급되는 산소가 5분 이상 공급되지 않으면 뇌사상태가 오고 그 후 심장이 멈추게 됩니다.

어떤 공기를 마셔야 할까?

산업의 발달에 의하여 지구상의 공기도 그 오염도가 높아가고 있습니다. 지구상의 공기는 내가 선택하여 마실 수 있는 음식이 아닙니다. 주어진 환경에 의하여 수동적으로 주어진 환경에 의하여 섭취해야 합니다.

세계보건기구(WHO)의 발표에 의하면 지구의 대기오염에 의한 사망자의 숫자는 세계적으로 연간 약 600만 명에 이른다고 합니다. 그중에서도 실내의 공기오염에 의한 사망자가 약 50%로 300만 명이 죽고 있습니다.

환경오염에 대한 이야기

실내오염

대한민국에서도 1960년대부터 90년대 초까지 연탄가스 중독에 의하여 죽는 사람들이 많았습니다. 연탄가스 중독이란 '독'은 일산화탄소(CO)입니다.

일산화탄소의 기능은 폐에서 혈액 속에 있는 헤모글로빈과 결합하여 일산화탄소헤모글로빈을 형성합니다. 이 때문에 혈액의 산소 운반능력이 상실되어 내부적인 질식 상태에 빠지게 되는데, 우리는 이것을 일산화탄소 중독이라 합니다.

보일러의 발전으로 인하여 연탄가스 중독에 의한 사망은 죽어 들었지만, 가스레인지에 의한 사망도 계속되고 있습니다. 가정에서 사용되는 가스레인지의 원료도 화석원료이기 때문입니다.

LPG, LNG 등의 원료는 연소하면서 막대한 양의 질소산화물과 황산화물을 발생시키고 있습니다. 그러므로 창문을 굳게 닫거나 환기용 팬을 가동하지 않으면, 위의 독성물질들을 자연스럽게 우리의 호흡을 통해서 우리 몸의 폐에 들어올 것입니다.

실내 공기의 정화를 위하여 사용되는 줄 알고 있던 향초의 불꽃이, 자동차 한 대가 방 안에서 공회전시키는 것과 같은 오염물질을 생산한다는 것을 실험을 통하여 입증하였습니다. 방향제나 섬유탈취제, 인공향료가 들어간 음식물들도 우리가 경계해야 할 요소들입니다.

그 외에도 흡연, 외부의 매연 흡입, 실내의 내장재 등 건축자재에서 뿜어져 나오는 유해물질도 실내오염의 주요한 오염물질이 될 수 있습니다.

그러므로 우리가 마시는 공기의 정화를 위하여 모든 집안에서는 공기청정기를 설치하고 있습니다. 그러면 우리의 몸도 몸의 정화를 위하여 공기청정기를 설치해야 하는데, 이것이 문제입니다.

외부환경의 오염

현대사회는 사람과 물건의 유동을 위하여 교통의 증가는 필연적입니다. 교통수단이 다양화되고 상당한 진보를 이루고 있지만 이에 따르는 환경오염은 날로 증가하고 있습니다.

특히 공장에서 생산되는 산업오염은 우리들의 삶과 가정과 지역의 대기오염뿐만 아니라, 토양과 하천, 강과 바다까지 나라 전체를 오염시키는 것이 현실입니다.

더 나아가서 우리의 편리함과 아름다움, 매력을 위하여 사용되고 있는 샴푸, 린스, 화장품, 에어콘의 프레온가스, 향수까지도 우리의 생명을 단축시키는 주요한 원인입니다.

우리의 환경오염 중에 유의해야 할 것이 있는데 바로 '산성비'입니다. 환경오염에 의하여 산성비가 되어 땅에 떨어진 오염물질은 금속과 건축물들을 오염시키고, 생태계를 교란시키게 됩니다. 금속을 부식시킬 정도가 되면 우리의 몸에 들어왔을 때 어떤 피해를 입히는지 상상이 됩니다.

이런 환경의 오염물질은 더 나아가서 오존층을 파괴합니다. 그 결과는 지구 온난화로 인하여 사막화를 앞당기고 해수면을 상승시켜서 이상기후를 만들어 냅니다. 그러므로 이상스러운 태풍과 폭우, 눈사태, 가뭄 등의 환경변화는 우리가 당면해야 할 문제이며, 과제입니다.

이런 환경의 변화는 우리의 몸에도 변화를 일으켜 알 수 없는 새로운 병을 만들어냅니다. 그리고 우리의 생명을 위협할 것입니다.

현대의 문명은 우리에게 편리함을 가져왔습니다. 그러나 반면에 지금까지 없던 수많은 병들과 새로운 병들이 탄생하여 사람들의 생명을 단축하고 있다는 사실을 간과해서는 안됩니다.

이는 한 나라의 문제기 아니라 지구라는 별 전체의 문제가 되었습니다. 중국 공산당 나라의 미세먼지는 한반도를 병들게 하고 있습니다. 원시사회로 뒤돌아갈 수 없는 상황에서 이는 반드시 해결해야 할 문제입니다.

지구의 문명이 발전하였다는 원인들을 규명한다면 무분별한 화석원료의 사용과 그에 따른 온실가스 배출로 인하여 이미 지구의 온도는 1℃가 올라간 상태입니다.

이 1℃라는 온도의 문제가 아니라, 1℃의 온도가 지금은 각종 폭염과 기상이변이 일어나는 원인이 되어 인류를 괴롭히고 있습니다.

그리고 더 나아가서 해수면이 높아지면서 지구의 땅은 점점 물속으로 잠들게 될 것입니다. 학자들은 남극에 있는 얼음이 녹기만 하여도 해수면은 58m가 상승되어 서울, 부산 등 세계의 수많은 도시들이 물에 잠기게 될 것입니다.

그분만 아니라 내 몸의 환경오염은 결국 배출되지 못하는 오염물질로 말미암아 비만 덩어리가 되고, 결국은 내 몸도 오염되어진 물로 말미암아 수장되어질 것입니다.

세계의 기구들과 국가들은 이러한 지구의 환경오염의 문제를 해결하기 위하여 노력하고 있습니다. 그러나 내 몸의 오염에 대해서는 해결할 수 없습니다. 우리는 나의 몸을 어떻게 정화해야 할까? 나의 몸은 내가 해결해야 합니다.

우리 몸에 가장 필요로 하는 원소는?

산소(O)입니다.
우리의 몸은 약 20여 종의 원소로 구성되어 있습니다. 우리가 호흡하고 식음하는 음식들이 우리의 몸을 만들고 유지하는 원천입니다.

그중에 가장 중요하고 필요한 원소가 있다면 바로 '산소'입니다. 우리의 몸에 단 5분이라도 산소가 공급되지 않으면 우리의 몸의 모든 활동은 금지됩니다.

산소는 영어로 Oxygen (옥시전)이라고 말하며 화학 원소의 하나로, 원소 기호는 O이고 원자 번호는 8입니다. 일반적으로 산소 원자 두 개가 결합하여 무색, 무미, 무취인 기체 상태로 존재합니다. 공기의 주성분 중 하나로, 지구 뿐 아니라 우주 전체에 걸쳐 다른 원소와 공유 결합된 상태로 널리 퍼져 있습니다.

산소는 대부분 광합성 작용으로 만들어지는데, 약 4분의 3은 대양의 식물성 플랑크톤과 조류가, 나머지 4분의 1은 육상 식물에 의하여 만들지고 있습니다.

우리가 산속으로 들어가면 맑은 공기를 마실 수 있는 것은 바로 숲이 우리들에게 맑은 산소를 공급하여 주기 때문입니다.

사람에게 생명 활동에 꼭 필요한 물질로써, 산소가 결핍되면 5분이 지나면 뇌사상태에 빠지고 8분이 지나면 완전히 사망합니다.

많은 양의 산소가 호흡, 연소 등으로 사용되지만 대기 중의 산소의 비율은 거의 일성한네, 이는 광합성 때문입니다. 광합성이 진행되면서 이산화탄소와 물이 소비되고, 포도당과 산소가 생성됩니다. 사람을 비롯한 동물군의 체내에서 산소를 운반하는 것은 적혈구가 역할을 감당하고 있습니다.

물과 산소와의 관계

산소는 대기와 해양을 포함한 지각에서 49.5%를 차지만, 건조한 공기에서의 산소는 부피 백분율로 20.946%를 차지합니다. 물에 포함된 산소는 지각에 존재하는 산소 전체의 질량 백분율의 88.81%를 차지한다고 합니다.

물의 성질은 물이 포함하고 있는 산소에 의하여 결정됩니다. 물이 가지고 있는 수소 원자는 수소 결합을 할 수 있는데, 이는 수소 원자가 전기음성도가 큰 산소 원자와 결합하고 있기 때문에 가능한 일입니다.

또한 이온성 화합물이 물에 녹을 경우 물 분자로 인해서 수화되는데, 이 역시도 산소 원자의 존재로 인해 물 분자가 부분적으로 전하를 띠기 때문에 가능한 것입니다.

활성 산소

산소 중에는 세포의 노화를 일으키는 산소가 있는데, 이를 가리켜 '활성 산소'라고 합니다. 활성 산소는 산소가 물로 환원될 때 불완전 환원이 되어 생기는 화합물입니다.

활성 산소가 세포에 작용하면 세포가 노화되며, 심하면 암을 일으키기도 합니다. 그러나 지금은 활성 산소가 생성되기 전에 재빨리 물로 환원시키는 〈비타민 E〉가 있습니다.

호흡의 기능은 무엇인가?

호흡은 폐를 통해 혈액에 녹아들어 체내에 전달되어 그곳에 저장된 영양분들을 분해하고 각 체세포에 에너지를 전달하는 역할을 합니다.

숨을 내쉬면서(외호흡) 체내에 축적된 이산화탄소나 노폐물 같은 몸에 해로운 물질들을 제거합니다. 운동 등을 하고 나서 호흡이 급격하게 빨라지는 이유는 몸 안에 축적된 산을 제거하기 위한 것입니다.

운동에서의 호흡에 관한 제일 간단한 이론은 '날숨' – '근수축', '들숨' – '근이완'입니다. 호흡의 균형이 얼마나 고르냐에 따라서 근육이 안정성을 띄는 정도가 달라지기 때문에 고른 호흡은 중요합니다.

세포호흡

세포호흡은 고등학교 과정 중 생명과학Ⅱ에서 공부하고 있는 내용의 한 분야입니다. 우리 몸은 폐를 통한 호흡뿐만 아니라, 우리 몸의 세포도 호흡에 의하여 생명 활동을 하고 있다는 이론입니다.

세포호흡은 모든 생물이 유기 물질의 화학 에너지를 생명 활동에 쓸 수 있는 에너지로 만드는 과정을 말합니다.

세포호흡을 통해 변환된 에너지는 ATP (아데노신3인산이다. 아데노신에 인산기가 3개 달린 **에너지 덩어리**의 유기화합물을 말한다) 내 인산결합의 결합에너지 형태로 저장됩니다. 쉽게 말하면 동식물의 세포호흡은 산소를 소모하여 이산화탄소를 배출하는 것을 말합니다.

이는 지구에서 모든 생물들의 에너지 대사에 필요한 물질입니다. 지구에 있는 생명체에게 일어나는 모든 활동에는 ATP가 반드시 필요하며, 이는 동물과 식물, 미생물 심지어는 바이러스까지도 동일합니다. 비유하여 설명하자면, 세포가 가지고 다니는 **보조 배터리**라고 할 수 있습니다.

포도당이나 지방, 단백질을 연소하지 않고 ATP와 효소를 활용해서 저온에서 화학 에너지로 변환시키는 과정입니다. 그리고 더 나아가 광합성과 함께 생물에게, 나아가 생태계 전체에서 에너지 순환이 가능하게 하는 주원인이 됩니다.

포도당 1몰이 연소 될 때는 686kcal가 통째로 열에너지가 되지만, 산소호흡에선 그중 40%가 ATP 32개로 변환되고, 나머지 60%인 408.6kcal를 체온으로 쓰게 됩니다.

세포호흡의 에너지 효율

앞서 말했듯이 포도당 1분자가 산소호흡을 통해 최대 32개의 ATP(아데노신3인산)가 생성됩니다. 이때 포도당 1몰에는 686kcal의 에너지가, ATP 1몰에는 7.3kcal의 에너지가 저장되어 있으므로 산소호흡의 에너지 효율은 약 34%가 됩니다.

이전에는 약 40%라고 알려져 있었지만, 15개정 교육과정으로 포도당 1분자당 생성하는 ATP가 38 ATP에서 32 ATP로 수정됨에 따라 에너지 효율도 감소하였습니다.

호흡기질에 따른 산화

탄수화물이 산화되는 과정은 다당류 중합체인 글리코젠과 마찬가지로 중합체 탄수화물인 녹말이 포도당으로 분해되며 세포호흡에 이용된다는 것입니다.

두 번째로 단백질의 산화는 다음과 같습니다. 단백질은 소화를 통해서 아미노산으로 분해됩니다. 아미노산은 탈아미노 작용으로 아미노기(-NH2)가 제거된 후 다양한 유기산과 암모니아(NH3)로 전환됩니다.

세 번째로 지방의 산화는 지방산과 글리세롤로 분해되어 호흡기질로 사용됩니다.

잘못된 호흡법

1) 구강 호흡
구강 호흡은 입으로 숨을 쉬는 것입니다. 입으로 숨을 쉬면, 입의 대부분이 마르고, 편도선이 외부 세균에 공격받을 수 있습니다. 그리고 집중력 저하의 한 요인이 되며, 당신의 턱이 점점 앞으로 돌출될 수 있습니다.

만약 자신의 편도선이 부은 듯한 느낌을 받거나, 침이나 물 등 무언가를 삼킬 때 목이 아프다면 입으로 숨을 자주 쉬지 않았는지 생각해보아야 합니다.

2) 짧은 호흡
은 힘차게 달리기를 하고 마쳤을 때, 가슴과 어깨를 움직이면서 하는 호흡이다. 헥헥거리는 호흡은 지양하고 길게 하는 들숨과 날숨은 우리의 몸을 건강하게 하는 보약이 됩니다.

3) 역 호흡으로 무산소 호흡이 있는데, 이것은 사람에게는 해당되지 않습니다. 다만 우리 사람은 유산소 호흡을 하고 있습니다.

복식 호흡

배를 이용해서 호흡하는 것으로 알려져 있으나, 정확히는 복근을 이용해 횡격막을 움직여 호흡하는 방법입니다. 당연한 사실이지만 배는 숨을 쉴 수 없습니다. 배로 숨을 쉰다면 당신은 훌륭한 외계인입니다. 벌레들은 배로 호흡을 한다고 합니다.

호흡량이 커지고 공기를 빨아들이는 힘이 강해지는 장점이 있기에 (다만 가창 시 복식 호흡은 들숨을 들이쉬는 것보단 날숨을 천천히 내쉬기 위해 배우는 목적이 강하다), 일부 아나운서, 운동선수와 가수, 성악가, 관악기 연주자 등이 되려면 기본적으로 마스터해야 하는 호흡법이 복식 호흡입니다.

복식 호흡을 쉽게 체험하는 방법

1. 긴장을 풀고 반듯한 자세로 눕는다. 그리고 배 위에 손을 댄 상태로 해 보면 배 들락거림으로 감 잡기가 좋다.

2. 경침(목베개)을 베면 척추를 바로 잡는 효과가 있다.

3. 배에 책 두세 권을 올려준다.

4. 될 수 있는 한, 호흡을 폐를 쥐어짜듯이 한계까지 내쉰다. 이때 배 위에 올려둔 책이 밑으로 내려가야 한다.

5. 다음에는 숨을 고르고 잠시 뒤에 숨을 들이쉰다는 느낌 없이 숨을 참던 것을 푼다는 느낌으로만 하면, 배 주변이 살짝 부풀어 오르며 숨을 자연스럽게 들이쉬게 된다. 이때 배 위에 있는 책이 위로 올라가야 한다.

6. 날숨과 들숨을 반복하되 날숨이 둘숨 보다 2초가량 길어지도록 한다. 숨 참기 이후로는 코로만 하는 것이 좋은데, 그때 입으로 하면 흉식으로 되기 쉽다.

7. 하루 5분에서 출발하여 30분까지 가능하도록 꾸준히 연습하는 것이 좋다.

열심히 연습하면 좋겠습니다.

노래 부를 때의 복식 호흡

사실 복식 호흡이라는 명칭보다는 엄밀히 따지면 '횡격막 호흡'이라고 부르는 것이 정상입니다.

사람을 비롯한 대부분의 고등 척추동물의 몸 안에는 횡격막이 있습니다. 횡격막은 숨을 쉬는 폐와 맞닿아있는데, 그대로 있을 경우 공기를 들이쉬면서 폐의 부피가 늘어나는 것을 막게 됩니다.

　하지만 횡격막은 수의근을 통해 조절하는 게 가능한 기관이므로 이러한 횡격막을 조절하여 아랫쪽으로 내리누르면 자연스럽게 폐도 늘어나게 되어 최대 2L 정도의 공기를 더 밀어 넣을 수 있게 됩니다.

　복식 호흡은 이러한 원리를 통해 들이쉬는 호흡과 내뱉는 호흡의 양을 늘리는 것입니다.

　개념상 대립하는 용어는 흉식호흡인데, 복식 호흡이 횡격막을 내려서 아랫쪽의 폐가 부풀어 오르는 공간을 늘리는 것이라면, 흉식호흡은 반대로 어깨와 갈비뼈를 들어 올려서 폐의 윗 쪽 공간을 확보하는 방식이라고 할 수 있습니다.

　최대한 부풀려서 들이쉴 수 있도록 하는 공기의 양은 별로 차이가 없지만, 이처럼 어깨와 몸통을 억지로 들어 올려야 하기에 횡격막을 아래로 느슨하게 늘어뜨리는 복식 호흡에 비해 힘도 더 들고 날숨도 길게 유지하지 못하는 3박자의 단점이 있습니다.

　게다가 노래를 해야 하는 경우에는 발성 기관에 불필요한 압박을 가해서 좋은 소리를 내지 못하는 안 좋은 습관을 들이게도 됩니다.

　하지만 적은 양의 호흡을 갑자기 들이마시는 데에는 흉식호흡이 더 유리하기 때문에 음악과 달리 격렬한 운동을 하는 스포츠에서는 매우 빠른 속도로 호흡을 들이마셔야 할 경우에 흉식호흡이 사용되는 경우도 있습니다.

복식 호흡을 하는 방법은 서서히 배가 나오게 하면 되며, 다시 배가 천천히 들어가게 하면 됩니다. 모든 근육들이 충분히 이완되었다면 옆구리나 등 쪽까지 부풀어 오르기도 합니다.

즉 횡격막으로 공기를 들이 마시고, 복횡근, 복사근, 복직근, 요방형근이 적절한 정도로 개입하여 공기를 천천히 내보내는 것입니다.

혹은 굳이 힘을 줄 거면 상복부나 명치 쪽에 힘을 주라는 트레이너도 있습니다. 아랫배는 호흡에 필요 없고, 윗배부터 가슴까지의 부근을 이용해야 된다는 것입니다. 아랫배가 볼록 나오는 건 오히려 아니라고 합니다.

당연히 어깨는 들썩이면 안 되고 편안해야 한다고 말합니다. 하지만 이는 우리 몸의 해부에 무지한 결과로 복식 호흡 시에는 아랫배가 호기에 주로 작용합니다.

일반적으로는 숨을 들이마시면 흉곽과 상복부가 전체적으로 확장되는 일종의 흉복식 호흡이 가장 이상적인 호흡법이라고 말할 수 있습니다.

하지만 이런 호흡 자체가 보컬 능력을 향상시키는데 너무 과대평가 되어 있습니다. 실제로는 복식 호흡에 우스꽝스러울 정도로 매달려봐야 실질적으로 목소리가 크게 좋아지지 않습니다. 소리 자체를 연습하는 것이 중요하지 복식 호흡만 따로 연습하는 것은 소리 자체에 크게 영향을 주지 못합니다.

성악가들이 복식 호흡을 하는 이유는 비슷한 양의 호흡을 좀 더 잘 활용해 아껴 쓸 수 있기 때문이라고 이해하면 편합니다.

또한 성대 조절 능력이 좋아지면 좋은 호흡은 자연스럽게 따라오는 경우도 많습니다. 즉, 원인이 아니라 소리가 좋아지면 자연히 따라오는 결과일 수도 있는 것이죠.

스포츠에서의 복식 호흡

중국무술에서는 사람은 원래 태어날 때 복식 호흡을 하는데 점점 나이가 들면서 가슴으로 쉬다가, 나이가 들면 힘이 점점 딸려서 목으로 간신히 숨을 쉬다가 죽는다고 말합니다. 〈목숨이라는 말이 여기서 나왔다〉

때문에 복식 호흡을 통해서 강하게 숨을 쉬어야 한다는 것으로, 사실 해부학적 구조로 보면 숨은 결국 횡격막으로 쉬는 것이고 복압으로 횡격막을 움직일 수 있으므로 전혀 말이 안 되는 건 아닙니다.

실제로 무술가들 중에는 횡격막에 일격을 받아도 숨을 고르게 쉴 수 있게 훈련하는 사람들도 많이 있습니다. 그야 복근운동도 되니까 극진 공수도의 경우 최영은 본인의 저서에서 복식 호흡은 격한 움직임 없이 일상생활이나 명상같은 것을 할 때 하는 것이고, 실제 몸을 움직일 때는 흉식호흡을 해야 한다고 기록합니다.

무술뿐 아니라 모든 스포츠에도 의미가 있습니다. 특히 달리기 선수들은 심한 탈진 상태에서 운동이 계속된다면 횡격막이나 갈비뼈와 연관된 호흡 근육들이 지쳐서 더욱 숨쉬기가 힘들기에 의식적으로라도 복근을 움직여 깊게 숨을 쉬어줘야 합니다.

복식 호흡은 그것을 자연스럽게 하는 연습이 될 수 있습니다. 명상하듯이 하지 않아도 각 무술과 스포츠에서 가르치는 호흡법에 포함되어 있는 요소입니다.

복식 호흡을 하려면 단월드 같은 의문스러운 기공 단체보다 요가나 여러 정통파 무술들을 배우는 것이 오히려 낫다고 합니다. 무술을 배우다 보면 허구헌날 호흡으로 지적받는 게 다반사인데, 이는 꽤 수행한 숙련자에게 해당되는 말입니다.

하지만 꾸준히 이런 운동을 하다 보면 어느 순간 인간의 몸이 가장 길에 맞는 호흡을 하게 되는데, 요가나 무술들이 대부분 이런 복식 호흡이 주가 되기 때문입니다. 그러므로 같이 하다 보면 어느 순간 복식 호흡이 일상이 되어있는 자신을 발견할 것입니다.

무술의 경우는 상술한 것처럼 짧게 순간적인 힘을 쓰기 위해서 흉식호흡을 하기도 하지만, 빠른 템포나 기술을 연습한 후에는 대부분 몸이 알아서 복식 호흡으로 심호흡을 하게 됩니다.

복식 호흡이 건강에 미치는 영향

복식 호흡이 건강에 좋다는 말은 맞는 말입니다. 왜냐하면 숨을 크게 들이마시면 횡격막은 아래로 내려가고 폐가 확장되게 됩니다.

인간의 몸의 밀도는 한계가 있으니 그렇다면 한 곳이 커지는 만큼 다른 곳은 수축이 되게 되는데 그곳은 바로 횡격막과 폐의 아래 부분인 내장 부분과 그 주변의 근육들입니다.

즉 복식 호흡을 할수록 평소에 신경을 쓰지 못하던 내장 부분을 마사지하는 효과가 생기는 것입니다. 그러니 꾸준히 하면 내장을 계속 운동시켜주는 것이니 건강에 좋을 수밖에 없습니다.

반면에 취미 수준으로 그치는 것이 아닌, 이것으로 밥 먹고 살아가야 하는 직업인 성악가나, 관악기 주자들의 복식 호흡은 순간적인 짧은 시간 안에 가능한 최대치의 공기를 폐 속에 넣는 것이 주목적이 됩니다.

그렇기에 하루 24시간 복식 호흡을 하는 성악가들을 보면 자연스럽게 배 주위의 모든 살들이 숨을 쉴 때마다 대형 풍선처럼 순식간에 불어났다 줄어들었다 하는 광경을 볼 수 있는데, 문제는 뱃살이 사정없이 나온다는 점입니다.

실제로는 배에 살이 찌는 것은 아니지만, 물을 한가득 마신 뒤에 배가 볼록 튀어나오는 것과 비슷한 맥락으로 이해하면 됩니다. 즉 물 대신 공기가 들어갔다는 것입니다.

호흡기 질환

호흡과 관련이 있는 기관인 비강· 인두· 후두· 기관· 기관지· 폐· 흉곽· 횡격막 등에 영향을 주는 질병을 말합니다. 호흡계를 침범하는 질환은 많은 편인데, 다음과 같은 3가지 요인에 기인합니다.

첫째, 외부환경에 노출되어 있기 때문에 공기 중에 존재하는 유해물질에

쉽게 노출되며

둘째, 호흡계에는 혈관분포가 풍부하기 때문에 혈관을 침범하는 질환에 의해 쉽게 영향을 받게 됩니다.

셋째, 호흡계는 알레르기 질환이 잘 발생하는 부분이기 때문입니다.
기관지 계통과 관련된 질병에서 가장 중요한 증상은 기침입니다. 폐질환의 주요 증상은 각혈과 호흡곤란입니다. 급성 호흡계 질환에는 여러 종류의 바이러스가 관련되어 있습니다.

1918~19년에 인플루엔자 바이러스에 의한 유행병 사망자가 전 세계적으로 약 2,000만 명에 이르렀으며 이들의 대부분은 세균에 의한 2차 감염이 사망 원인이었습니다.

지금 전 세계는 코로나 바이러스에 의하여 고통을 겪고 있습니다. 이러한 변종 바이러스는 결국 하나님의 창조 질서를 인간이 교란시키는 결과에 의하여 생성된 것입니다.

지금은 전국적으로 미세먼지가 기승을 부리고 있습니다. 미세먼지·황사가 자주 엄습하는 봄의 초입 3월이 오면 비염과 기관지 천식 등의 호흡기 질환 환자가 늘어난다고 합니다.

호흡기 질환들

미세먼지와 황사 등으로 인한 호흡기 질환으로부터 건강을 지키고자 미리 대비하는 시민들이 날로 증가하고 있습니다. 오늘은 호흡기 질환의 종류와 예방법에 대해서 알아보도록 하겠습니다.

"봄 불청객 미세먼지 주의보"

올해는 중공 발 스모그에 약한 황사가 유입되면서 미세먼지 농도가 크게 치솟아 전년도에 비해 더 심각할 것으로 예상되며, WHO는 미세먼지를 '신종 담배'라고 표현을 할 정도로 그 위험성을 높게 보고 있습니다.

미세먼지는 코나 입으로 우리 몸에 침투해 기관지 및 폐포에 흡착되면서 다양한 호흡기 질환을 유발하게 됩니다.

일반적인 먼지는 기관지 점막에서 걸러져 배출될 수 있지만, 고농도의 미세먼지는 호흡을 통해 우리 몸에 그대로 축척 되어 집니다. 그로 인해 폐 질환, 혈관질환 등에 감염될 우려가 크기 때문에 항상 주의하여야 합니다.

〈폐렴〉
대표적인 질환으로 '폐렴'입니다. 폐렴은 세균, 바이러스 등으로 폐에 염증이 나는 것을 말합니다. 우리나라에서 사망 원인으로 4위에 오른 무서운 질환입니다.

특히 면역력이 떨어지는 노인에게 있어 치명적인 질환이라고 할 수 있으며 증상으로 기침, 가래, 호흡곤란 등이 나타납니다.
염증이 흉막까지 퍼질 경우 구역질, 구토, 설사 등의 소화기 증상도 발생할 수 있습니다. 폐렴을 예방하는 가장 좋은 방법은 개인위생을 철저히 하며 예방접종을 통해 감염 경로를 차단하는 것입니다.

〈천식〉

천식이란 기침, 쌕쌕거림, 호흡곤란, 가슴 답답함 등의 증상이 반복적이면서 발작적으로 나타나는 질환입니다. 모든 연령대에서 발생할 수 있으나 면역력이 약한 아이들에게 가장 발생하기 쉬우며 미세먼지와 같은 환경적 요인과 유전적 요인의 복합적 결합이 주요 원인입니다.

천식 환자의 경우 갑작스럽게 찬 공기에 노출되면 천식 발작이 일어날 수 있기 때문에 추운 날씨에 외출 시 마스크나 목도리 등을 꼭 착용하는 것이 좋습니다.

천식 치료는 병원에 따라 달라질 수 있지만, 약물요법을 통해 좁아진 기관지를 확장시키거나, 염증을 줄여주는 흡입제를 사용해야 됩니다.

〈만성 기관지염〉

만성 폐쇄성 질환의 하나로 공기의 통로인 기관지에 염증이 생긴 상태를 말합니다. 지속적인 기침과 많은 객담 (기침으로 뱉어낸 기도의 분비물)이 주요한 증상입니다.

심한 경우 객담에 피가 섞여 나오거나 끈적끈적한 상태로 나오게 되는데, 만성 기관지염 치료는 처방약을 복용하거나 기도 확장제 흡입 등으로 증상을 개선해야 합니다. 증상 완화를 위해선 흡연을 하지 않거나 대기오염 등을 개선하는 것도 필요합니다.

호흡기 질환을 예방하는 우리의 자세

1. 보건용 마스크 착용하기

마스크 착용 시에는 미세먼지를 제대로 거를 수 없는 일반 마스크를 착용하는 것보다는 식품의약품안전처로부터 의약외품으로 인증받은 '보건용 마스크'를 착용하는 게 좋습니다. 허가된 보건용 마스크에는 입자 차단 성능을 나타내는 'KF80'과 'KF94'가 표시돼 있으며 작은 미세먼지도 거를 수 있습니다.

2. 습도 조절하기

날씨가 건조해지는 봄에는 우리의 몸도 함께 건조해지는데, 코점막, 입 등이 건조해질 수 있습니다. 따라서 평소에 가습기를 틀어 습도를 40~60% 사이로 유지하여 실내공기가 건조해지지 않도록 하며, 또한 실내 온도는 20℃ 내외로 관리해주는 것이 좋습니다.

3. 위생 관리하기

대부분 질병의 원인은 바로 손으로부터 시작된다는 사실입니다. 손에 가장 많은 세균이 있다는 건 다들 알고 있습니다. 따라서 야외 활동 후에는 반드시 비누로 손을 깨끗이 씻어야 합니다.

전염성이 강한 바이러스 질환은 간접적인 접촉을 통해서도 전염되므로 실내 위생관리도 중요합니다. 문고리, 가구 손잡이와 같이 사람의 손이 많이 닿는 곳뿐만 아니라 신체와 자주 닿는 침구류들은 자주 세탁을 해 주는 것이 좋습니다.

4. 충분한 수분 섭취

독소 배출을 위한 충분한 수분을 섭취해 주는 등 미세먼지에 대해 일상생활 속 건강관리의 각별한 주의가 필요합니다. 바이러스나 오염물질을 방어하는 힘이 떨어지지 않도록 하루에 1.5L 이상의 충분한 수분 섭취를 통해 몸 안의 수분이 부족해지지 않도록 관리하는 것이 좋습니다.

찬물보다는 미지근한 물을 마시는 게 좋으며, 물을 자주 마시는 습관이 몸에 배어있지 않은 사람들은 차를 자주 마셔주는 것도 좋습니다.

5. 실내 환기시키기

밀폐된 공간 안에는 각종 미세먼지와 오염물질 그리고 감기 바이러스가 떠다니므로 감기, 기관지염 등 호흡기 질환에 걸리기 쉽습니다. 하루에 1~2시간마다 창문을 열어 공기를 환기시켜 신선한 공기가 유입될 수 있도록 하고, 미세먼지가 많은 날에는 환기 대신에 공기청정기를 활용하는 것이 좋습니다.

호흡기 질환에 도움 되는 음식

호흡기 질환에는 우선 물을 많이 섭취하는 것이 가장 첫 번째입니다. 또한 기관지에 좋은 음식을 섭취하는 것이 도움이 되는데, 기관지에 좋은 음식으로는 대표적으로 생강과 배, 홍삼 등이 있습니다.

폐에 좋은 차로는 도라지차, 오미자차, 생강차 등이 있고 미나리를 이용한 음식, 살균·항암효과·기관지 염증 개선 등에 좋은 마늘, 브로콜리나 매생이도 기관지에 좋은 음식들로 호흡기 질환에 도움이 됩니다.

예방은 너무나 중요합니다. 그럼에도 불구하고 호흡기 질환으로 의심되는 증상들이 발생했을 시에는 명확한 원인과 질병명을 밝혀내기 위한 검진을 꼭 받아보는 것이 중요합니다.

왜냐하면 호흡기 질환은 모든 질병으로 가는 길목이기 때문입니다.

코에서부터 목, 폐에 이르는 기관을 통틀어서 우리는 호흡기 기관이라고 합니다. 이 기관을 통해서 나타나는 질환은 기침, 가래, 비염, 천식 등 폐 질환 종류만 하더라도 100여 가지가 넘는다고 합니다.

그런데 중요한 점은 호흡기 기관이 좋아지면 다른 기관도 좋아진다는 것입니다.

기관지의 항암과 면역 치료 물질을 몸 안으로 빠르게 그리고 쉽고 널리 분포하여 전달하는 역할을 식초가 해 준다는 것입니다.

오래 **발효 숙성된 발효 식초**는 물의 입자가 작아져서 모세혈관까지 잘 통과하기 때문에 우리들의 몸 전체에 구석구석 소통하는 기능을 함으로 우리 몸을 건강 체질로 바꾸어 준다는 것입니다.

우리 인체의 모세혈관 길이가 10만Km가 넘는다고 하는데 막혀있는 부위가 있다면 제 기능을 상실하여 질병을 유발하는 역할을 하게 됩니다.

말초동맥 순환장애 치료 약으로 은행잎 건조 엑기스를 투약하는 것도 좋은 방법입니다. 은행잎은 혈액 순환제로 유용하게 사용되고 있습니다.

그러므로 잘 알려지지 않았지만, 은행나무는 1000년을 장수하는 나무로 사람의 몸을 치료하고 이겨낼 수 있도록 도와주는 물질을 많이 함유하고 있다고 보고 치료약의 원료로 사용되고 있습니다.

그러므로 은행나무의 열매를 가지고 과즙으로 2년이 넘었을 때부터 식초가 되기 시작하고 8년 이상 발효 숙성이 되면 유용한 발효의 음료로 우리의 몸을 건강하게 만들어 준다는 설이 있습니다.

숲으로 여행을 떠나자

숲은 우리 몸을 치료하는 종합병원으로 그 치유의 효과는 대단합니다. 숲속에 들어가 있는 것만으로도 혈압과 스트레스, 호르몬 농도가 낮아지고, 면역세포가 활성화되는 등 많은 치유 효과가 있습니다. 이는 숲에서 나오는 산소, 피톤치드, 음이온, 간집파의 효과 때문입니다.

우선 숲의 산소농도는 21~23%로, 도시의 산소농도인 20.4%보다 1~2% 높습니다. 뿐만 아니라 숲속 공기는 모든 오염물질이 걸러진 최상품입니다. 나무 향의 일종인 피톤치드는 향균 작용과 스트레스 감소, 오염물질 제거 등의 효과가 입증되고 있습니다.

피톤치드는 편백나무나 소나무와 같은 침엽수에서 많이 나옵니다. 또한 숲속에는 음이온이 많습니다. 음이온은 식물의 광합성 과정에서 발생하는

데, 폭포나 계곡 근처에서 그 수치가 높게 나타납니다.

 이 음이온은 인체의 유해한 양이온을 중화시켜 노화와 질병을 치료하는 효과가 높은 것으로 알려져 있으며, 항암효과도 있다고 밝혀지고 있습니다.

 일본 호리구치 병원에서 진행한 음이온의 항암 기능에 대한 연구 결과, 대장암을 이식받은 실험 쥐가 보통 두 달 만에 죽지만, 음이온을 쐰 쥐에서는 종양의 크기가 작아지는 놀라운 변화가 관찰됐다고 합니다.

 숲의 간접 광 효과도 빼놓을 수 없습니다. 직접 광에는 인체에 유해한 자외선이 있는데, 숲은 이 자외선을 걸러내고 부드럽고 안전한 햇빛으로 만들어 준다고 합니다.

 이외에도 숲에 있으면 스트레스 호르몬이 줄어들고, 행복 호르몬이라는 '세로토닌'의 분비가 활성화됩니다. 숲 치유 효과를 높이는 데는 풍욕이 좋습니다. 숲속에서 상체를 벗고 앉아서 담요나 웃옷을 덮어다 벗었다 하면 됩니다.

 온 누리의 〈숲 병원〉은 산에 있기에 환자를 치료하는데 반은 먹고 들어가는 것입니다. 우리 몸이 건강하기를 원한다면 가끔은 『숲 병원』으로 가서 예방 진단을 해야 할 것입니다.

장수 2 계명

맑은 물을 제대로 마시자

모세가 손을 들어
그 막대기로 반석을 두 번 치매 물이 크게 솟아
나오므로 회중과 그들의 짐승이 마시니라.
(민20:11)

누구든지 내가 줄 물을 마시는 자는
결코 목마르지 아니하리니 내가 줄 물은 그 사람 속에서
솟아나는 우물이 되어 영존하는 생명에 이르게 하리라 하시니라.
(요4:14)

물은 생명의 근원이다

물은 우리 몸에서 다양한 반응의 매개체로 작용하고 있습니다. 이는 생명을 만들고 에너지를 활용하기 용이하게 합니다. 그리고 인류의 문명도 물에 종속되어 있습니다.

대부분의 도시는 예로부터 강가 혹은 지하수가 안정적으로 공급되는 담수원 근처 10km 이내에 자리 잡아 살아왔으며, 모든 나라의 상하수도는 가장 중요한 사회간접자본 중 하나입니다.

인간이 생존하고 경제활동을 하는 핵심 물질이기에 그래서 물은 국가가 관리하는 것이 보통입니다.

물은 H_2O로 수소 원자 둘과 산소 원자 하나로 이루어진 화합물입니다. 지구에 풍부하게 존재하는 물질이지만 실지로 사람이 식음할 수 있는 물은 1% 이하입니다. 그리고 사람뿐만 아니라 모든 생물의 생명 활동에 필수적인 요소입니다.

물은 기본적으로 투명하나, 실제로 보게 되는 천연 상의 물은 빛의 여러 현상으로 인해 색을 띠고 있습니다. 물은 받은 빛 대부분을 반사합니다.

즉, 바다는 낮 기준으로 하늘의 색깔을 반사하기 때문에 푸른색으로 보입니다. 하지만 간간히 노을 때문에 붉게 되거나 밤하늘에 보이면 남색이거나 검게 물드는 장면을 볼 수 있습니다.

사해가 일반 바다와 색깔이 다른 이유는 염도가 상대적으로 높기 때문입니다. 수영장의 물은 소독제가 들어있어서 흰색 바닥에선 청록색으로 보입니다. 녹조류 같은 생명도 비슷한 역할을 합니다. 푸른 하늘이 비치는 낮에는 푸른빛이, 석양이 질 때는 빨간 빛이 바다에서 반사되는 빛과 섞이는 것입니다.

물이 얼게 되면 부피가 늘어납니다. 고체 상태인 얼음에서는 수소 결합 때문에 분자가 육각형 형태로 일정하게 늘어서지만, 어는점 부근의 액체 상태에서는 이 육각형 상태가 깨지고 분자들이 무질서하게 움직일 수 있게 되면서 분자 간의 거리가 줄어들기 때문입니다.

물의 어는점 근처의 액체상태가 고체상태보다 밀도가 높으니 물은 절대로 아래쪽부터 얼지 않습니다. 아래에서 얼어도 주위 물보다 가벼워서 위로 떠오르게 됩니다.

이 특성 덕분에 겨울에도 수중 생물이 전멸을 면하게 되는데, 이렇게 수면에서 생긴 얼음이 외부의 찬 공기를 막아주어서, 강이나 호수 전체가 어는 것을 막아주기 때문입니다.

지구에 있는 물

지구에 있는 물 들 중에서 97%가 바닷물이며, 담수는 고작 3% 미만인데 2%는 극지방의 얼음으로 갇혀있습니다. 따라서 전체의 약 1%만이 인류가 사용할 수 있는 액상입니다. 여기서도 호수, 강이 전체의 0.03% 가량이므로 즉, 전체의 0.62%인 지하수가 담수의 대부분입니다. 이는 우리가 물을 절수

해야 하는 이유입니다.

물은 생명 그 자체이다

물은 동서양을 막론하고 세상을 이루는 가장 근원적인 물질 중 하나로 인식하고 있습니다. 원형 상징 (전 역사를 통한 인류의 보편적이 상징)으로서의 '물'은 더러운 것을 깨끗하게 하는 속성을 지녔으므로 정화와 순결을 상징합니다.

생명 탄생에 반드시 필요한 것이므로 오랫동안 새 생명을 상징하기도 하였습니다. 그래서 우리는 어머니 자궁의 양수 속에서 성장되었습니다. 때로는 죽은 것이 다시 살아나는 부활과 죄를 씻는 세례를 상징하기도 합니다.

그리고 하나님이 이 지구라는 별을 사람들이 살기에 적합하도록 창조하시고 만드실 때에도 어머니가 자녀를 잉태하듯이 이 지구를 당신의 품에서 잉태하는 형태로 물을 이중 구조하여 만드셨습니다. (창1:6-8)

이렇게 만들어진 물중에서 아래의 물은 지구의 바다로 바꾸어 놓았습니다. 창조 후의 지구는 육지가 2/3이고 바다는 1/3로 여겨집니다. 왜냐하면 산이나 산맥이 존재하지 않았습니다. 노아의 대홍수 이후에는 남극과 북극에 있는 얼음과 함께 바다가 지구의 2/3가 되었을 것으로 사료됩니다.

풍수지리에서는 물은 재물과 관련이 있다고 봅니다. 취수가 쉬운 곳에 사람이 모여 중심지가 되고 경제활동이 활성화되기 때문입니다.

물의 적정 섭취량

세계보건기구는 하루 적정 물 섭취량을 8잔으로 권고하고 있습니다. 인간이 음식물을 소화하고, 생활의 활동을 하면서 하루에 필요한 수분량은 1.8 ~ 2L는 마셔야 합니다.

이는 우리가 섭취하는 다른 음식물의 수분량을 포함하여 2L가 필요합니다. 과일, 채소의 경우 성분의 90~95%가 수분이고 우리가 주식으로 먹는 쌀밥에도 다량의 수분이 포함되어 있습니다.

이렇게 우리가 음식물을 섭취할 때 얻는 수분량은 보통 4~5잔으로, 따로 섭취해야 하는 수분량은 3~4잔 입니다. 다만 이는 편차가 좀 있어서 나트륨 섭취가 권장량의 두 세배를 넘나드는 한국인은 나트륨 섭취가 적은 사람들보다 더 많이 마셔야 할 필요가 있습니다.

우리의 몸은 필요한 수분량을 섭취한 뒤, 불필요한 수분을 오줌과 땀으로 배출합니다. 그러나 수분을 과도하게 섭취하는 경우에는 모든 수분을 배출할 수 없습니다.

그래서 몸의 수분은 우리 몸의 다른 기관, 즉 혈관, 근육 등에 수분을 저장하는데, 호르몬계에 문제가 있는 사람은 이에 따라 몸에 부종이 생길 수 있습니다. 특히 전해질 균형이 파괴되어 농도가 낮은 수분이 삼투 현상에 따라 뇌에 흡수되면 뇌부종도 생길 수 있습니다.

그리고 물의 추가적인 섭취는 체액이 부족한 사람에게 체액량을 상승시켜 육체를 더 원활하게 운용할 수 있게 하고 있습니다.

현대인들은 만성탈수증상에 놓여 있는 상황이기에 물을 많이 마시는 것은 이런 만성탈수를 해결할 수 있는 여건이 될 수도 있습니다. 요로결석이 걱정되는 사람도 예방을 위해 물을 충분히 섭취하는 게 좋습니다.

사실 현대인이 물을 적게 마셔서 병에 걸리는 경우는 많아도, 물을 많이 마셔서 건강에 악영향을 받는 경우는 거의 없다고 봐도 무방합니다. 물 8잔을 반드시 마실 필요는 없지만, 의식적으로 물을 자주 마셔주는 건 건강에 좋을 것입니다.

커피, 녹차, 탄산음료, 술, 담배 등등의 수분 소모적 기호식품으로는 수분이 쉽게 보충되지 않습니다. 다만, 차나 주스는 도움이 된다는 견해도 있습니다.

그래도 카페인의 심혈관계 작용에 따른 배뇨작용 활성화 효과 또는 음료수 당분의 삼투압효과에 따른 갈증 요소 등이 있기 때문에 장기적인 면으로 보면 물을 완벽히 대체할 수는 없습니다.

치사량은 90g/kg 정도입니다. 즉 몸무게가 70kg인 사람은 6.3 리터 정도의 물을 한꺼번에 마시면 물 중독으로 사망할 위험이 있습니다. 생각보다 적다고 생각할 수도 있지만, 1.5L의 물도 원샷하지 못한다는 걸 생각해보면 매우 많은 양입니다.

물과 소금과의 관계

소금은 동물의 체액 삼투압 조절에 필수적인 요소로 작용하며, 과다하게 축적된 칼륨을 오줌으로 배설시키는 역할도 합니다.

나트륨은 쓸개즙 · 이자액 · 장액 등 알칼리성 소화액의 성분이 됩니다. 만약 소금 섭취량이 부족하면 이들 소화액의 분비가 감소하여 식욕이 떨어지게 된다고 합니다.

나트륨은 식물성 식품 속에 많은 칼륨과 함께 항상 체내에서 균형을 유지하고 있습니다. 칼륨이 많고 나트륨이 적으면 생명마저 위태로워지는 경우도 있습니다. 더불어 염소는 타액 등의 효소인 아밀라아제나 위액의 염산을 만드는 재료로서도 중요합니다.

체내 나트륨이 부족한 상태에서 땀을 흘리게 되면 전해질 부족으로 세포에 에너지 전달이 제대로 되지 않으며 심하면 탈진, 탈수 현상이 일어납니다. 나트륨은 동물의 체온조절에도 중요한 역할을 하고 있습니다. 땀의 배출을 도와서 체온을 식히는가 하면 반대로 체온을 유지하고 올리는 상황에도 필요합니다.

운동을 많이 하거나 노동 강도가 높은 사람은 그렇지 않은 사람보다 더 섭취해야 합니다. 염분이 땀으로 배출되기 때문입니다.

공사장이나 조선소, 공장같이 땀 흘려 일하는 곳들은 식당 급수대나 작업장 정수기 근처에 식염 포도당을 제공하여 사고를 예방하려는 업체들이 많이 있습니다. 보디빌더들도 무염식을 강요당하기 때문에 갑자기 쇼크가 올 수도 있습니다.

단식이나 초 저칼로리 식사로 다이어트를 하면 식품에 들어있는 나트륨만으로는 부족하기 때문에 따로 소금을 챙겨 먹어야 합니다.

병원에 입원하면 가장 먼저 생리 식염수를 주사하게 하는데, 여기에는 무게비 소금이 0.9% 들어있습니다.

소금과 나의 건강

한국 사람에게 있어서는 소금의 하루 권장 섭취량은 6g 이하로 해야 하며, 나트륨 2,000mg 이하입니다. 소금과 나트륨의 섭취량이 다른 이유는 소금은 순수한 나트륨이 아니기 때문입니다.

염분이 결핍되면 단기적인 경우에는 소화액의 분비가 부족하게 되어 식욕 감퇴가 일어나고, 장기적인 경우에는 전신 무력·권태·피로나 정신 불안 등이 일어납니다.

또 땀을 다량으로 흘려 급격히 소금을 상실하면 현기증·무욕·의식 혼탁·탈수 등 육체적으로나 정신적으로도 뚜렷한 기능상실이 일어납니다. 소금의 필요량은 노동의 종류, 기후 등에 따라서 다르지만, 인류에게 보통 성인에게는 하루 5~6g입니다.

극단적인 저염식은 또한 흔히 알려진 바와 다르게 건강식이라 할 수 없습니다. 저염식은 빈혈, 어지러움과 두통의 원인이 되기도 하고, 부족한 짠맛을 단맛에서 찾는 경향이 심해지기 때문에 오히려 건강을 해칠 수 있습니다.

또한, 무염식의 경우 심한 경우 사망할 수 있으며, 일반적인 식사를 하더라도 한여름에 야외에서 며칠 땀 흘리고 일하며 물을 많이 마시다 보면 염분 부족으로 식욕감퇴와 무기력증이 찾아오기 쉽습니다.

'소금은 고혈압에 해롭다'라는 것은 흔히 알고 있지만, 고혈압의 원인이 소금이라는 것은 다소 어폐가 있습니다. 소금을 먹으면 혈중 나트륨 농도가 올라가고 삼투압 현상으로 혈류량이 증가하므로 혈압이 올라간다고 하는데, 그러나 그것은 일시적인 혈압상승 현상입니다.

고혈압은 혈관에 지방이 쌓여서 지속적으로 혈압이 상승한 현상인데, 그렇다면 소금과 혈관에 축적된 지방과의 상관관계가 직접적으로 설명이 되지 않습니다.

결론적으로 '이미 고혈압 환자는 혈관이 좁아진 상태인데, 그 상태에서 또 짜게 먹으면 일시적으로 혈압이 또 상승하므로 해로울 수 있다'라는 말이 적절한 추론이라고 할 수 있습니다.

나트륨은 혈액 양을 조절하는 기능을 하는데, 나트륨을 너무 적게 먹으면 혈액이 줄어 심장에 무리가 갈 수 있습니다. 그리고 나트륨을 과다 섭취하면 체내 염분과 혈압이 올라가 고혈압 등이 일어나는 것입니다.

소금을 과도하게 섭취할 경우 혈액 속에서 삼투압이 증가해서 혈액량이 증가하고 혈압이 상승, 전해질의 불균형을 초래하여 혈관 벽 세포에서 수분이 빠져 나와서 세포가 쭈글쭈글해지고 얇아져서 혈관 벽에 이상이 옵니다.

이는 곧 후두암, 신장염, 메니에르병으로 악화되는 결과를 초래합니다. 또한 소금이 위 점막에 상처를 주어 벗겨져 위축성 위염을 일으켜 위암 발생을 촉진합니다. 요약하자면 소금을 과다 섭취하는 사람은 위암 발생이 높고 혈압이 높다고 할 수 있습니다.

나트륨을 과다 섭취하면 비만의 원인이 된다는 이야기가 많이 있습니다. 나트륨은 무기질이기 때문에 소금 자체가 비만의 직접적인 원인은 아니지만, 몇 가지 간접적인 효과를 발휘합니다.

- 소금을 많이 섭취하면 식욕 중추 호르몬을 자극하여 음식을 더 많이 먹게 됩니다.

- 짠 음식은 단 음식을 먹고 싶다는 욕구를 증가시킵니다. 소위 말하는 '단짠 단짠'이 의미하는 내용입니다.

- 고열량의 음식에는 입맛을 돋우기 위한 소금이 많이 들어가 있습니다. 소금이 살을 찌운다는 게 아니라, 살찌는 음식에 소금이 많이 들어가 있다는 의미입니다. 덧붙여 단맛과 짠맛을 동시에 요구하는 식품의 경우 (ex. 양념치킨, 빵), 소금만 넣을 때보다 훨씬 많은 소금이 들어갑니다.

- 위에 언급한 삼투압 현상 때문에 몸에서는 많은 물을 요구하게 되며, 그 결과 부종이 생겨 비만처럼 보이게 될 수 있습니다.

소금에 대한 예찬론자들은 소금물을 '불노수'라고 합니다. 육지 동물과는 달리 바다생물들은 200년 이상을 살고 있는 동물들이 많이 있습니다. 랍스터, 고래, 그린란드 상어, 북방조개는 200년에서 500년 이상을, 그리고 물곰은 1,500년 이상을 살고 있다고 합니다. 그런데 그들이 살고 있는 환경은 바다이며 바닷물은 염도가 항상 3% 이상을 유지하고 있습니다.

소금은 글자 그대로 NaCl(염화나트륨)입니다. 그런데 대한민국은 '작은 금'이라고 말합니다. 조선 시대에는 공무원의 급여로, 물가의 유통 대금으로 사용하기도 하였습니다. 이는 그만큼 소중한 가치를 지니고 있기 때문입니다.

우리나라는 소금을 양념으로만 사용하는 것이 아니라 요리를 합니다. 그것은 바로 '젓갈'입니다. 우리 민족은 소금을 맛을 낼 뿐만 아니라, 부패방지와 함께 소화제로 사용하였으니 한국의 음식 문화는 우수하며 세계의 탑이 됩니다. 작은 소견입니다만 모든 젓갈을 잘 사용하는 사람은 작은 금으로 내 몸을 만들고 있지는 않을까요?

소금과 물의 섭취량은?

1) 자신의 체중에 걸맞은 양의 소금을 섭취하고 있는가?
2) 자신이 먹는 소금량에 비해서 알맞은 양의 물을 추가로 섭취하고 있는가?

섭취하는 소금양은 그대로인데, 흡수하는 물의 양만을 늘리면, 체내의 염분농도는 낮아지고, 신체는 적절한 염분농도를 맞추려고 필요 없는 물을 더 많이 배출하게 됩니다.

WHO의 나트륨 하루 권장 섭취량의 두 배를 평균적으로 섭취하는 한국인에겐 해당되지 않습니다. 스스로 저 나트륨 식단을 지향하여 매끼 싱겁게 먹고 있거나, 빵과 과자 안 먹고 배달음식도 안 먹는 사람이 아니라면 물은 마음껏 마시면 좋겠습니다.

그리고 소금의 량이 적은 식품을 선택하고 맛을 먹는 것도 중요하지만 더욱 중요한 것은 건강을 먹는다는 의식을 가져야 할 것입니다.

물만 마셔도 살이 찐다?

물은 0 kcal인 무기물입니다. 즉 물과 살이 찌는 것은 아무런 관계가 없습니다. 물을 마신 직후에는 마신 물의 무게 만큼 일시적으로 체중이 증가합니다. 하지만 섭취한 물은 이뇨작용으로 체외로 빠져나가게 되고, 늘어났던 체중은 원상복구 됩니다.

이뇨작용으로 칼로리가 소모됐으면 소모됐지, 물 자체가 체지방으로 변하는 경우는 있을 수가 없습니다. 사람마다 개인차가 존재하지만 물 섭취 시 1리터당 30-60분 정도 걸었을 때 만큼의 칼로리가 소비된다고 합니다. 기초대사량 역시 늘려주기에 물을 자주 마시는 것은 대체로 다이어트에 도움이 됩니다.

물만 마셨는데 살이 쪘냐고 하는 것은 과학적으로 성립되지 않습니다. 그래서 물을 탓할 것이 아니라 물과 함께 어떤 식품을 많이 먹었는지 점검해야 합니다.

물에 대한 오해에는 다른 원인도 있는데, 보통 사우나로 다이어트 효과를 보려는 사람들의 경험담입니다. 사우나에 오랫동안 앉아 있으면 땀을 많이 흘리기 때문에 그만큼 체중이 감소하게 됩니다.

그 상태에서 체중을 쟀다가 음식을 섭취하면, 당연히 수분이 빠진 만큼 보충되어 체중이 도로 증가합니다. 즉, 물만 마셔도 살이 찌는 뜻한 착시효과인 셈입니다.

사우나로 뺀 땀만큼 일시분으로 체중이 감량되는 건 사실이지만 스포츠 체급 경기에선 계체량 1~2일 전에 사우나를 통해 수 kg을 감량합니다. 어디까지나 일시적인 방법이기에 계체량 통과 후에는 다시 수분을 섭취해 원래 체중으로 복귀합니다.

사우나에서 땀을 많이 뺀 후에 급격하게 물을 섭취하게 되면 몸속의 전해질 균형이 깨져 건강에 좋지 않다고 한다.

물은 다이어트에 있어 가장 핵심적이고 효과적인 음료입니다. 수많은 다이어트 음료와 식품이 있지만 순수한 물을 이기는 것은 단 하나도 없습니다.

물과 다이어트의 관계

일단 음료라 함은 0 칼로리인 물에 무언가를 첨가한 것이기 때문입니다. 모든 다이어트 요법들이 이견 없이, 하나같이 입을 모아 추천하는 유일한 식품이 바로 '물'입니다.

물만 마시면서 금식을 하는 사람들을 볼 수 있습니다. 혹시 종교적으로 40일을 금식했다고 자랑하는 사람도 있으나, 그러나 이런 행위는 위험한 일입니다. 자신의 몸을 알고 자신의 몸을 잘 관리하는 차원에서 금식하기를 권하고 싶습니다.

기름으로 얼룩진 옷을 깨끗이 빨기 위해서는 물만으로는 어림없습니다. 반드시 세제가 들어가야 합니다. 복합 활성 효소가 우리 몸에서 이러한 세제의 역할을 합니다. 복합 활성 효소는 기존의 효소 기능과 함께 알파, 베타, 세타의 기능을 추가하여 효과적인 대사기능을 정상화시키는 역할을 합니다.

대사 효소는 대변, 소변, 땀 등의 형태로 독소를 배출합니다. 그리고 함염, 함균, 해독 등 면역기능을 담당하며 살균, 혈액 정화 등 노폐물 대사에 관여합니다.

인체를 구성하는 세포를 만들고 망가진 세포를 복구하며, 영양 과잉으로부터 몸을 보호하고 스트레스에 시달리는 현대인들에게 생체기능을 복원하여 줍니다.

변비란?

변비는 우리 몸에서 대변 배설이 순조롭지 않은 증세를 말합니다. 변비는 스트레스 등으로 대장의 연동 운동이 느려지는 문제가 생기거나, 식이섬유가 크게 부족할 경우 발생합니다.

변비는 변의를 참으면 생기기도 합니다. 갑상선 이상으로도 변비가 발생할 수 있습니다. 복용 중인 약 때문에 부작용으로 발생할 수도 있고, 의자에 앉아서 많은 시간을 보내는 근무자에게 생깁니다.

남들과 있을 때 대변을 보는 생리적 활동을 부끄러워 한다거나 정제된 탄수화물을 과잉 섭취하면서 동시에 단백질과 채소를 부족하게 섭취하는 경향이 있는 사람이라면 살면서 한 번쯤은 걸릴 확률이 높은, 쉽게 말해 흔한 병이라고 말할 수 있습니다.

직장 연동 운동을 저하시키는 여성호르몬과 다이어트를 하는 경우가 많은 여성이 남성보다 상대적으로 걸리는 경우가 더 많은 편입니다.

변비를 가볍게 여기기 쉬우나 알고 보면 실생활에 꽤 심대한 불편함을 초래하는 병입니다. 일단 변비로 인해 가스가 차이면 스트레스를 유발하고 방귀 냄새에도 영향을 끼칩니다.

변비 상태면 대장과 직장에 걸쳐서 변 덩어리가 자리 잡고 있는 것인데, 방귀가 그 덩어리들을 거쳐서 나오는 것이니만큼 지독한 냄새가 납니다.

변이 잘 빠지지 않기 때문에 한 번에 나오는 양이 많아지고 항문이 찢어집니다. 한두 번이면 그러려니 해도 환자 대다수가 고질이라서 자주 찢어지고, 그러다 보면 치질 등이 유발됩니다. 당연히 변을 볼 때마다 상당한 통증과 더불어 출혈을 감내해야 하는 약간은 좀 수치스러운 병입니다.

변비를 방치하면 40도의 고열이 치솟아 3일 이상 유지되는 경우도 있습니다. 일종의 '변독'입니다. 미국에서는 연간 약 3만 명의 환자가 변비 때문에 입원하는데, 다만 유당불내증(우유를 마시면 배에 통증이 있거나 설사를 하는 질병)이 있는 사람은 생각보다 치료가 용이한 편이라고 합니다.

변비와 화장실

단순히 생활에 불편함을 주는 정도에서 그치지 않고, 극단적일 경우 생명을 잃는 경우도 있습니다. 화장실은 보통 집안에서 가장 기온이 낮은 곳이며, 이 특징은 겨울에 더욱 도드라집니다.

특히 화장실이 외부에 있는 경우 실내와 10도 혹은 그 이상의 기온 차이가 나기 쉽고, 그런 추운 화장실의 차가운 변기 위에서 5분여간을 보내야 하는데, 변비 환자들은 여기에 아둥바둥 힘까지 주어야 합니다.

이러한 환경은 심장질환과 뇌졸중을 유발할 위험성을 증가시킬 수 있으며, 실제 위험성을 지적하는 기사들도 찾아볼 수 있습니다. 변비가 아니면 화장실에서 그렇게 무리하게 힘을 줄 이유가 없습니다.

그러기에 화장실에서 힘을 주는 사건으로 말미암아 사망진단서에 찍혀 나오는 사인은 뇌졸중이지만, 실제로는 변비 때문에 죽은 것이라는 주장입니다. 그러므로 화장실을 따뜻하게 하면 더 좋을 것 같습니다.

노인들의 경우 잘못하면 실제 사망에 이를 수도 있는 질환입니다. 그 이유는 고혈압 때문입니다. 아랫배에 힘주다 보면 머리에 피가 쏠리는 경험은 다들 한 번쯤은 해봤을 것입니다. 젊은 사람들은 혈관이 건강해서 큰 문제가 되질 않지만, 노인들은 잘못하면 쓰러지거나 심하면 사망에 이를 가능성이 있습니다.

이 문제는 노인들에겐 나름 심각한 사안인데, 오죽하면 일부 노인들은 아침 인사로 아침 대변은 잘 봤냐는 농담 아닌 농담까지 할 정도입니다.

변비의 진단

대개 1주일에 배변 횟수가 2~4회 이하이거나, 1회 배변량이 35g 이하인 경우을 '변비'라고 합니다. 따라서 매일 배변을 한다고 하더라도 배설하는 양이 적으면 '변비'입니다.

당장 대장 상태가 건강하고 불편함 없이 정상적인 변이 잘 나온다면 주 1회 배변이라도 변비로 치지 않습니다. 왜냐하면 체질마다 적절한 배변 횟수가 다르며 대소변이란 어느 정도 양이 차야 나오는 것이기 때문입니다.

음식을 적게 먹거나, 소화가 잘되는 음식을 주메뉴로 하여 먹는 사람들은 남들보다 화장실을 이용하는 횟수가 적어 질수 밖에 없기 때문입니다.

그러므로 배변 간격보다는 불편함 없이 일상생활과 쾌변 활동을 할 수 있는지가 더 중요합니다. 설령 매일 배변을 하더라도 배변이 힘들거나 배에 더 부룩한 느낌이 있으면 변비입니다.

다만 장내에 쌓인 유해물질을 빨리 몸 밖으로 털어내면 나쁠 건 없다는 점에서 1일 1회 배변이 가장 이상적이긴 합니다. 물론 너무 잦은 배변도 좋은 현상은 아닙니다.

변비의 치료

• 걷기
장운동을 활성화하는 가장 좋은 방법 중 하나는 걷는 것입니다. 걷기는 내 몸의 오장육부를 건강하게 하고 최상의 법칙이 됩니다.

• 식습관
사실 갑상선 기능 저하 등 병적인 요인이 아니라면 변비의 원인은 십중팔구 수분 부족입니다. 고로 염분 섭취를 절제하고 섬유질(식이섬유)과 수분을 많이 보충하면 다수는 자연스럽게 치유됩니다.

하루에 수분을 1.8-2L 이상씩, 쉽게 말해 수시로 홀짝홀짝 물을 마십니다. 또 음식을 제대로 씹어먹지 않거나 음식량을 급격히 조절하는 경우에도 변비에 걸리기 쉬우니, 음식은 천천히 꼭꼭 씹어먹고 되도록 정량을 제때 먹는 것이 중요합니다.

• 변은 참을수록 더 단단해집니다.
변의가 왔을 때 버티면 변이 직장에 계속 머무르는 게 아니라 대장으로 반환됩니다. 그 과정을 거치면서 수분을 더 빼앗겨 변이 단단해지는 악순환이 생깁니다. 고로 변의가 오면 되도록 참지 말고 어디서든 꼭 화장실을 이용해야 합니다. 소변도 마찬가지입니다. 참지 말고 신호가 오면 즉시 배출해야 합니다.

• 배변 자세
우선 전통 변기(옛 재래식 변기)에서 쪼그리고 앉아 대변을 보듯 자세를 취할 경우, 항문이 더 넓게 벌어지기 때문에 대변 보기가 수월해집니다. 다만 변이 딱딱한 경우 억지로 변을 밀어내면 치질에 걸릴 가능성도 있으니 안 나오는데 너무 무리하지 않는 것이 좋습니다.

- 변비약

  임상 실험 결과 지금은 의존성이나 중독, 만성의 위험은 없는 것으로 검증되어 있습니다. 물론 과거의 변비약에는 이런 위험들이 있었습니다. 이제는 변비약에 대한 편견을 없애고 쾌변을 하므로 상쾌한 날을 보내야 할 것입니다.

  식습관 등을 개선하는 것이 예방과 치료 차원에 가장 좋지만, 변비의 고통을 참고 병원으로 실려 가는 것보다는 변비약을 먹는 것이 훨씬 나을 것입니다.

  다만 약에 따라 장기간 복용 시 내성 증가 또는 변비 악화가 될 수도 있음을 경고하는 내용이 있으므로 의사 또는 약사와 상의하는 것이 좋습니다.

- 식이섬유(섬유질)

  변비에 효과가 좋은 섬유질(식이섬유)은 고구마, 부추, 오이, 시금치, 배 같은 채소나 과일(특히 채소)류에 많이 포함되어 있습니다.

  식이섬유는 수용성 식이섬유와 불용성 식이섬유로 나뉘는데, 변비에 효과가 좋은 불용성 식이섬유는 수분을 흡수하기 때문에 효과를 보려면 평소보다 물을 더 많이 마셔야 합니다.

  불용성 식이섬유를 먹고 수분 섭취가 부족할 경우 오히려 변비가 더 심해질 수도 있습니다. 염분이 상당히 많은 김치를 좋아한다면 더욱 더 수분을 많이 섭취해야 합니다.

  섬유질도 과다 섭취는 안 좋은데, 하루 60g 정도의 과다 섬유질 섭취는 장을 막는 등 건강에 악영향을 끼칠 수 있으니 주의해야 합니다.

물론 한국인 다수가 권장량에 못 미치는 섭취를 하는 게 현실이긴 하지만. 참고로 변비약을 먹을 때도 주의사항에 물과 같이 먹으라고 쓰여 있습니다. 막걸리 역시 식이섬유가 꽤 풍부한 편이지만 주류인 만큼 당연히 자신의 몸에 합당한 정도로 이용하는 것이 좋습니다.

다만 이 경우에도 수분 섭취를 하지 않으면 변비가 더 심해질 수 있으니 수분을 자주 섭취해야 합니다. 물론 보통 차전자피(질경이 씨앗의 껍질)는 분말 형태로 물과 함께 섞어 먹어주니 물을 안 먹는 경우는 없지만 일단 수분 섭취는 많이 할수록 좋습니다.

• 요구르트

요구르트 등에 많이 들어있는 유산균은 장내 유해 세균 번식을 막고 유익균을 늘려 건강에 도움이 되는 식품이긴 하지만, 변비 자체엔 큰 연관성이 없습니다.

그런데도 변비에 효과를 봤다는 사람들이 종종 있는데, 이 중 일부는 요구르트에 미량 남아있는 유당(젖당)이 가벼운 유당불내증을 일으켜 대장을 자극해서 변이 나오다 보니, 변비에 도움이 되는 것처럼 착각하는 경우도 있습니다.

변비에 대한 여러 가지 이야기

일이 잘 안 풀릴 때 '변비 걸린 것 같다'는 등 비유어로 종종 쓰이기도 한다. 특히 스포츠계에서 야구팀이 안타, 볼넷 등으로 출루는 많이 하는데 정작 득점이 적거나, 축구, 농구 등에서 슈팅을 많이 날리는데도 득점으로 연결되지 않을 때, 여기에 빗대어서 변비로 통로가 막혔다는 의미입니다.

조선 시대엔 자식이 부모의 변비를 치료하면 국가에서 효자문을 세워 주고 면세 혜택도 주었다고 합니다. 문제는 그렇게 해서 나온 치료법들이 있는데, 대롱을 부모님 항문에 꽂은 다음 자식이 입에 기름을 머금은 상태에서 대롱을 통해 부모님의 직장에 기름을 불어 넣는 방법이었다고 합니다.

그래도 다른 방법에 비하면 그나마 부담이 덜 가는 행동이긴 합니다. 참고로 나머지는 부모님의 똥을 찍어서 건강 체크를 하기도 했습니다.

엘비스 프레슬리의 사인이 '변비사'라는 설도 있습니다. 물론 드립성이 강해 보이며, 그의 공식 사망 원인은 심장마비입니다.

간디도 생전 변비가 심했기 때문에 그의 최대 관심사 중 하나는 변비 탈출이었다고 합니다. 때문에 간디의 최고 애독서는 〈변비와 우리의 문명〉이라는 책이었고 합니다, 간디가 주변 사람들에게 하는 아침 인사 역시 "형제여, 오늘 아침 배설물은 좋았는가?"였다고 합니다.

선천적인 질병으로도 이런 증상이 생길 수 있는데 바로 선천성 거대결장입니다. 이 병은 대장 말단 부분 쪽에 신경절 세포가 없어 변이 내려가지 못하여 계속 쌓이게 되는 병으로 수술 외에는 고칠 방법이 없습니다.

어떤 환자는 29세에 화장실에서 변을 보다 사망했는데, 부검 결과 무게가 무려 18kg에 달했다고 합니다. 이런 경우는 현재는 수술로 치료가 가능합니다.

대한민국은 물 부족 국가인가?

대한민국은 물이 부족한 국가가 절대로 아닙니다. 2006년 세계물 포럼에서 발표한 '물 빈곤지수'에서 대한민국은 전 세계 147개 국 가운데 43위로 물 자원에 대한 위험도가 낮은 것으로 나타났습니다.

무엇보다 대한민국은 수돗물을 식수로 사용할 수 있는 얼마 안 되는 복 받은 나라입니다. 유럽 대부분의 나라들은 수도가 잘 발달하고 선진국임에도 불구하고 지리학적 요인으로 수돗물에 석회가 포함되어 있어 함부로 수돗물을 마실 수 없습니다. 그러니 이러한 지역에서 술이 발달하는 건 어쩔 수 없는 상황입니다.

수돗물을 마셔도 아무런 문제가 없는 나라는 대한민국과 일본, 미국이나 호주의 일부 지역 및 뉴질랜드 등 극히 일부에 불과합니다. 유럽 뿐만 아니라 많은 다른 지방에서도 경제적 상황과 이외의 요건으로 수돗물을 음용 할 수 없는 경우가 많이 있습니다.

중국만 해노 영토에 비해 수자원이 직고 수질도 엉 좋지 않습니다. 중국 요리에 기름이 많이 쓰이고, 차 문화가 발달한 데도 이것이 큰 영향을 미쳤습니다.

담수가 아예 부족해서 옆 나라에서 물을 사느라 엄청난 예산을 쓰는 나라도 있고, 수원을 차지하기 위해 정치적, 군사적 분쟁이 일어나는 곳도 있는데, 그에 비해 한국은 물에 대하여 매우 복 받은 나라임에는 틀림이 없습니다.

특히 한국은 여름에 강우가 집중되는 상황으로 인해 지역에 따라서는 일시적 물 부족 현상이 일어나는 경우도 있습니다. 물 부족 국가는 아니지만, 지역적, 시기적으로 물 부족 현상이 나타나는 국가라는 점은 부정할 수 없습니다.

대한민국의 물 소비량을 다른 나라 평균과 비교해 봐도 별로 많이 쓰는 편이 아닙니다. 1인당으로 비교해 보면 프랑스는 우리의 2배, 이탈리아는 5배, 호주는 우리의 15배를 사용합니다.

무리해서 아끼지는 않더라도 굳이 자원을 낭비해서 좋을 게 없다는 건 당연한 논리인데, 평범하게 물을 아끼자고 해도 될 것을 굳이 UN을 들먹여서 대한민국은 물 부족 국가라고 홍보한 공익광고협의회는 욕을 먹어도 합당한 단체입니다.

하루의 시작을 알리는 물 한잔

아침에 일어나면 바로 아침 식사를 하는 것이 아니라 따뜻한 물 한잔을 마시는 습관은 건강에 유익한 생활인의 자세입니다. 아침에 마시는 물 한잔은 우리의 몸과 뇌를 깨워줍니다. 물은 식도를 타고 위장으로 흘러 들어가면 이를 신호로 장이 연동운동을 시작합니다.

이때 장에 모여 있던 찌꺼기들이 S(에스) 결장에서 직장으로 이동하면서 밖으로 빠져나올 준비를 합니다. 이때 직장벽의 센서가 척추에서 대뇌피질로 전달되면서 변의를 느끼게 됩니다.

이런 것들이 순조롭게 이어져야 원활한 배변 생활이라고 할 수 있습니다.

그러므로 아침의 물 한잔은 하루의 시작을 알리는 종소리와 같습니다.

우리 몸은 잠에서 깨어나면서 식사를 하는 것에 부담을 느낍니다. 아침 시간은 '비우기'에 적합한 시간입니다. 즉 아침에는 영양보충보다는 노폐물의 배출에 더 신경을 써야 합니다.

그래서 아침은 간단하게 해결하는 것이 좋습니다. '죽'이나 '스프' 같은 것으로 아침 식사를 간단히 해결하는 습관을 가지는 것도 좋은 생활 자세입니다.

만찬은 점심으로 합니다. 그리고 좀 더 신경을 쓴다면 물이 넘치면 소화액이 희석되어 소화에 지장을 준다는 것을 기억해야 합니다. 그래서 국을 먹을 때는 소량으로 하고, 물은 식후 한 시간 이상을 지난 후에 마시도록 하는 습관을 가지는 것이 좋습니다.

하나님의 창공의 세계에서 만물의 근원인 원자에게 에너지를 허락한 것은 첫날입니다. 그리고 둘째 날에 에너지를 가진 원자들로 하여금 첫 번째 합성 작품은 바로 물(H_2O)입니다. 그리고 그 물을 중심으로 우리의 몸을 만드셨습니다.

물과 목욕

목욕은 위생, 미용, 오락, 종교 등 여러 가지 이유로 머리를 감고(沐) 신체를 씻는(浴) 행위를 말합니다.

인간의 피부는 본질적으로 친수성이 매우 높은 조직으로 구성되어 있습니다. 이는 모태 안에서부터 물과 함께 자라난 존재이기 때문입니다. 털로 덮인 다른 동물들에 비해 노폐물에 쉽게 노출되었기 때문에 태초부터 물로 신체를 씻는 행위로 외부 오염에 대처해 왔습니다.

몸을 깨끗이 하려는 주목적으로 행하는 경우가 많지만 휴식 및 즐거움과 또는 종교적인 의식의 차원에서 하는 경우들도 있습니다. 목욕을 하기 위해서는 필연적으로 나체가 되어야 하는데, 그럼에도 부끄럽지 않은 것은 인류의 조상 자체가 나체에 기원을 두고 있기 때문입니다.

목욕은 피로 해복과 질병을 보조적으로 치료하는 데에 효과가 있습니다. 뜨거운 물은 굳은 근육을 풀어주고 피부의 혈관을 이완시켜 혈액 순환을 촉진합니다.

하루를 피곤하게 보냈거나 여행지에서 좀 많이 움직였다 싶을 때 따듯한 욕탕에 몸을 담그면 그 효과가 전신 마사지 못지않고 가장 행복감을 느끼곤 합니다. 이는 어머니의 태중에 있다는 느낌이라고 여겨집니다.

또한 체내 노폐물을 배출시키는 데도 도움이 됩니다. 치질 등 항문 질환이나 각종 부인과 질환, 전립선 질환 등에도 효과가 있습니다.

일반적으로 머리만 남기고 온 몸을 물에 담그는 목욕이 있지만, 하체만 담그는 반신욕, 엉덩이만 담그는 좌욕, 발만 담그는 족욕, 상체를 숙여 등에 찬물을 끼얹는 등목 등 바리에이션이 있습니다.

지나치게 오래 탕에 들어가 있으면 체력이 떨어지고 탈수증세가 올 수 있으며, 탕에 들어가 있는 시간은 길어도 30분을 넘기지 않아야 합니다.

반신욕은 20분 정도가 좋다고 합니다. 물의 온도는 사람마다 기호 차이가 있을 수는 있으나 38도 정도(37도에서 39도)가 좋으며, 40도를 넘어 너무 뜨거울 경우에는 교감신경계가 자극되기 때문에 심신이 이완되는 효과를 얻기 어렵다고 합니다.

일본이 중국과 다르게 목욕 문화가 발달할 수 있었던 것도 바로 쿠로시오 난류와 화산지형으로 인한 온천덕입니다. 반대로 몽골처럼 물이 부족한 스텝, 사막성 기후인 곳에서는 전통으로 금기시 되었다.

그러나 이것도 문화마다 다른데, 이슬람교는 반대로 신 앞에서 청결할 것을 강조하기 때문에 목욕 문화가 발달해 왔습니다. 이 외에도 기도를 하기 전에 손을 씻을 것을 요구하고, 그것도 안 되면 모래로 씻을 정도입니다.

예외로 이란에는 60년 동안 목욕하지 않은 사람도 있었다고 합니다. 특히 힌두교 신자들은 갠지스강에서 목욕하는 것은 신에게 나아가는 첫 발걸음이기 때문입니다.

물과 정수기

지금은 모든 가정마다 정수기를 설치하여 물을 마시고 있습니다. 정수기에는 반드시 정수 필터가 내장되어 있는데, 필터는 사용 내용에 적합한 시간에 교환하여야 합니다.

제 때에 정수 필터를 교환하지 않으면 평상시 수돗물보다도 안 좋은 상태의 물이 될 수 있습니다. 그래도 대한민국의 수도 사정은 무척 좋아진 상태입니다.

　저자의 친구 중에는 물에 대한 경각심이 있어서 물 측정 검사기를 가지고 다닙니다. 친구들이 다 같이 모였을 때 수질 검사를 하였는데 일반 수돗물 보다 정수기 물이 세균이 더 많이 나와서 모두를 놀라게 하였습니다.

　우리들 몸에 좋은 식음수는 내 몸을 깨끗하게 합니다. 좋은 물로 행복한 한 잔의 음료가 되기를 바랍니다.

건강 3 계명

햇빛을 쬐자

그는 햇빛을 받고
물이 올라 그 가지가 동산에 뻗으며
욥8:16.

태양은?

태양에 대한 상식적인 지식을 알아보겠습니다.

지구에서부터 거리는 149.6×106km입니다. 빛의 속도로 8.31분이 걸립니다. 태양의 구성은 수소 73.46%, 헬륨 24.85%, 산소 0.77%, 탄소 0.29%로 되어 있으며, 그 외 철, 황, 네온, 질소 등으로 구성되어 있습니다.

이런 것들은 그다지 중요하지 않습니다. 가장 중요한 것은 하나님께서는 지구를 중심에 두고, 태양을 넷째 날에 지구로부터 가장 적정한 거리에 가져다 놓으셨다는 것입니다.

그래서 지구에 살고 있는 아담과 하와에게 벌거벗은 상태에서도 덥거나 추워하지 않고 행복한 보금자리로 살 수 있도록 이 지구를 만드셨습니다.

지구에 도착한 햇빛 에너지는 식물의 광합성을 일으켜 거의 모든 지구에 있는 생명체의 생존을 가능하게 합니다. 그리고 태양과 지구의 자전과 공전을 통해서 날씨 및 기후를 만들고 운영하고 있습니다.

인류는 선사시대 이래로 태양이 지구에 미치는 막대한 영향 및 중요성을 알고 있었으며, 일부 문화권에서는 태양을 신으로 숭배하기도 했습니다. 그만큼 인류의 삶에서 중요한 부분입니다.

태양과 지구

햇빛은 지구의 주요 에너지원입니다. 태양과 지구와의 거리는 평균 약 1억 4960만 킬로미터로 1AU입니다. 직사광선을 통해 단위 면적에 축적되는 에너지의 양을 태양 상수라 하는데, 1 AU의 거리에서 ㎡ 당 1368 와트의 값이 됩니다.

지구표면에 도달하는 햇빛은 지구의 대기가 약화시켜 맑은 하늘에 태양이 머리 위에서 비출 때에 ㎡ 당 1,000 와트 정도가 됩니다.

이러한 에너지는 여러 자연적인 합성을 통해 동력으로 변환될 수 있습니다. 식물의 광합성은 햇빛의 에너지를 화학 물질(산소와 탄소화합물)로 바꾸며, 지표면을 데우거나 태양 전지를 이용해 전기로 바뀌기도 합니다.

태양의 자외선은 살균에 유용하며, 가구나 물의 소독에 사용됩니다. 자외선은 살갗을 태울 수도 있으며, 피부에서는 햇볕으로 비타민 D를 합성합니다. 자외선은 지구의 오존층이 약화시키며, 이 때문에 위도에 따라 자외선 양이 크게 변하여 사람의 피부색이 달라지는 원인이 되기도 합니다.

태양은 활발하게 활동하고 있습니다. 태양에는 11년의 주기로 강도가 바뀌는 자기장이 형성되어 있습니다. 태양의 자기장은 태양 활동이라 불리는 여러 현상들을 발생시키는데, 태양 표면의 흑점이나 태양 플레어, 태양풍 등이 이에 속합니다.

태양은 종말의 표징이다

하나님은 태양을 이용하여 종말이 증거를 보여줍니다. 구약성경을 보면 『그 앞에서 땅이 진동하며 하늘이 떨며 해와 달이 캄캄하며 별들이 빛을 거두도다』 '요엘'서에서 여러 절에 기록하고 있는데 이와 같은 말씀은 구약성경 '아모스'서에서도 기록하고 있습니다.

이와 같이 신약성경에도 태양의 모습에 대하여 기록하고 있는데 『그 날 환난 후에 즉시 해가 어두워지며 달이 빛을 내지 아니하며 별들이 하늘에서 떨어지며 하늘의 권능들이 흔들리리라』고 기록하고 있습니다. 이는 마태, 마가, 누가복음서에 같이 기록하고 있는데, 이를 증명하듯이 요한계시록에서도 같이 말씀으로 증명해주고 있습니다.

『넷째 천사가 나팔을 부니 해 삼분의 일과 달 삼분의 일과 별들의 삼분의 일이 타격을 받아 그 삼분의 일이 어두워지니 낮 삼분의 일은 비추임이 없고 밤도 그러하더라』(요한계시록 8:12)

우주의 운행을 섭리하시는 하나님은 또한 시작과 끝을 같은 현상으로 우리들에게 그 징표를 보여주실 것입니다.

태양의 자기장

지구의 자기장과 마찬가지로, 태양의 남·북 양극에 플러스·마이너스의 자기장 같은 것이 보입니다. 이것은 태양의 일반 자기장이라고 불립니다. 그러나 이 자기장은 극 가까이에서 겨우 1가우스 정도인데, 이것도 일정한 값이 아니고 태양 활동의 주기에 따라 변동합니다.

태양은 중심핵에서 수소를 태워 헬륨으로 바꾸는 핵융합 작용을 하는, 주계열성 단계 중반부에 접어든 상태입니다. 태양 핵은 초당 물질 4백만 톤을 에너지로 바꾸고 있으며, 중성미자와 태양 복사 에너지를 생산합니다.

이 속도라면 태양은 일생동안 지구 질량 100배에 해당하는 물질을 에너지로 바꿀 것입니다. 태양은 주계열 단계에서 약 109억 년을 머무를 것이라고 말합니다.

지구가 어떻게 될지는 확실하지 않습니다. 사실 주계열성 단계에서도 태양은 서서히 밝아지면서 표면 온도가 올라가고 있습니다.

점진적으로 태양 광도가 커져 약 7억 년 내 지구는 인간이 살 수 없는 환경으로 바뀔 것이라고 합니다. 이때가 되면 생명체는 지구상에 존재할 수 없게 됩니다. 동식물이 멸종하며 지구 내부에서 나오는 온실기체를 정화시킬 수 있는 수단이 없어진다고 합니다.

따라서 온도는 급속히 오르게 되며 동식물이 멸종된 지 1억 년도 채 안 돼서 지구표면은 끓는점에 도달하게 됩니다. 바닷물이 끓게 되면 대기 중에 수분이 10~20% 차지하게 되며 물이 산소와 수소로 분리된 후 수소는 우주 공간으로 날아가 버립니다.

8억 년 내로 지구의 바닷물은 모두 증발하여 사라질 것입니다. 8억년 후 지구는 물도 없는 황량한 사막과 같이 될 것이며 황산과 온실기체로 이루어진 구름이 표면을 덮을 것이며 금성 표면처럼 뜨거워질 것이라고 과학자들

은 말합니다

이러한 견해로 보면 이 지구의 환경과 생명은 '진화'하는 것이 아니라 '퇴화'하는 것입니다. 이것이 진리입니다. 과학이 이를 증명하고 있고 또 성경이 이를 기술하고 있습니다.

다만 시간이 문제입니다. 몇 억년이라고 말하고 있는데, 어떤 순간의 시간에 이러한 상황이 우리에게 현실로 다가올 수도 있습니다. 성경은 앞으로 계속되는 자연재해와 함께 몇 십 년 안에 제3차 세계대전이 일어나고 종말의 나팔은 불려 질 것이라고 예언하고 있습니다.

종교적으로 지옥은 먼데 있는 것이 아닙니다. 이 지구의 별은 지옥이 될 수 있기 때문입니다. 그러나 경건한 자손으로 믿음의 자녀들은 신랑되신 예수님이 예비하신 새로운 별에 거주하게 될 것입니다.

시작이 있으면 끝이 있는 것처럼 우리의 몸도 강건함으로 건강하게 살아야 하며, 우리의 영혼도 경건함으로 또한 건강하게 살아야 할 것입니다.

더 시간이 가서 태양이 더 밝아지면 결국에는 지구에 있는 것이 다 타버릴 것입니다. 태양이 점차 밝아지면서 지구의 남은 대기마저도 날아가게 될 것이라고 과학자들은 말하고 있습니다.

생체 시계

2017년에 노벨 생리의학상을 수상한 제프리 C. 홀(미국), 마이클 로스배

시(미국), 마이클 W. 영(미국)은 우리의 몸은 생체시계의 작동으로 작용하고 있다는 이론을 연구한 분들입니다.

'생체 시계'는 생명체가 갖는 일주율, 월주율, 일년율 등의 주기성을 갖는 생체 시계를 가리킬 뿐만 아니라 타이머 같은 역할 즉 특정 시간으로부터 얼마간의 시간이 흘렀는지를 체크하는 타이머 기능도 포함합니다.

생명체의 생체 시계와 관련된 단백질로는 TIM, CLK, PER 등의 유전자들이 있다고 보고된 바 있습니다.

항상성

항상성은 우리 몸의 생체가 여러 가지 환경변화에 대응하여 생명 현상이 제대로 일어날 수 있도록 일정한 상태를 유지하려는 성질 또는 그 현상을 말합니다.

생명체는 심리적으로 여러 가지 조건이 바뀌어도 친숙한 대상은 항상 같게 지각하려는 항상성을 갖고 있습니다. 물체의 크기·모양·빛깔, 또는 소리를 들은 거나 빛의 명암 따위의 조건에 따라 달라지는 것이 원칙이지만, 생리적 자극과는 관계없이 항상 같게 지각되는 경향입니다.

특히 이러한 항상성 기능은 생체에서 온도나 화학 물질의 농도 따위를 환경 조건의 변화에도 불구하고 일정하게 유지하는 기능으로 항상성 기능의 기초에는 교묘한 비선형 피드백 기구가 있고, 뇌의 신경계가 관련되어 있습니다.

위의 내용은 한마디로 사람은 해가 떠 있는 동안에는 활동을 하고, 해가 지면 쉼을 가져야 한다는 이론입니다. 이때 사람의 몸의 신경계는 안정을 가지게 되고 건강한 몸을 유지할 수 있다는 이론입니다.

산업혁명 이후에 전기가 발명되면서 사람의 생체리듬은 깨어지기 시작하였습니다. 그러나 우리 몸은 항상 항상성을 유지하려고 하기에 쉬지 못하거나, 잠을 자지 못하면 그만큼 우리 몸의 내부는 더욱 심한 대사작용과 에너지를 소모해야 한다는 논리입니다.

수면시간, 기상시간, 호르몬수치, 심박수, 혈압, 체온 등을 그래프로 나타내 보면 하루 24시간을 주기로 반복되는 패턴을 가지고 있는데, 이를 조절하는 기관이 신경계이고 이를 생체 시계라고 말합니다.

그러므로 야간근무를 하는 사람들에게나, 해외여행이나 출장을 하는 사람들에게는 낮과 밤이 바뀌어서 시차 적응에 상당한 시간을 소비합니다. 그래서 천체의 시계와 우리 몸에 내재된 생체 시계가 불일치되면서 우리의 몸은 피곤할 수밖에 없습니다.

그래서 수면장애는 스트레스가 원인으로 알려져 있지만, 직접적인 원인은 생체 시계가 고장 나면서 수면 리듬이 깨진 것도 큰 원인입니다.

그러므로 사람의 몸은 일정한 시간에 깨어나서 아침 햇빛을 쬐어야 합니다. 아침 햇빛을 쬔 지 15시간이 지나면 멜라토닌의 분비가 활성화되는데 멜라토닌의 생성의 열쇠는 세로토닌이 쥐고 있습니다.

세로토닌은 장에서 만들어집니다. 그러므로 장이 튼튼해야 세로토닌이 잘 생성되고, 잘 생성된 세로토닌이 멜라토닌의 분비를 활성화시킵니다. 이때 꿀잠을 잘 수 있는 것입니다.

햇빛은 공짜이지만?

햇빛은 태양에서 나오는 전자기파로 적외선과 가시광선의 비중이 높으며, 태양이 G형 주계열성이기 때문에 생명체에 해로운 자외선 영역도 상당 부분 있습니다.

일반적인 대중들의 기준으로 햇빛은 태양이 발산하는 수많은 전자기파 중 눈이 감지할 수 있는 가시광선 영역의 빛만을 의미하며, 반대로 '햇볕'은 태양이 비추면서 달궈지는 뜨거운 기운, 즉 피부로 느낄 수 있는 적외선 영역의 파장을 말합니다.

햇빛의 반대 격으로 주로 꼽히는 것이 밤에 비치는 달빛이지만, 사실 달은 스스로 빛을 내지 않고 태양광이 달에 반사되어 비치는 것이기 때문에 엄밀히 말하면 달빛은 또한 결국 햇빛이 됩니다.

태양은 절대로 맨눈으로 보면 안 됩니다. 잠깐잠깐 스쳐 지나가면서 보는 정도는 큰 문제가 없지만, 수 초 이상 오랫동안 보게 되면 시력에 손상이 오고, 지속이 되면 눈이 멀 수도 있습니다.

에너지원으로 햇빛

햇빛은 광합성의 에너지원으로서 지구상의 거의 모든 생명체의 대부분을 먹여 살리고 있습니다. 비, 바람, 구름 등 온갖 기상 현상도 햇빛의 에너지가 지구 대기나 바다에 흡수되면서 발생합니다.

화산재 등으로 인해 지상으로 들어오는 햇빛이 약간만 줄어들어도 기후가 변동되고 이는 곧 식량 문제와 직결됩니다.

인간이 현대에 사용하는 에너지는 대부분이 햇빛을 기반으로 합니다. 석유, 석탄 등의 화석연료는 햇빛으로 살아갔던 고대 생물의 잔해물입니다. 또한 파도와 바람, 물의 순환, 해수 온도 차 등 친환경적 신재생에너지도 근간은 햇빛입니다.

비타민 D

햇빛은 인간의 성장과 신진대사를 활성화시키는 매우 중요한 요소 중 하나입니다. 햇빛을 쬐어야 인체에서 비타민 D를 생성해 내기 때문입니다. 다만 비타민 D는 영양제로도 섭취가 가능하며, 이 때 비타민 D 합성을 위해 따로 햇빛을 쬘 필요는 없습니다.

또한 초기 우울증 환자나 영양 결핍환자 (식욕이 있거나 식사량이 정상임에도 발생하는 경우)의 치료방법 중 하나로 낮에 산책을 권하는 경우가 있는데, 이걸 더 정확히 말하면 비타민 D가 세로토닌의 수치를 높여주고, 이에 내향적이고 신경성이 높은 성격에서 외향적으로 바뀌게 된다는 이론입니다.

햇빛에 장기간 노출되지 않는 직업을 가진 경우에도 비타민 D 부족으로 인한 칼슘 부족 증상에 시달릴 위험이 있습니다.

낮과 밤이 바뀐 생활이 오래 지속되는 경우 우울증 초기증세를 호소하거나, 식욕 및 식사량이 정상임에도 여위어 보이거나 어쩐지 황해 보이는 경우가 종종 있는데, 칼슘 부족으로 오는 초기증상인 경우가 많습니다.

비타민 D의 결핍은 곧 칼슘 결핍을 동반하며, 칼슘은 체내에서 필수 영양소 중 하나이므로 거의 만병의 근원으로 볼 수 있습니다. 증상으로는 기억력 저하, 무기력증, 우울증, 혈액 순환장애, 어지럼증, 골다공증 등이 있습니다.

사람들이 자주 혼동하는 것으로 그중에 하나가, 유리로 둘러싸인 건물에서 하루 종일 일하니까 햇빛에 계속 노출되어 있으므로 괜찮다고 생각하는 경우입니다. 비타민 D가 체내에서 합성되려면 20분 이상 햇빛에 살갗이 닿는 직접적인 노출이 필요하며 이를 일광욕이라고 합니다.

긴 팔, 긴바지를 입고 있는 경우, 유리창이나 온실 안에 있는 경우, 모두 적합한 일광욕 방법이 아닙니다. 해외 화보에서 자주 보듯이 야외에서 노출이 많은 옷을 입고 누워 있는 것이 가장 이상적인 일광욕 방법입니다.

한국에서는 기후 특성도 다르거니와 여러 현실적인 이유로 저렇게는 할 수 없기 때문에 벤치에 앉아 있거나 조깅하는 방법이 가장 좋습니다.

하지만 햇빛도 양날의 검인지라 비타민 D 합성으로 건강을 얻는 것도 있지만, 문제는 자외선으로 인한 피부 노화로 노안이 되어 겉늙어 보이게 되는 것은 기본이고 심지어는 피부암이 발병할 위험성도 같이 높아지게 됩니다.

따라서 벤치에 앉아 있거나, 조깅하는 식의 일광욕이더라도 외출 전 썬 크림 또는 코코넛오일을 바르거나, 모자를 쓰거나, 평소에 마스크 팩을 주기적으로 해 주어야 합니다.

금전적으로 여유가 있다면 정기적으로 피부과를 방문하는 등 피부 관리를 위한 시간과 노력, 비용도 투자되어야 합니다. '공짜 점심은 없다'라는 이론은 이런 곳에서도 통합니다.

따라서 술, 담배, 정크 푸드 등에 찌들어 살아 영양 상태가 부실한 상태에서, 피부과는 고사하고 썬 크림 바르는 방법도 모르는 등 건강에 있어 소홀한 사람들은 아무리 일광욕해도 헛고생일 가능성이 더 높습니다.

참고로 유럽에서도 일광욕은 벤치에 앉아 있든지, 조깅을 하든지, 골프, 승마, 요트 등처럼 고급문화로 분류되고 있으며, 썬 텐으로 그을린 구릿빛 피부를 가진 사람을 부자로 여기는 경향이 있습니다.

굳이 매일매일 20분을 꽉꽉 채워가면서 햇빛을 쬘 필요도 없고 피부를 그을릴 필요도 없습니다. 일주일에 몇 번 운동할 때 잠깐 햇빛을 받는 것으로도 족합니다.

그렇게 피부병이 걱정되면 비타민 D 보충제를 먹으면 됩니다. 그리고 애초에 햇빛을 잠깐이라도 쬐는 이유는 단순 생리적인 것뿐 아니라 심리적인 건강의 측면도 있습니다.

피부암

햇빛은 국제 암 연구기관에서 발암물질 1군으로 지정되어 있는데, 햇빛에는 피부암을 유발하는 직접적인 요인인 자외선이 포함되어 있기 때문입니다.

그러나 과도한 일광욕은 바로 피부암을 유발하는 원인이 되며, 피부암뿐만 아니라 햇빛은 피부 노화를 일으키기도 합니다. 비타민 D를 합성하는 대신 피부 손상을 감수하거나, 또는 피부를 보존하는 대신 비타민 D를 합성하지 못하거나 둘 중 하나이기 때문입니다.

이 때문에 인류는 지역에 따라 멜라닌 색소의 양이 달라지는 것으로 진화해 왔습니다. 햇빛이 약한 지역에 멜라닌 색소가 과다하게 많으면 비타민 D 합성이 않되고, 반대로 햇빛이 강한 지역에 멜라닌 색소가 적으면 피부가 손상되기 때문에 지역에 따라 적절한 양의 멜라닌 색소를 가진 사람만 살아남았기 때문입니다.

생명 에너지 햇빛

햇빛은 기상 현상과 식물 생장의 근원인 에너지원입니다. 거의 모든 생물은 햇빛으로 살아간다고 해도 과언이 아닙니다.

다만 동굴 속에서 살거나 야행성인 동물 중에서는 빛이 없는 환경에 적응해서 살아가다 보니 햇빛을 보면 안구 등에 좋지 않은 영향이 오는 종이 있으며, 심해의 열수분출공 근처에는 황화철을 이용해 에너지를 얻는 생물이 존재하기도 합니다.

해상으로부터 약간의 유기물 공급은 있기 때문에 태양광 생태계와 완전히 동떨어진 건 아니지만, 유로파나 타이탄 등 햇빛이 현저히 부족한 다른 천체에도 생명이 있을 가능성을 시사합니다.

햇빛 이야기

보통 햇빛은 긍정적 의미가 내재되어 있습니다. 왜냐하면, 어두울 때는 사람이 본능적인 두려움과 공포를 느끼지만, 햇빛이 비춰짐으로 밝아지기 시작하면 심리적으로 안정을 되찾게 되고 희망이 생기기 시작하며 두려움과 공포가 사라지고 기쁨과 행복을 느끼기 때문입니다.

하늘에 구름이 반쯤 가려지면 마치 갈라지듯이 햇빛이 퍼지는 걸 볼 수 있는데, 틈새 빛살이라고 하며 서양에서는 '야곱의 사다리'란 별명으로 부르고 있습니다.

햇빛은 전통적으로 소독 용도로도 사용했습니다. 햇빛의 자외선은 미생물을 없애는데 좋고, 햇빛의 열을 통해 수분을 증발시키고 온도를 올려서 미생물이 발생하는 여건을 없애기 때문입니다. 그래서 햇빛은 정화, 건강을 상징하는 요소이기도 합니다.

대한민국에서 가장 맑은 날이 많은 계절은 의외로 한여름이 아니라 가을과 봄입니다. 7월에 제일 일조량이 낮고 5월, 10월에 일조량이 가장 높다는 걸 알 수 있습니다.

실제로 우울증도 서양과 반대로 여름 장마철에 제일 위험하고 가을이나 봄에 좀 나아지는 경우가 많습니다. 체감적으로 강수량이 가장 적은 겨울에 햇빛이 가장 많은 것처럼 느껴질 수도 있습니다.

빨래를 한 뒤 햇빛에 말리면 흔히 '태양의 향기'라고 부르는 특유의 냄새가 납니다. 물론 빛에서 냄새가 나는 것은 아니고, 빨래에 남아있는 먼지와 세제 잔여물 등이 햇빛을 받아 분해되면서 나는 냄새도 아닙니다. 진실은 진드기가 타 죽는 냄새입니다.

일광욕은 만성 피로, 우울증, 골다공증, 감기, 비만, 충치, 관절염, 치매, 고혈압, 뇌경색, 심근경색, 알레르기, 아토피, 두통, 신장염 등을 예방할 수 있습니다.

위 질병들의 치유는 우리 몸의 장을 건강하게 하는 시작입니다. 태양의 빛은 장 건강과 관련이 있고, 장 건강은 우리 몸의 건강과 생명에 직결이 되는 장기입니다.

건강 4 계명

음식을 바르게 먹자

내가 좋아하는 맛있는 음식을 만들고
그것을 내게로 가져와 내가 먹게 하고 이로써
내가 죽기 전에 내 혼이 너를 축복하게 하라
창27:4

음식을 받으매 강건해지니라
행9:19

치아와 음식과의 관계

사람의 치아는 송곳니는 4개, 앞니는 8개, 어금니는 20개로 총 32개로 구성되어 있습니다. 송곳니는 고기를 먹는데 사용되고, 앞니는 야채를 짜를 때 사용되며, 어금니는 곡식을 잘게 가는데 사용되는 용도입니다.

그러므로 사람은 육식을 하기 위하여 4개, 채식을 하기 위하여 28개의 치아를 사용하도록 되어 있습니다. 즉 고기를 4g를 섭취하면 곡물이나 채소는 28g를 먹어야 한다는 것입니다.

사람이 섭취하는 음식의 내용물을 우리가 구체적으로 측정할 수는 없습니다. 왜냐하면 한국 사람의 한식은 종합적이기 때문입니다. 다시 말하면 한식은 채소, 바다 고기, 육류, 조류, 해조류 등 다양한 식재료로 구비되어 있기 때문입니다.

그러므로 육 고기와 채소의 비율로 7:1로 여긴다면 한 끼의 식사량에서 15% 징도의 육 고기를 식용하는 것이 우리의 몸에 직힙하다는 생각이 듭니다. 그 전제는 복합 음식으로 한식을 중심으로 식사를 하였을 때입니다.

성경 다니엘의 음식 이야기

구약성경에 있는 다니엘서에서 다니엘의 음식 이야기가 기록되어 있습니다.
『다니엘은 뜻을 정하여 왕의 음식과 그가 마시는 포도주로 자기를 더럽히지 아니하리라 하고 자기를 더럽히지 아니하도록 환관장에게 구하니 하나님이 다니엘로 하여금 환관장에게 은혜와 긍휼을 얻게 하신지라

환관장이 다니엘에게 이르되 내가 내 주 왕을 두려워하노라 그가 너희 먹을 것과 너희 마실 것을 지정하셨거늘 너희의 얼굴이 초췌하여 같은 또래의 소년들만 못한 것을 그가 보게 할 것이 무엇이냐 그렇게 되면 너희 때문에 내 머리가 왕 앞에서 위태롭게 되리라 하니라

환관장이 다니엘과 하나냐와 미사엘과 아사랴를 감독하게 한 자에게 다니엘이 말하되 청하오니 당신의 종들을 열흘 동안 시험하여 채식을 주어 먹게 하고 물을 주어 마시게 한 후에 당신 앞에서 우리의 얼굴과 왕의 음식을 먹는 소년들의 얼굴을 비교하여 보아서 당신이 보는 대로 종들에게 행하소서 하매

그가 그들의 말을 따라 열흘 동안 시험하더니 열흘 후에 그들의 얼굴이 더욱 아름답고 살이 더욱 윤택하여 왕의 음식을 먹는 다른 소년들보다 더 좋아 보인지라. 그리하여 감독하는 자가 그들에게 지정된 음식과 마실 포도주를 제하고 채식을 주니라」
(다니엘서 1장 : 8절 - 16절)

다니엘은 바벨로니아(바벨론)와 페르시아(바사)시대의 사람입니다. 당시 B. C. 600년경의 사람은 오래 산다고 하여도 60년을 살면 장수하는 인생입니다.

그런데 다니엘은 유대나라의 20세 청년으로 바벨론의 포로가 되어서 바벨론과 바사에서 70여년을 살아 90세가 넘도록 그의 생애를 살았습니다. 이는 그의 식생활과 경건한 삶의 결과라고 할 것입니다.

채식과 육식의 균형

육식을 좋아하는 사람과 채식 위주로 식사하는 사람의 피부를 비교하면 탄력도에 차이가 있음을 알 수 있습니다. 육식은 노화를 앞당기는 반면, 채소에 들어있는 폴리페놀, 플라보노이드, 베타카로틴, 레티놀과 같은 파이토케미칼이 노화를 방지하여 피부를 탱탱하게 만들어 주기 때문입니다.

그분만 아니라 사람의 장은 길고 구불구불한데, 이런 형태는 초식동물이 가지는 장의 구조입니다. 반면 육식동물의 장은 짧고 직선으로 이루어져 있습니다.

장이 길고 복잡하면 그만큼 장 안에 효소의 분비물과 직결됩니다. 우리의 몸이 채식에 적합하도록 설계되었다는 것은 채소의 소화에 효소가 그다지 필요하지 않다는 것을 말하고 있습니다.

반면 육류를 소화하기 위해서는 심장, 신장, 간 등에서 무리하게 대사 효소까지 끌어 와야 할 정도로 효소를 많이 필요로 합니다.

그러므로 대사 효소의 부족은 각종 질환의 원인이 된다는 점을 우리는 항상 인지해야 합니다. 왜냐하면 사람의 각 장기는 필요 이상의 노동에 시달려야 하기 때문입니다.

건강을 생각한다면 고기보다는 채소를 많이 먹어야 합니다. 익힌 채소보다는 생 채소가 더욱 좋습니다. 생 채소에는 노폐물의 배출을 돕는 섬유질이 많이 포함되어 있으며, 생명의 열쇠라고 말할 수 있는 효소를 다량 함유하고 있기 때문입니다.

과일을 껍질째 먹는다면 파이토케미칼도 같이 섭취할 수 있어서 더욱 좋을 것입니다. 지금은 농약 때문에 고민이 되는데 농약 제거를 위한 다양한 방법들이 기술되어 있습니다.

발효 음식에 대한 이야기

여기서 중요한 빠뜨릴 수 없는 식품이 있습니다. 바로 발효음식입니다. 발효된 음식은 그 자체로 효소 덩어리라고 할 수 있습니다.

돼지고기를 먹을 때, 새우젓과 함께 먹는 것도 젓갈의 효소가 소화를 돕기 때문입니다. 시판되는 효소 식품이 발효법으로 만들어지는 것을 볼 때 젓갈, 청국장, 김치 등은 인체에 매우 유익한 식품이라고 할 수 있습니다.

발효 (fermentation)는 넓은 의미로는 미생물이나 균류 등을 이용해 육종하는 과정을 말하고, 좁은 의미로는 산소 없이 당을 분해해서 에너지를 얻는 대사 과정을 말합니다.

발효의 생성물은 유기산, 가스 또는 알코올입니다. 발효는 효모와 세균에서 일어나고, 또한 젖산 발효의 경우처럼 산소가 결핍된 근육세포에서도 일어납니다.

미생물에서 발효는 유기 영양소를 혐기적으로 분해하여 ATP를 생산하는 주요 수단입니다. 사람은 신석기 시대부터 식량과 음료를 생산하기 위해 발효를 이용해 왔습니다.

ATP (아데노신 삼인산) : 일종의 에너지원으로 모든 살아있는 세포에서 에너지 저장소 역할을 하는 분자 유기화합물입니다.

예를 들어 발효는 피클, 김치, 요구르트와 같은 신맛이 나는 음식에서 보존을 위해 젖산을 생성하는 과정에서 사용되며, 포도주, 맥주와 같은 주류를 생산하는 데에도 사용됩니다. 발효는 사람을 포함한 모든 동물의 위장관 내에서 일어납니다.

발효와 부패의 차이

호흡기질의 분해 산물이 사람에게 유용하며 발효, 악취나 독성 등으로 사람에게 해를 끼치면 부패라고 부르지만, 과학적으로는 발효와 부패는 동일한 개념입니다.

부패란 미생물이 유기물을 분해할 때 악취를 내거나 유독물질을 생성하는 경우를 말합니다. 이는 부패 세균에 의해서 일어나는데 발효와 부패는 모두 미생물에 의한 유기물의 분해 현상이라고 말할 수 있습니다.

발효차는 일반적인 미생물에 의한 발효가 아니라, 차 잎에 함유된 산화 효소에 의해 산화 처리한 차입니다. 미생물이 작용하지 않으므로 진정한 발효는 아니지만, 산화 정도에 따라서 차의 종류가 여러 가지로 나누고 있습니다. 홍차, 보이차는 완전발효, 우롱차는 반 발효차입니다.

달고 맛있는 음식을 향한 현대인들

 생존을 위하여 음식을 먹기보다는 입의 맛을 위하여 음식을 섭취하는 사람이 늘어나고 있습니다. 입의 즐거움은 곧 건강은 생각지 않고, 먹기 좋고 입맛에 좋은 것을 선택하는 것입니다. 그래서 지금은 과도한 영양분에 의하여 우리 몸은 병들고 있음을 간과하고 있는 것이 현실입니다.

 그래서 인위적인 가공 과정과 조미료로 입에서 잘 넘어가는 백설탕의 경우는 세포가 늙고 백혈구를 무력화시킵니다. 인체의 면역력도 약화되어 병에 걸리기 쉬운 체질이 됩니다.

 설탕의 당분은 우리 몸에서 중성지방으로 변하여 신체 곳곳에 쌓임으로 비만의 원인입니다. 그뿐만 아니라 칼슘과 미네랄을 빼앗아 골밀도 약화, 동맥경화, 심장마비, 뇌졸중, 저혈당증, 집중력 저하, 우울증, 두통 등의 증세를 발생시킵니다.

식사와 소금

 우리 몸의 혈액에는 0.9%의 염분이 포함되어 있습니다. 만약 염분의 양이 떨어지면 뇌로 산소공급이 순조롭지 않아 치매에 걸릴 수 있습니다. 즉 소금은 혈류의 흐름을 방해하는 주범이 아니라 혈류의 흐름을 돕는 역할을 하고 있습니다.
 우리는 소금을 고혈압의 원인으로 알고 있지만, 단순히 결론을 내릴 사안은 아닙니다. 고혈압이란 병이 아니라, 오염된 혈관 때문에 혈액의 순환이 자유롭지 않은 상태를 벗어나기 위한 인체의 자정 노력이라고 할 수 있습니다.

그러므로 염분의 부족은 혈액의 활동을 저하시키는 현상으로 나타납니다.

문제는 소금이 정제되어 미네랄이 결여 된 소금을 섭취하는 것입니다. 한국 사람들은 좀 짜게 먹는다고 하여도, 건강한 사람은 대사 효소가 달려와서 혈류량을 조절하여 줄 것입니다. 그러므로 문제는 우리 몸에 비축되어진 효소가 부족할 때에 문제가 생기는 것입니다.

식사와 적은 양의 음식

음식을 소량으로 먹는 소식은 건강에 어떤 영향이 미치는지를 연구한 결과가 있습니다. 그 실험 결과는 먹이를 가장 적게 공급한 생쥐의 노화 속도가 가장 늦은 것으로 나타났고, 수명도 가장 긴 것으로 나타났습니다.

선진국의 반열에 오른 우리나라는 지금 너무나 잘 먹고 있습니다. 못 먹어서 결핵으로 죽어갔던 옛 시절과는 완전히 다른 시대에 살고 있습니다.

그런데 지금은 너무나도 잘 먹고 있음에두 불구하고 수많은 질병으로 고생하고 있는 사람들을 본다면, 옛 시대보다 병명이 더 많은 것은 어떤 이유 때문이겠습니까?

지금도 사람들은 '건강하려면 잘 먹어야 한다'는 생각에서 벗어나지 못하고 있습니다. 사자가 배가 부르면 결코 앞에서 놀고 있는 사슴을 잡아먹지 않습니다. 그러나 사람은 먹을 것이라면 외상을 하면서 목구멍까지 채우려고 합니다.

이러한 음식에 대한 탐욕은 당뇨, 고혈압, 암, 고지혈증과 같은 대사질환을 환영하는 몸이 되고 있습니다. 뷔페에 가면 우리는 배를 가득 채워야 하는 심리적 몸부림을 가지고 있습니다.

　이런 것들이 위장에 급격한 부담을 주게 되는데, 내장은 이를 소화하기 위하여 과하게 효소를 소비하게 됩니다. 그 효소가 모자라서 대사활동을 위하여 준비한 효소까지 빼앗아서 소화효소로 사용하게 됩니다.

　결과적으로 내장은 상당한 부담으로 피곤하게 되고, 대사활동을 위하여 쓰여질 일군을 빼앗긴 대사계도 제 역할을 감당하지 못함으로 큰 혼란에 빠지게 됩니다.

　대사계가 자신이 해야 할 일을 하지 못하면 핏속의 노폐물이 늘어나고, 피가 노폐물로 더러워지면 혈액의 순환이 원활하지 못하여 병으로 가는 첫걸음이 됩니다. 그뿐만 아니라 이 노폐물은 몸속에 염증을 일으켜서 종양이 되고, 그 종양은 다시 암으로 발전하게 됩니다.

　우리 몸은 자정 능력이 있어서 몸 스스로 응급책을 사용하게 됩니다. 그러나 많은 사람들은 이를 느끼지 못함으로 계속하여 입맛과 몸의 편리를 위하여 살아갑니다.

　그런데 내 몸의 내부에서는 대사활동을 위하여 각 기관을 학대하여 생명을 단축시키는 일을 스스로 자행하고 있는 것입니다.
　장이 약한 사람이 과식을 하게 되면 바로 화장실로 달려가 설사를 하게 됩니다. 그 이유는 우리 몸이 장에 부담을 주지 않기 위하여 음식을 빨리 배출하려는 현상입니다. 그런데 우리는 설사를 병으로 생각하여 약을 먹고 있습니다.

그런데 양약은 치료의 기능과 함께 유해한 성분을 함께 가지고 있습니다. 우리 몸은 이 유해한 성분을 해독하기 위하여 다른 곳에 사용되어야 할 더 많은 효소를 끌어다가 소비할 수밖에 없습니다.

당장 앞에 있는 문제를 해결하기 위하여 사용되어진 효소는 다른 기관에 사용되지 못하게 되고, 또 그 기관은 효소의 부족으로 인하여 문제를 일으키는 것입니다.

<u>음식은 내 몸입니다.</u>
<u>그러므로 내 몸에 합당한 음식을 섭취해야 하고,</u>
<u>또 내 몸이 감당할 정도의 음식을 먹어야 합니다.</u>

소식을 하는 습관은 우리의 몸으로 하여금 에너지를 비축하고, 각 기관이 원활히 가동할 수 있도록 해야 합니다. 그리고 각 기관은 힘에 부치는 역할을 하지 않아야 합니다. 우리는 이것을 에너지 효율성이라고 말합니다. 약간의 칼로리 만으로도 신진대사기 원활히 일어나도록 해야 할 것입니다.

'효소 수명 결정론'

미국의 영양학자인 '에드워드 하웰' 박사가 주장한 〈효소 수명 결정론〉 이론에 의하면 사람의 수명은 자신의 몸에 가지고 있는 효소의 량과 관계가 깊다고 주장합니다.

이 이론은 사람은 탄생 때부터 일정량의 효소를 가지고 태어나는데 체내 효소를 충분히 가진 사람은 건강하게 오래 살지만, 반면에 체내 효소가 부족한 사람은 빠른 노화와 함께 수명도 짧아진다는 논리입니다.

　이는 한 미국 학자의 이론이지만 '효소'가 우리의 몸에 미치는 영향이 얼마나 큰 것인가를 알려주고 있습니다.

　그런데 아무리 부자로 태어났어도 과도한 낭비는 파산을 불러오듯이, 부자가 못되어도 계속하여 저축한다면 부자가 되는 원리가 우리의 몸에도 적용됩니다.

　우리 몸속의 효소의 종류는 300만 종류가 되는 것으로 학자들은 주장하고 있습니다. 우리 몸은 많은 종류의 효소는 어떻게, 어떤 방식으로 제조하고 있는 것인가요?

　우리 몸은 너무나 신비하여 현재의 과학으로는 전부 연구되지 못하고 있으며, 효소의 작동방식 또한 너무나 정교하고 복잡하여 확연히 밝혀지고 있지 않습니다.

　지금까지 밝혀진 효소의 기능은 크게 2가지로 소화효소와 대사효소로 구분됩니다. 소화효소는 말 그대로 우리가 섭취한 음식물을 영양소로 분해, 흡수시키는 역할을 합니다.

　대사효소는 이렇게 분해된 영양분을 혈액을 통해서 운반하여 세포의 활동과 복구에 사용되어 집니다. 이때 각각의 효소는 처음부터 그 직임이 정해져 있기도 하지만, 상당량은 원형 엔자임의 형태로 존재하다가 그대 그때 필요한 일을 하기 위하여 달려가기도 합니다.

　소화효소가 필요하면 소화효소로, 대사가 필요하면 대사효소로 변하여 자신의 직무를 수행하는 형태입니다.

　그러므로 가공식품, 육류 등 화식이나 첨가물이 많이 포함되어진 식품을 섭취하게 되면 타액, 위액, 췌장액, 장액 등에 과도한 효소를 투입하게 됩니다. 이렇게 쓰고 남은 효소는 뇌, 심장, 신장, 폐, 근육을 위하여 움직여야 하는데 효소가 적어져 어려움이 생기는 것입니다.

생명을 살리는 '파이토케미칼'

　효소가 많이 든 식품으로는 생과일, 생채소 등이 있습니다. 여기에는 태양의 선물인 파이토케미칼이 다량 포함되어 있어서 인체의 밸런스 유지에 도움을 줍니다.

　그런데 비닐하우스 등의 재배법으로 생산된 식품들은 태양의 빛을 받지 못하므로 효소 및 파이토케미칼의 함량이 미미할 정도로 적다고 할 것입니다.

　'파이토케미칼'은 식물을 뜻하는 '파이토'와 화학을 뜻하는 '케미칼'이 합쳐진 단어로 '식물생리 활성영양소'라고 표현합니다. 이는 태양을 통하여 합성되는데 인체에 들어오면 세포를 재생하는 작용을 합니다.

　'파이토케미칼'을 효과적으로 섭취하기 위해서는 향이 짙고 색이 진한 채소를 고르는 것이 좋습니다. 배추의 겉장이나 가지의 보라색 열매는 폴리페놀 성분이 많이 들어있는데, 파이토케미칼의 일종인 폴리페놀은 황산화작용 및 노화방지에 기여하는 것으로 알려져 있습니다.

마늘은 강한 향을 내는 '알리신'이 들어있습니다. '알리신'은 세포 손상을 억제하여 암 발병률을 줄여줍니다. 각종 콩류에 들어있는 '이소플라빈'은 여성 호르몬의 역할을 흉내 내어 갱년기 증상을 예방하고, 피부를 아름답게 만들고, 골다공증을 막아줍니다.

파이토케미칼은 과일의 껍질에 대량으로 포함되어 있습니다. 햇빛을 받은 과일의 껍질은 과일의 갑옷과 같습니다. 갑옷을 입은 과일은 그만큼 생명력이 강합니다.

노지에서 자란 채소는 밖에 있어도 신선함을 유지하지만, 비닐하우스에서 재배한 채소는 냉장고에 넣어도 쉽게 무르게 되는 것을 우리는 발견합니다.

불면증으로 인하여 정신적으로 집중력과 창의성이 떨어지고 소화력이 둔화되는 각종 이상 현상은 숙면하지 못함으로 말미암아 나타나는 증상입니다.

이 불면증은 적절한 일광욕으로 해결하는 것이 좋습니다. 잠이 보약이라는 말과 같이 우리 몸은 잠을 자는 동안 스스로 치유작업을 하기 때문입니다.

우리 몸의 생체 시계는 아침의 햇빛을 인지하면 그 후 15시간 후부터 잠이 오기 시작합니다. 수면 호르몬인 멜라토닌이 이때부터 분비되기 때문입니다. 그러므로 하루 30분가량의 일광욕은 태양에너지의 좋은 기운을 내 몸으로 흡수하는 건강 영양소입니다.

장 건강을 돕는 10가지 방법

1. 식사의 시간 간격은 5~6시간으로 정하자

식도를 통해서 들어온 음식물은 위장과 소장이 소화시키는데 사용되는 시간은 5~6시간이 걸립니다. 이 시간에 못 미칠 경우는 소화에 문제가 생겨서 장내부패가 발생합니다. 이 시간 전에 들어오는 음식물은 위산의 위벽을 자극하여 위염, 위궤양 등의 증상을 일으킬 수 있습니다.

2. 될 수 있는 한 간식을 하지 말자

아무리 건강에 좋은 음식이라고 할지라도 시간 간격을 어기고 도중에 간식을 하면 위에서 소화를 시키는 일이 우선이기 때문에 소장에서 마무리 소화 및 흡수하던 일을 멈추게 됩니다. 이로 인하여 소장에서 음식물 체류 시간이 길어지면서 이상 발효 현상이 발생하여 혈액 오염의 주범이 됩니다.

3. 과식을 자제하자

과식은 스스로 자신의 무덤을 파는 행위라고 합니다. 과식은 소화효소를 과다하게 소비시켜 우리 몸 대사계에 나쁜 영양을 끼친다고 합니다.
식생활이 유전자를 결정한다는 말이 있듯이 소식을 하게 되면 본인 건강에 좋은 것은 물론 자식에게도 좋은 식습관을 물려줄 수 있을 것입니다.

장수하는 가족사에는 가장 식습관에 대한 가치관을 며느리에서 며느리에 전수하는 전통이 있습니다. 자녀들이 성공하는 실례도 결국 장수하는 집안에서 전통에 의하여 형성되는 것이 관례입니다.

4. 야식을 삼가자

잠자기 전 적어도 4시간은 위장을 비워 두어야 합니다. 사람이 잠자는 동안 사람의 몸은 치유하는 일에 돌입합니다. 잠을 자는 동안 소화시키는 일을 해야 한다면 인체의 재생산력은 자연히 떨어지게 되는 것입니다.

5. 단순하고 다양하게 먹자

인체의 소화계는 복잡한 음식을 동시에 소화시킬 능력을 가지고 있지 않습니다. 뷔페에 다녀오면 유난히 속이 더부룩하고 기분이 좋지 않은 것을 경험했을 것입니다. 한 끼에는 5가지 이내로 먹거리를 선택하는 것이 좋습니다.

우리들 서민들의 식단은 3 찬이 기본 식단입니다. 밥과 국을 뺀 3가지 반찬을 기본으로 하는 것이 소화에 유리하다는 것을 알고 있었던 것입니다. 대신 매 식사마다 메뉴를 바꾸어 영양학적으로 부족함이 없도록 해야 할 것입니다.

6. 가공식품을 피하자

식품은 가공하는 과정에서 영양소를 소멸하게 됩니다. 백미보다는 현미를 먹고, 밀가루보다는 통밀을 먹는 습관을 가져야 합니다. 과일은 껍질째로 먹고, 멸치는 통째로 먹어야 합니다.

또한 가공 과정에서 첨가되는 화학합성 물질로 인해 인체에 독소가 쌓일 수 있으므로 될 수 있으면 자연식으로 식단을 차리는 것이 좋습니다.

7. 음식을 꼭꼭 씹어서 먹고 마시자

입안에서의 저작 운동은 소화의 첫 단계입니다. 음식물을 꼭꼭 씹게 되면 내용물을 잘게 부수어져 소화되기 쉬운 상태로 변형되어서 침샘, 위장, 소장에 신호가 전달되어 소화효소의 분비가 원활하게 됩니다.

건강한 사람은 30회 정도의 저작운동이 필요하고, 환자는 50회, 중환자는 100회 이상 씹어야 합니다. 먹는 것이 아니라 마시는 음식이 되도록 저작운동을 해야 할 것입니다.

8. 육류를 자제하자

육고기의 과잉섭취는 장내부패의 원인 중 하나가 됩니다. 장내부패는 혈액을 오염시키므로 각종 대사질환의 원인이 됩니다.

그러므로 육류를 먹기 전에는 과일을 먼저 먹거나 해조류와 야채와 함께 육류를 섭취하는 식습관을 가져야 합니다. 그리고 육고기 외식은 1주일에 한 끼를 넘어서지 않도록 하는 습관이 자신의 몸을 건강하게 유지하는 비결입니다.

9. 야식을 하면 아침 식사는 하지 않는 것이 좋다.

아침 식사는 가급적 하는 것이 좋습니다. 하지만 야식을 한 뒤에 아침에 입맛이 없는 것으로 보면 밤새 소화기관이 시달렸다는 증거입니다. 그러므로 이럴 때는 아침 식사를 하지 않음으로 소화계에 휴식을 주어야 합니다.

과거 농경시대에는 아침을 든든히 먹고 육체노동에 임해야 했지만, 정신노동을 많이 하는 현대인들은 오전에 장을 비우는 것이 좋다고 생각합니다.

10. 감사하는 마음으로 식사를 하자.

매 식사 때마다 감사의 기도를 한다면 우리의 몸은 참 즐거워할 것입니다. 모든 음식물은 햇빛과 공기, 물과 흙으로부터 제공되어진 공간으로부터 농부의 땀으로 얻어진 결과물입니다.

이 음식을 통하여 건강한 몸을 유지하며 이 땅에서 유익한 사람으로 살다가 다시 흙으로 돌아간다는 순리를 생각해 봅니다.

내가 먹는 음식이 내 몸이 되고, 내 생명이 되고, 내 활동과 목적을 성취하는 도구가 된다면 우리는 이 음식 앞에 감사 할 수 밖에 없습니다.

장내 미생물 균형에 도움이 되는 식사법

1. 음식 궁합을 고려한다.

소고기, 돼지고기를 먹을 때 생선을 함께 먹으면 소화효소가 낭비됩니다. 음식은 소화하는 시간이 음식마다 다 다릅니다. 육고기는 4시간, 생선은 3시간이 걸립니다. 이 두 가지를 함께 먹으면 소화에 7시간이 사용되는 것입니다. 장내에 음식이 머무르는 시간이 길어지면 부패가 발생하기 쉽습니다.

2. 디저트로 과일을 먹지 않는다.

육류, 곡류 식사를 한 후 과일을 먹으면 이상 발효가 일어나 입 냄새, 역류성 식도염, 위염의 원인이 됩니다. 고기, 곡류는 생채소와 함께 먹는 것이 가장 좋습니다. 소화에 도움이 될 뿐만 아니라 장내에 음식이 머무르는 시간이 줄어 유해균이 숫자를 늘릴 틈이 없어집니다. 과일은 에피타이저로 먹거나 간식으로 먹는 것이 정상입니다.

3. 식사 도중에 물을 마시지 않는다.

평소에 물을 많이 마시는 것은 좋지만, 식사 전·후나 도중에 마시면 소화액을 희석시켜 장내부패를 유발할 수 있습니다. 물은 적어도 식사 30분 전이나 식사 후 한 시간 후에 마시는 것이 좋습니다.

된장국이나 김치찌개는 발효식품을 조리한 것이라 기본적으로 장에 좋은 음식이지만 염분, 수분이 많으므로 떠먹듯이 하는 것이 좋습니다.

4. 과식하지 않는다.

과로가 우리 몸에 부담을 주듯이 과식은 소화기관에 부담을 줍니다. 장이 과로하면 위염, 장염으로 이어집니다. 한꺼번에 많이 먹는 것만큼, 조금씩 자주 먹는 것도 나쁜데 장이 휴식하는 시간을 빼앗기 때문입니다.

한 수저 더 먹고 싶을 때 수저를 내려놓는 버릇을 들여야 하며, 중년 분들은 하루 5시간 범위 내에서 간식 없이 2끼 이내로 먹는 것이 좋다고 할 것입니다.

식사에 대한 예절

식사 예절은 식사를 할 때 지켜야 할 예절입니다. 혼자서 식사를 할 경우엔 식사는 그냥 자기 마음대로 먹어도 상관없지만, 남들과 함께 식사할 때에는 반드시 식사 예절을 지키는 것이 상대방과 자신을 위해서도 좋은 습관입니다.

탈무드에서는 혼자 식사를 할 때도 예절을 지키는 것이 진정으로 성스러운 것이라고 기술합니다.

동서고금을 막론하고 밥 먹을 때의 예의를 지키지 않으면 남들에게 사람 취급도 받지 못하는 경우가 허다합니다. 게다가 이러한 식사 예절은 계층 간의 아비투스(무의식적으로 나타나는 인간의 행위)를 구성하는 요소 중 하나입니다.

돈이 많은 사람이 식사 예절을 지키지 못하면 졸부에서 벗어나지 못한다고 할 것입니다.

다시 말하자면 타인과 함께 식사할 때 지켜야 할 도리입니다. 최소한의 예절은 자기 자신을 포함한 대부분의 사람이 부지불식간에 지키고 있는 것이니 그리 신경 쓸 필요는 없습니다. 바꿔 말하면 그런 부분에 대해 남에게 지적이나 비난을 받으면 그건 정말 심각한 정도라는 뜻입니다.

이러한 예절도 시간이 경과하면서 경제 형편이 나아지거나 문화 교류가 활발해지고 가치관이 변하는 등 여러 가지 원인으로 언제나 변화하고 있다는 것을 잊지 말아야 합니다.

당장 한국 식사 예절에 나와 있는 '밥을 약간 남기는 것이 예의'는 말이 있습니다. 그런데 어느 정도 젊은 층이라면 단순히 그런 말이 있다는 것도 알지 못하는 수준을 넘어, 왜 그래야 하는지 이해하지 못할 것입니다.

한평생 배워온 '음식을 남기지 말라'는 덕목과 완전히 모순되기 때문입니다. '시사할 때에는 말을 일절 삼가야 한다'는 것도 현대에는 식사 중 미덕이 아닌, 가족 관계 단절을 상징하는 악습의 하나로 인식하기도 합니다.

우리나라에서의 식사 예절

1. 식사할 때의 소리에 대하여

• 트림을 하지 않는다.

다만 평소 지병 때문에 트림을 하게 되는, 생리상 어쩔 수 없는 경우엔 이해가 필요합니다. 이때도 정 해야 한다면 입을 손으로 가리고 사람이 없는 방향으로 고개를 돌려서 하는 것이 예의입니다. 트림 냄새는 본인이야 자신의 체취라서 별반 못 느낄지 몰라도, 타인에게는 그렇지 않습니다.

- 쩝쩝거리는 소리를 내지 않는다.

이는 엄연히 식사 예절에 어긋나는 행동이며 많은 어르신들이 '거지가 밥 먹는 소리'라며 천박하게 여기는 행동 중 하나입니다. 신경쓰이는 사람에게는 엄청나게 짜증 날 정도로 신경 쓰이는 게 밥 먹을 때 입 벌리며 쩝쩝, 혹은 짭짭거리는 소리이며 바람직하지 않은 습관입니다.

- 식사 후 수저를 던지듯이 놓는 등 소음을 내지 않는다.

2. 더러운 광경 관련

- 가능하면 코를 풀지 않는다.

기침, 재채기 또한 마찬가지이며, 어찌할 수 없을 때는 사람이 없는 방향으로 고개를 돌리고 종이나 냅킨으로 입을 가리고 조용히 처리합니다.

- 가래를 뱉지 않는다.

- 뜨거운 것을 먹을 때 입으로 불지 않는다.

의외로 생각하는 사람이 많을지 몰라도, 맞은편에 앉은 사람에게 입김이 다 날아갑니다. 불어대는 본인은 자각하지 못하지만, 자기 입 냄새를 맞은편의 사람에게 강하게 뿜어 보내게 됩니다.

- 개인 숟가락으로 반찬을 뜨지 않는다.

면적도 넓고 침도 많이 묻는 숟가락을 남도 집어먹는 반찬에 척척 담그는 건 좀 문제가 있습니다. 여럿이 같이 먹는 식사에서는 자기 밥풀이 붙은 젓가락으로 반찬을 뒤지는 행위에 거부감을 느끼는 사람도 있습니다.

지금은 자기 접시를 사용하여 반찬을 가져오는데, 여기서는 공용 수픈을 사용해야 합니다. 앞 접시가 없을 때는 조용히 요청하는 것이 좋습니다.

과거에는 밥을 흘리는 것도 혼나는 경우가 많았는데, 현재에는 흘리는 것까지는 괜찮지만, 숟가락이나 젓가락에 묻어있던 음식 조각을 다른 반찬 위에 흘린다면 굉장한 실례입니다.

- 반찬을 숟가락이나 젓가락으로 이리저리 뒤적이거나 집었다 놨다 하지 않아야 합니다.

- 먼 곳에 있는 음식부터 집어 먹지 않는다.

자기 앞자리 것부터 먹으며 맛이 없어 보여도 한 번 집은 것은 내려놓지 않고 자기가 먹어아 힙니다.

- 폐기물은 다른 사람이 먹는 쪽에 놔두지 말고, 자기 앞에 있는 개인 그릇에 놓든지 해서 버려야 합니다.

- 식사 중 말할 때는 침이나 오물이 튀지 않게 조심합니다. 입안에 음식이 있을 때는 말을 삼가야 합니다.

- 식사 후 손가락, 휴지, 혀로 이를 닦지 않는다.

예절은 둘째치고 휴지가 오히려 이에 끼는 등 위생상 좋지 않은 행위입니다. 식사가 완전히 끝난 후에 이쑤시개를 사용하든지 참았다가 양치를 해야 합니다.

3. 냄새 관련

- 식사 중 다른 사람이 함께 있는 자리에서 담배를 피워서는 안됩니다. 예절은 둘째치고, 한국에서는 실내흡연을 대대적으로 단속하면서 웬만한 건물은 모두 금연구역으로 지정되었습니다.

4. 식사법 관련

- 식사 자리에서 '국그릇'이나 '밥그릇'을 들고 먹지 않는다.

거지처럼 먹는다고 여겼고, 또한 일본식 식사법이라 여겨져서 금기시된 식사법입니다. 그래도 현대에는 약간 완화되어서 길거리 음식이나 테이크아웃 음식은 들고 먹는 것이 허용되고 음식이나 그릇 종류에 따라서는 남은 국물은 들고 국물을 마시거나 하는 것이 허용됩니다.

- 젓가락과 숟가락을 동시에 잡고 쓰지 않는다.

음식을 먹을 땐 숟가락이면 숟가락, 젓가락이면 젓가락 하나만 들고 사용합니다. 사용하지 않는 것은 식탁 위에 가지런히 올려두면 됩니다. 받침이 있으면 더 좋습니다.

여기서 말하는 동시에 잡는다는 것은 한 손으로 두 가지 도구를 모두 쥔다는 의미입니다. 해보면 의외로 쉽습니다. 펄 벅 여사가 방한했을 때 한 어린이가 이렇게 밥 먹는 것을 보고 서커스라며 놀랐다는 일화가 있습니다.

간혹 양손잡이들이 한 손에 숟가락, 한 손에 젓가락으로 동시에 밥과 반찬을 집어 먹는 경우도 있는데, 실제로 보면 신기하긴 하지만 역시 이상합니다. 사실 양손잡이가 아니더라도 잘 쓰는 손으로 젓가락, 못 쓰는 손으로 숟가락을 잡고 먹으면 어려울 것 없습니다.

• 걸어 다니면서 먹지 않는다.
이 부분은 한국 특유의 대륙성 기후나 뭐든지 익혀 먹는 음식 문화와도 관련이 있을 것입니다. 물론 길거리 음식은 해당되지 않습니다.

• 술을 마실 때 자기가 직접 따라 마시지 말고 다른 사람이 따라 주는 술을 마시는 게 예의입니다. 그리고 술을 따를 때 이미 술이 담겨져 있는 술잔에 더 담지 않아야 합니다. 잔이 완전히 비었을 때 술을 따라야 합니다.

• 윗사람에게 술을 따라줄 때 두 손으로 따라주고, 받을 때도 두 손으로 받는 것이 좋습니다. 아랫사람이나 동등한 관계라면 한 손으로 따르고 받되, 한 손은 살짝 근처에 둬서 예의를 표하는 것이 좋습니다.

• 윗사림 잎에서 술을 마실 때는 고개를 옆으로 돌려서 마십니다. 과거와는 달리 최근에는 잘 지켜지지 않는 예절이지만 따지는 경우도 있습니다.

5. 직장생활 관련

• 팀원들이 자발적으로 밥을 사 주는 경우가 있습니다. 이때 '당연히 챙겨 받아야 할 것'이 아니라는 점을 명심하고, 적절한 감사를 표할 것이 좋습니다.

6. 식사 대화 주제 관련

• 일반적으로 식사 중에 대화를 할 때에는 정치나 종교, 성(性)과 관련된 이야기는 하지 않는 것이 좋습니다. 이는 중학교 기술가정 교과서에도 나오는 부분입니다. 술자리에서는 위 주제들로 토론도 가능합니다만.

7. 기타

• 식탁에 팔을 기대고 먹지 않는다.
아주 기본적인 식사 예절입니다. 외국인에게 지적받는 사람도 있습니다.

• 눈에 뜨일 정도로 과식, 편식을 하지 않는다.
갈비나 삼겹살처럼 다 함께 먹는 것은 다른 사람이 먹을 것도 생각해야 하니, 과식은 당연히 금지입니다.

편식의 경우, 이왕이면 골고루 먹는 게 예의긴 하지만 대개는 '나는 회를 별로 좋아하지 않는다'나 '나는 햄버거를 먹을 때는 항상 피클을 뺀다'고 이유를 미리 설명해 주면 열에 아홉은 이해를 합니다.

• 너무 빠르거나 너무 느리게 먹지 않는다.
식사 후에는 다른 사람을 기다려 주는 게 예의지만, 식사 시작한 지 5분도 안 돼서 밥그릇을 말 그대로 청소한 사람을 보고 있자면 당사자도 보는 사람도 좀 뻘쭘할 것입니다. 반대로 너무 느리게 먹으면 특히 회사나 소개팅 자리 같은 데서는 눈치만 받을 수 있습니다.

• 자기 식사가 끝났어도 같이 먹는 사람이 다 먹을 때까지 기다려야 합니

다. 급할 때는 먼저 일어나겠다고 양해를 구하는 게 보통입니다.

• 그릇을 기울이거나, 가벼운 그릇을 지지하는 것이 아니라면 반대편 손은 가급적 상 위로 올리지 않습니다. 이는 영국과 비슷합니다. 반대로 프랑스와 일본에서는 이것을 보고 한 손으로 수저 쓰는 아이 같다고 느끼며 반대편 손을 식탁 위에 올려놓습니다.

• 식당에서 식사를 끝낸 후 식사비를 내는 경우, 한 사람 또는 주최인이 계산하는게 불문율이라고 하는 사람도 있지만 실례입니다. 대부분의 식사에서 본인이 먹은 만큼은 본인이 계산하는 게 최소한의 예절입니다.

우리나라의 전통 식사 예절

아래의 식사 예절은 조선시대 후기에 정립된 것으로 유교의 영향이 매우 짙게 드러난 "양반의 식사 문화"입니다. 일반 백성들은 격식을 차릴 이유가 없다 보니 남녀 간의 겸상, 맨손으로 먹기, 밥그릇 들기 등, 몇몇 예절들을 제외하곤 시대부·식·식시 예절의 반대적인 모습들을 보입니다.

◎ **식사를 할 때엔 말을 삼간다.**

한국의 경우에는 '밥 먹을 때 말을 많이 하면 복이 빠져나간다'라는 말이 있을 만큼 식사 시 말을 하는 것을 천하게 여기는 경향이 있었습니다.
음식물이 입에 남아 있는데 말을 하여 상대에게 내비치는 것은 예의가 아니었기 때문입니다. 참고로 말을 하면 안되는 것뿐만 아니라 식기에서도 절대 소리를 내서는 안됐습니다. 한마디로 밥상머리에서는 어떠한 소리도 나오면 안된다는 것이 예절이었습니다.

현대사회에서는 아침 식사 이외에는 가족끼리 이야기를 나눌 기회가 거의 없기 때문에 식사 도중에 대화하기를 권장합니다. 과거의 예전 밥상은 독상이 기본이었고, 어쩌다 겸상을 했습니다.

한 상에 둘러앉는 것은 잔치상 뿐입니다. 잔치를 배플 때에도 손님들에게 일일이 독상을 차리는 경우도 적지 않았습니다.

독상의 예시 지금처럼 끼니마다 옹기종기 모여앉아 이야기하며, 그릇 하나에 담긴 국이나 찌개, 반찬을 여러 사람이 집어먹는 풍경은 해방 이후에 한국전쟁을 겪으면서 이어진 것으로, 먹을 게 없던 가난한 시대의 눈물겨운 산물입니다.

◎ 남의 집에서 음식을 먹을 때는 음식을 남기는 것이 예의였습니다.

그래서 90년대까지만 해도 배가 고픈데도 일부러 음식을 조금 남기기도 했습니다. 중국에도 같은 관습이 있는데, 식사대접을 받을 때 '배 부르게 충분히 잘 먹어서, 조금 남겼습니다.'는 의미로 밥을 조금 남기는 것이 예절이였습니다.

때문에 중국 식사 예절에서는 초대받은 손님이 남기지 않고 깔끔하게 식사를 마칠 경우 '어라? 내가 혹시 음식을 너무 적게 대접했나?'라고 생각한 주인이 음식을 계속해서 내오는 경우가 있는데, 이는 아시아권이 아닌 다른 문화권에서도 종종 있던 관습이였습니다.

중화권에서는 아직도 그러지만, 요즘 한국에서는 오히려 깨끗이 비우는 것이 좋게 받아 들여지고, 음식을 남기면 '우리가 애써서 준비한 음식을 먹지 않다니, 맛이 없었나?' 라며 기분 상하였다고 합니다.

10여 년이 넘게 음식물 쓰레기 배출 감소 캠페인을 벌여온 결과입니다. 이런 예절은 한국 전통적인 식문화였던 내림상에서 시작되는데 손객이 먹은 상이 물려 져서 밑으로 내려오지 않는다면 집주인 외의 다른 식구들은 먹을 게 없기 때문에, 그 날은 굶어야 했다는 가난했던 시절의 이야기입니다.

그렇기 때문에 초대받은 손님은 집주인의 가족들을 위해서 아무리 적게 차렸어도 다 먹지 않고 상을 물려서 내려보내 가족들도 먹게 하는 배려의 예절이라고 할 것입니다.

재독 작가 이미륵 (소설 《압록강은 흐른다》의 저자)의 수기에는 자신의 소작인 가정에 초대받아서 대접받은 거친 밥과 나물을 예의상 모두 먹었는데, 소작인의 딸이 당연히 음식을 남겼을 줄 알고 쪼르르 달려왔다가 텅 빈 밥그릇을 보고 울음을 터트렸다는 내용이 있습니다.

과거부터 양반층에서 손님으로 대접받은 뒤에 남은 대궁과 잔반은 양반이 식사를 마친 후 양반의 수행원들에게 나누어 주어 먹게 하였습니다. 즉, 자신의 수하들을 위해서라도 일부러 음식을 남기는 것이 필요했고, 이는 조선의 왕실에서도 동일하게 적용되었습니다.

왕이 수라상에 올라온 음식을 다 먹어버리면 밑의 궁녀들이 먹을 밥이 없어지기 때문에, 일부러 음식의 양을 많이 왕의 식탁에 올려 남은 음식을 궁녀들이 먹었던 것입니다.

왕 분만 아니라 벼슬아치들도 비슷했습니다. 기록에 보면 수령의 밥상에 쌀이 한 말에 생선 50마리, 닭이나 꿩 5마리가 올라갔다고 하는데, 당연히 수령 혼자 다 먹는 것이 아니라 밑의 행정 업무를 보는 이방과 관노에게까지 남은 음식이 가야 했기 때문입니다.

이를 모르고 상에 올라온 음식을 다 먹어버리고 떠나려고 한 신출내기 벼슬아치가 그 즉시 벼슬이 떨어지는 일화도 전해집니다. 하지만 상내림 문화가 없어진 현대사회에서는 음식을 남기면 음식물 쓰레기밖에 되지 않아서, 남기는 것은 이제 식사 예절을 모르는 역상의 시대를 살고 있습니다.

◎ **식사를 할 때 어르신보다 먼저 수저를 들지 않는다.**

웃어른부터 식사를 하는 것이 기본이며, 이는 웃어른에 대한 공경의 표현이기도 합니다. 현대에는 핵가족화와 직업의 다양화로 생활 패턴이 가족 내에서도 제각각인 경우가 많아 따로 먹는 비율이 많은 가정 내에서는 지키지 않는 경우가 많아졌습니다.

◎ **젓가락으로 밥을 먹지 않는다**

손으로 밥그릇을 들고 먹는 것과 함께 대표적인 일본식 식사법으로 여겨져서 일본 문화에 대한 터부가 강하던 과거에는 금기시된 식사법이었습니다.
1980년대만 해도 젓가락으로 밥을 먹으면 바로 아버지에 의해 밥상이 뒤집어지거나 뭐 이리 깨작 대냐고 어른들에게 핀잔받기 일쑤였습니다.

영화 2009 로스트 메모리즈를 보면 주인공 장동건이 한국인으로서의 정체성을 잃고 일본인으로 동화되었다는 걸 보여 주는 요소로 젓가락으로 밥을 집어 먹는 장면이 나왔을 정도입니다.

그러나 밥그릇을 들고 먹는 것에 대한 금기가 여전히 유효한 것과 달리 현재는 젓가락으로 밥을 집어먹는 것에 대한 금기는 상당히 사라져서 격식을 차리지 않은 식사에서는 젓가락으로 밥을 먹는 사람이 많아졌습니다.

물론 이게 일본의 영향이라기보다는 사실 기본적으로 반찬 한번 집어 먹고 밥 한술 뜰 때마다 일일이 젓가락과 숟가락을 바꿔 잡는 것 자체가 상당히 성가시고 번거롭기 때문입니다. 더 나아가서 식사의 질도 좋아짐으로 젓가락만 사용해서도 식사가 용이하기 때문입니다.

게다가 위에서 설명했듯이 숟가락으로만 식사하는 건 위생상으로 더 안 좋고 숟가락과 젓가락을 한꺼번에 한 손에 쥐고 식사하는 것도 식사 예절에 어긋나기 때문에 자연스럽게 젓가락으로 밥을 먹게 됐습니다.

사실 한국에서 주로 먹는 자포니카 품종 쌀 자체가 찰기가 있어 젓가락으로 밥을 먹는 것이 좋은 시절이 되었습니다.

◎ **허리와 고개를 숙여서 먹지 않는다.**

유럽과 마찬가지로 허리를 세우고 휘건(음식을 먹을 때 무릎 위에 펴던 수건)을 두릅니다. 휘건이 없어도 허리를 최소한으로 굽히고 조심히 먹는 것이 기본입니다. 고개를 상에 쳐 박고 먹는 것은 한국에서도 아주 천박한 계층이 하는 행동으로 취급받았습니다.

◎ 겸상하지 않는다.

할아버지와 손자 혹은 잔치집 등이 아닌 경우 겸상은 절대적 금기입니다. 잔치집에서도 독상이라고 해서 개개인마다 별도의 상을 하나씩 차려주는 사례가 많았습니다.

참고지만 할아버지와 손자도 겸상은 원칙적으로 금지되는데, 이유는 역시 내림상 문화에서 나오는데 할아버지와 집안 어른들의 상이 먼저 나가고 이들이 먹고 난 다음에 이 상으로 손주, 손녀들이 밥을 먹는 것입니다.

이 때문에 보통 고기나 생선 특히 계란 같은 경우에는 어지간한 부잣집, 대감집이 아니면 할아버지 상에 많이 올라가는데 할아버지가 먹고 남기면 이것은 다른 어른들에게 가는 게 아니라 손주 손녀들에게 내려가는 형식이다 보니 할아버지는 일부러 맛있는 반찬을 손주들을 위해 남겨서 내려 보내는 경우가 많았고 이를 통해 가정에서 내리사랑이 실천되는 것이 일반적이었습니다.

◎ 밥에 수저를 꽂아두지 않는다.

제사상에서만 허용되는 행위로, 불교와 유교 영향을 받은 아시아 여러 지역의 공통된 금기입니다. 지금도 깃발 꽂듯이 흰 쌀밥 한가운데에 수저를 꽂아두면 좋은 소리를 듣지 못합니다.

◎ 식사의 시작은 반드시 국부터 한 술을 뜨는 것에서 출발합니다.

◎ 밥은 왼쪽, 국 혹은 그에 해당하는 것은 오른쪽에 놓는다.

◎ 밥을 가운데부터 떠먹지 않는다.

밥을 가운데부터 파서 먹는 것은, 살아있는 부모 무덤을 파는 행위로 여기고 있습니다.

◎ 오른손잡이는 물론이고 왼손잡이라도 밥을 먹는 숟가락과 젓가락은 오른손으로 쥔다.

술을 따를 때도 오른손을 사용해야 합니다. 오른손 사용을 강요하는 것은 박지원의 허생전에도 나올 정도로 오래된 관습이었으나, 현대에는 왼손잡이에 대한 차별이 줄어들면서 자연스럽게 사라진 식사 예절입니다.

◎ 너무 천천히 먹지 않는다.

너무 느리게 먹는 것은 밥맛이 없다고 여겼기 때문입니다.

◎ 반찬을 먹는 순서는 크게 상관없으나 김치를 맨 처음에 먹는 것은 피한다.

김치부터 먹으면 다른 반찬은 별 볼일 없다는 뜻으로 비칠 수 있기 때문입니다.

토마스 아퀴나스가 금한 5가지 식사의 예

1. 지나치게 사치스럽고 이국적이고 비싼 음식을 먹지 말라
2. 음식을 과도하게 많이 먹지 말라

3. 지나치게 까다롭게 먹거나 공들여 식사를 준비하지 말라
4. 지나치게 급하게 먹거나 식사시간 이외의 시간에 먹지 말라
5. 게걸스럽게 먹지 말라

음식에 대한 마지막 권면

우리의 몸에 있는 '위'의 크기는 내 주먹 정도의 크기입니다. 위는 6배 정도로 확장됩니다. 그런데 확장된 위장을 채우기 위하여 과식을 한다면 이는 참으로 어리석은 행위라 할 것입니다.

영양소와 칼로리가 내 몸에 합당한 음식이라면 주먹만큼 식사하는 자세가 필요합니다. 그러므로 우리가 먹는 음식의 량은 내 양손의 주먹만큼 먹는 것을 권합니다.

음식에 대한 겸손함을 가져야 합니다. 그래서 항상 배가 고픈 듯이 식사량을 조절하는 것이 삶의 지혜입니다. 나의 건강을 위해서는 많이 먹는 것은 곧 나의 건강을 해치는 것이 됩니다.

아직까지도 굶주림에 살아가고 있는 인류의 10%를 생각한다면 음식물을 쓰레기로 버리는 행위는 범죄라 할 것입니다.

건강 5 계명

꾸준한 운동을 하자

이는 피가 모든 육체의 생명이기
때문이니 육체의 피는 육체의 생명을 위한 것이라.
그러므로 내가 이스라엘 자손에게 말하기를,
너희는 어떤 육체의 피든지 먹지 말라 하였나니 모든 육체의 생명이
그 육체의 피 인즉 누구든지 피를 먹는 자는 끊어지리라.
레17:14.

지금까지 아무도 자기 육체를 미워한 적이 없고
오히려 그것을 양육하고 소중히 여기기를 주께서 교회에게 하신것 같이 하나니
엡5:29.

인류의 신체 변화

인류는 채소와 과일을 섭취하도록 창조되고 만들어졌습니다. 이 기간은 아담으로부터 시작하여 노아 홍수 이전으로 약 1,500년이란 시간을 말합니다.

그러니까 지금으로부터 5,000년 전의 사람들입니다. 이 시대에 살았던 사람들은 모두 900세가 넘는 삶을 살았습니다.

그러나 노아 홍수 이후에는 지구의 환경이 급격한 변화로 말미암아 이전과는 전혀 다른 세계로 변화의 삶을 가져오게 됩니다.

하나님은 인류에게 육식을 허락하였고, 그래서 송곳니가 4개가 새로 생기는 진화를 하게 됩니다. 이는 환경에 적응하고 사람의 몸을 유지하게 하기 위한 신의 섭리입니다.

현재의 인류는 노아 홍수 이후의 존재들입니다. 홍수 이후의 인류는 수렵과 채집, 그리고 경작을 통한 육체적인 활동을 힘으로 생명의 삶을 살아왔습니다.

그런데 18세기 말부터 시작된 산업혁명을 겪으면서 서서히 육체노동은 기계에게 양보하는 세대가 되었습니다. 현대에 들어서는 컴퓨터 앞에 앉아서 보내는 시간이 더 많아지게 되었습니다. 그래서 우리의 몸도 서서히 환경에 적응하는 진화의 과정을 겪게 될 것입니다.

그러나 사람의 몸은 아담과 하와 이후의 모든 인류와 동일합니다. 진화된

부분은 미미합니다. 그래서 이제는 육체적인 노동을 함으로 사람의 몸을 유지하던 환경에서, 사람의 정상적이고 건강한 몸은 운동을 통해서 유지되는 환경으로 전환되었습니다.

수렵과 채집 그리고 사냥으로 식량을 구하던 시대에는 스포츠라는 것이 필요하지 않았습니다. 그러나 지금의 시대는 변화된 환경에 의하여 운동을 하지 않으면 우리의 몸은 비정상적인 육체의 형태가 됩니다.

스포츠와 우리의 몸

스포츠는 일정한 규칙에 따라 개인이나 단체끼리 속력, 지구력, 기능 따위를 겨루는 활동입니다. 신체 활동을 비롯하여 도구 혹은 동물의 힘을 빌려 하는 여러 운동과 게임이 포함됩니다.

스포츠는 운동에 참여하는 사람의 수와 형태에 따라서 한 사람 한 사람이 하는 개인 운동과 여러 사람이 참여하는 단체 운동으로 나누고 있습니다.

여기에서 스포츠는 개인의 건강을 유지하는 데 도움을 줄 뿐만 아니라, 단체 운동의 경우에는 경쟁심을 고취하여 구성원의 협동 정신을 높이는 좋은 효과를 가지고 있습니다.

스포츠는 또한 뛰어난 운동선수들의 경쟁과 함께 보다나은 기록을 추구함으로써 사람이 가진 신체적 능력의 한계에 도전하는 활동이라고도 볼 수 있습니다.

스포츠를 몸소 하지 않는 사람들에게도 관심과 흥미를 일깨움으로써 스포츠의 대중화가 이루어지며, 경기라는 형태로 대중 생활의 한 몫을 차지하고 있습니다.

그러므로 운동이 건강에 좋다는 것은 누구나 다 아는 상식입니다. 우리가 알고 있는 또 다른 상식은 '과유불급'입니다. 즉 모든 것이 지나치면 아니 한 것보다 못하다는 것입니다.

운동도 그렇습니다. 격렬한 운동이나 승부에 집착하는 스포츠 게임이 사람의 나이에 따라서 경중을 달리해야 합니다. 정도에 지나치게 되면 오히려 몸에 이상을 일으키게 됩니다.

나이가 들면 소화력이 떨어지는데 장이 노화한 것도 있지만 청년 시절에 비해 활동량이 적어지는 것도 그 원인 중에 하나입니다.

몸의 장기에 좋은 운동이 있다면 산책, 수영, 스트레칭처럼 대체로 가벼운 운동을 시작으로 나이에 적합하게 즐기는 기분으로 하는 것이 몸과 정신에도 좋습니다.

그러면 우리는 왜 운동을 해야 하는가?

사람의 정상 체온은 36.5°C인데, 이것은 정상적인 근육량을 보유했을 때의 상황입니다. 노인이나 보행이 불편한 환자에게는 체온이 이보다 0.5°에서 1°까지 낮아집니다.

근육량이 많은 사람은 같은 비중으로 체온이 높게 나타납니다. 그러므로 운동을 하는 순간은 몸의 체온을 높이는 역할을 할 뿐만 아니라, 운동을 함으로 근육량을 증대시켜 지속적으로 체온을 높이는 것을 유지하는 것입니다.

사람의 체온이 1°만 낮아도 온갖 질환에 노출하게 되는데 무엇보다도 체내효소의 활성도가 떨어짐으로 장내 부패가 발생합니다. 장내부패는 소화흡수를 방해하고 대사질환을 유발하며 면역력의 결핍을 부릅니다.

그러므로 계속적인 운동으로 근육을 가지고 있는 사람은 항상 정상 체온을 유지함으로 건강한 몸을 가지게 됩니다. 팔다리가 가는 사람에게는 항상 고혈압과 당뇨가 기다리고 있습니다.

근육은 우리 몸의 보일러와 같다

심장은 펌프질을 통해서 전신에 혈액을 흘려보내는 일을 하고 있습니다. 그런데 전신으로 흘러간 혈액이 심장으로 다시 돌아오도록 하는 일을 심장은 하지 못합니다. 그 역할을 하고 있는 몸의 부위는 근육입니다.

우리 몸의 근육은 3/2가 하지에 분포되어 있습니다. 그래서 많이 걷게 되면 다리 근육이 발달하게 되는데, 이때 근육이 이완과 수축운동을 통해서 심장으로부터 멀리 떨어진 혈액을 심장으로 퍼 올리는 일을 하게 됩니다.

요즘 사람들 중에 하지정맥류 환자가 늘어나고 있다고 합니다. 이 병은 심장으로 올라가야 하는 정맥혈이 판막 기능의 이상으로 인하여 역류되면서 나타나는 질환입니다. 우리의 눈으로 볼 때도 혈관이 보이고 구불구불하게 튀어나와 보이는데 동통과 부종을 동반하기도 합니다.

　모든 병의 치료에서 의사의 진료와 수술로 치료한다고 하지만, 실은 사람의 눈과 기계의 도움으로 할 수 있는 영역입니다.

　수술을 한 후 진정 아물게 하는 수술 후의 완치는 내 몸에서 일어나는 세포분열과 화학 작용에 의하여 완치되는 것입니다. 이러한 이론은 모든 의사들이 동의하는 사실입니다.

　그러므로 우리의 몸은 혈액의 순환이 정상화되어야 합니다. 그러기 위해서는 금식을 통하여 대사활동을 지원하고 근육량을 늘려서 효과적인 펌프질이 이루어지도록 함으로 이를 치료해야 합니다.

　근육 운동을 통해서 근육량이 증가하면 체내 소비 칼로리가 늘어납니다. 근육이 없는 사람은 유산소 운동을 하더라도 살이 빠지지 않지만, 근육이 많은 사람은 약간만 움직여도 지방세포가 효과적으로 연소가 됩니다.

　같은 체중이라도 근육이 발달 된 사람은 더 날씬하게 보이고, 기초대사량이 높아짐으로 음식을 많이 먹어도 살이 찌지 않는 체질이 됩니다. 기초대사량이 감소하면 요요현상이 일어나 불안감은 가중될 것입니다.

　기초대사량은 우리의 몸이 생명을 유지하기 위하여 기본적으로 소모되는 에너지의 양을 말합니다. 그러므로 기초대사량의 기능은 바로 근육이 하고 있습니다. 그러면 기초대사량에 대하여 좀 더 알아보도록 하겠습니다.

기초대사량 (신진대사)

기초대사량은 신진대사 또는 물질대사하고 말하는데, 우리 몸에서 활동량이 없는 상태에서 에너지를 스스로 소모하는 화학적 작용을 말합니다. 즉 신진대사는 '오래된 것을 새것으로 대체한다'라는 뜻입니다.

쉽게 말하면 자동차가 시동을 켜고 운행하지 않는 상태에서 소모되는 에너지를 말합니다. 우리 몸이 살아있어 생명 있음은, 자동차에 있어서 항상 시동이 켜있는 상태와 동일합니다.

우리 몸이 호흡하며 생명 활동을 하고 있음으로서 에너지는 소모되고 있는 상태를 말하는데, 이를 신진대사 활동이라고 말합니다.

신진대사의 종류는 다음과 같다

1. 기초대사

사람의 생명을 유지하는데 있어서 활동에 필요한 에너지를 소모하는 것을 말합니다. 아무것도 안 하고 누워만 있을 때에 소모하는 칼로리가 바로 기초대사량입니다.

이 에너지는 신체의 필수적인 활동을 위해 사용됩니다. 예를 들어 뇌의 활동, 심장 박동, 간의 생화학 반응 등은 에너지를 필요로 하는데, 이것에 사용되는 에너지가 기초대사량입니다.

기초대사량을 구하는 식은 여러 가지가 있으나, 간단한 형태이면서도 상대적으로 정확한 수식은 다음과 같습니다.

- 기초대사량의 단위는 kcal
- 남성은 체중 1 kg 당 1 시간에 1 kcal을 소모한다고 가정하고, 여성은 0.9 kcal를 소모하는 것으로 알려져 있습니다.

예를 들어 70kg 남성의 기초대사량은 70kg × 24시간 × 1 kcal = 1,680 kcal이며, 50kg 여성의 기초대사량은 50kg × 24시간 × 0.9 kcal. = 1,080kcal 가 됩니다.

나이를 넣고 싶으면 해리스-베네딕트식 등을 이용해 봅니다. 나이 먹을수록 대사량은 떨어집니다.

남자 : 66.47 + (13.75 X 체중) + (5 X 키) - (6.76 X 나이)
여자 : 655.1 + (9.56 X 체중) + (1.85 X 키) - (4.68 X 나이)

이 공식에 따르면 왕성한 대사율을 가지는 20세, 70kg, 175cm 남성의 기초대사량은 1768.77 kcal이다. 다만 몸무게만 기준으로 하므로 비만이나 근육맨과 같은 대사량이 계산된다는 것이 허점입니다.

지방자치 보건소나 건강생활 지원센터에서 '인바디' 검사를 무료로 해 주고 있는데, 이 검사를 통해서 기초대사량 검사와 종합적인 건강을 점검받을 수 있습니다. 저자는 검사 결과 기초대사량은 1584kcal로 나왔습니다.

주의할 점으로, 기초대사량은 말 그대로 누워서 24시간 내내 아무것도 안하고 숨만 쉴 때의 소모량입니다. 당연하지만 기초대사량이 높을수록 몸의 온도가 일정하게 유지됩니다.

기초대사량이 낮을수록 몸이 차갑습니다. 몸이 차가우면 우리 몸은 나쁜 병균이 활동하는 영역이 됩니다.

사춘기 2~3년의 성장기의 경우는 몸이 쑥쑥 크므로 대사량이 아주 높습니다. 대사량 외에도 신장을 키우는 데 사용되기도 하고, 그렇기 때문에 사춘기 때에는 웬만큼 많이 먹어도 살이 잘 안찌는 것입니다.

정확히 측정하기 어려워서인지 모르지만, 모든 문헌마다 다르며, 백과사전을 인용하자면 각기 장기 별 사용 비율은 다음과 같습니다.

- 간 27%
- 뇌 19%
- 심장 7%
- 콩팥 10%
- 골격근 18%
- 기타 19%

다른 자료에 의하면 신장이 15%를 쓰는 것으로 나와 있기도 합니다. 심장이 높은 수치로 나와 있는 자료도 있고. 이것을 다른 동물과 비교해 보면 인간이 장기에 갈 에너지를 뇌에 쏟아 붓는다는 사실을 알 수 있습니다.

이런 경우 대사 효소의 부족 현상이 일어나는 것입니다. 아주 어린 아이의 경우 뇌에 사용하는 에너지가 전체의 반을 넘는다고 합니다.

장점과 단점

기초대사량이 높을 경우의 장점은 상처가 났을 때나 병에 걸렸을 때 빨리 회복한다는 점입니다. 그러나 높은 기초대사량(선천적인 근육량)을 유지하기 위한 식비는 좀 더 소비됩니다.

후술 되어 있지만 기초대사량이 높은 건 타고나는 것입니다. 선천적으로 기초대사량이 높을 경우 생각보다 식비로 인한 비용이 꽤 나갑니다. 왜냐하면 안 먹으면 안 먹는 대로 몸이 힘들기 때문입니다.

2. 소화대사

소화하면서 에너지를 소모하는 작용입니다. 물도 많이 마시면 소화 대사량이 올라갑니다. 하루 평균 수분 섭취 권장량은 2L이니 평소보다 2~3L 정도만 더 마셔도 소화 대사량은 충분히 올라갑니다. 물론 하루에 조금씩 나눠서 마시고, 운동도 병행해가면서 마시는 것이 좋습니다.

그러나 물만 많이 마시게 되면 혈중 전해질 농도가 떨어져 수분 - 전해질 불균형이 일어날 수 있으니 이온 음료를 마시거나 음식을 통해 전해질을 꾸준히 섭취해줘야 합니다.

3. 활동대사

활동대사란 몸을 움직일 때 에너지를 소모하는 것을 의미하며, 운동대사와 같은 말입니다. 활동대사량은 운동량(활동량)에 따라 결정되는 값으로 사람에 따라 천차만별입니다. 자신의 기초대사량과 활동 대사량을 대략적으로 알고 싶다면 이래의 표를 이용해 보면 좋겠습니다.

남자 174cm 70.3kg, 여자 161cm 51.85kg 기준으로 활동량에 따른 대략적인 대사량은 다음과 같다.

활동량	아주 가벼운 활동		가벼운 활동		보통 활동		심한 활동	
성별	남	여	남	여	남	여	남	여
기초대사량 (kcal)	1687	1120	1687	1120	1687	1120	1687	1120
활동대사량 (kcal)	506	336	1012	672	1181	784	1518	1008
식품 이용을 위한 에너지 (kcal)	244	162	300	199	319	212	356	236
나의 하루에 필요한 에너지 (kcal)	2437	1618	2999	1991	3187	2116	3561	2364

근육이 많아 운동능력이 좋은 사람은 많은 운동을 통해 활동대사량을 높일 수 있기 때문에 다이어트에 유리한 면이 있습니다.

반면 다이어트가 필요한 사람은 대게 높은 체지방률로 인해서 상대적으로 근육이 적어 많은 운동량을 소화할 능력이 되지 않습니다. 때문에 평범한 사람들에게 활동 대사를 통한 다이어트는 보통 의미가 약하다고 할 것입니다.

다이어트와 신진대사

다이어트계에서 기초 대사량에 대해 잘못 알려진 것이 있습니다. 소문과는 달리 보디빌더나 운동 선수급이 아니라면 근육이 기초대사량의 많은 부분을 차지하지는 안습니다

기초대사량은 운동하지 않을 때 쓰는 에너지양이므로, 골격근(쉽게 말해 일반적인 근육)이 쓰는 양은 비교적 적습니다. 간이나 뇌보다 근육이 적게 사용됩니다.

정확한 측정은 어렵기에 자료마다 좀 다르지만, 근육은 1kg 당 하루 약 10~15 kcal를 소모하는 것으로 알려져 있습니다. 아놀드 슈워제네거처럼 특별난 유전자가 없다면, 남자가 4kg 늘리는 것도 참 고생스럽습니다.

초코파이 하나가 150 kcal 입니다. 성인 남자가 10분 열심히 운동하면 80 kcal가 소모됩니다. 이러니 흔히 (잘못) 알려진 것처럼 근육 만들어 놓으면 살이 잘 안찌는 체질이 된다는 것은 틀린 말입니다.

사실 효과가 없는 건 아닌데 이것만으로는 체감이 불가능할 정도로 미미하다고 말하는 것이 더 정확할 것입니다. 게다가 늘어난 근육은 운동을 계속 하지 않으면 도로 줄어들게 됩니다.

다만, 우리 몸에서 후천적으로 기초대사량을 늘릴 수 있는 신체 기관은 근육밖엔 없습니다. 기초 대사량 늘린다고 내장이나 간을 키울 수는 없지 않습니까? 더불어, 근육이 많으면 운동이나 각종 활동을 할 때 더 많은 에너지를 소비하는 것이 정답입니다.

활동대사량은 기초대사량과는 다른 쪽에서의 칼로리 소모량이 늘어나는 것입니다. 사람이 24시간 365일 가만히 앉거나 누워서 생활할 수는 없고 필연적으로 움직여야 하는데 이때 소모되는 에너지를 말합니다.

즉, 근육량에 비례해 증가하는 것은 기초대사량이 아닌 활동대사량입니다. 근육 만들어 놓으면 살이 잘 안찌는 체질이 된다는 말의 비밀은 여기 숨어 있는 것입니다. 같은 활동을 해도 더 많은 에너지를 소모하여 결과적으로 살이 잘 안 찌게 되는 것은 맞는 말입니다.

물론 안 움직인다면 당연히 근육이 줄어들고 살이 도로 찔 확률이 높습니다. 먹고 안 움직여도 살이 안 찐다는 사람들도 간간이 보이지만 이건 근육이나 기초대사량 문제가 아니고 소화기관 자체의 문제입니다. 이건 부러워할 일이 아니고 걱정할 일입니다.

이 때문에 결론적으로는 운동으로 근육이 계속 붙여가면 식사량과 운동량을 적절히 늘려나가는 것이 다이어트에 도움이 됩니다.

살 빠졌다고 바로 운동을 그만두고 나태한 생활로 돌아간다면 당연히 무의미한 행동이 됩니다. 사실 '다이어트에 성공했다'라고 말할 정도의 사람이면 한땐 살이 찐 걸 고민했다가 상당한 기간의 노력 끝에 비만에서 벗어난 케이스입니다.

습관은 제2의 천성이라는 말이 있습니다. 한땐 몸에 굳어버린 나쁜 생활습관 때문에 만성적으로 비만한 몸을 가질 수 있습니다.

그런데 이번에는 그동안 노력해 온 생활습관의 관성으로 스트레스 해소나 심심풀이 등의 이유로도 자연스레 헬스장을 향해 가게 되는 등의 선순환을 기대할 수 있습니다.

그렇게 되면 근육이 '기초대사량엔 극적인 효과가 없고 활동대사량만이 상대적으로 많이 커진다' 는 사실조차 크게 걱정할 필요가 없습니다.

근육은 늘고, 그 늘어난 상태에서 또 운동하고, 활동대사량은 늘어난 근육의 영향을 받아 많은 열량을 소모해 다시 살찌는 걸 방지합니다.

결국 중요한 점은 꾸준함입니다. 체육관에 붙어있는 표어처럼 운동은 벼락치기 공부 마냥, 일시적인 결과물을 위해 잠깐 하는 것이 아니라 라이프스타일의 일부로 여겨 항상 자리하고 있는 것이 바람직합니다.

덧붙여, 무산소 운동과 유산소 운동을 병행하고 영양 균형을 맞춘 식단을 통해 살을 뺄 경우에는 목표치에 도달할 때까지는 긴 시간이 걸립니다.

그 시간 동안 몸은 천천히 적응해가며 줄어든 체중에 익숙해지고 그에 맞는 **식단**, **운동**에 익숙해지면서 **항상성**을 갖추게 됩니다.

반면 유산소 운동과 소식만으로 짧은 시간 안에 급격히 살을 뺐다면 몸은 그 상황에 익숙해지지 못하고 본래 익숙한 감량 전의 상태로 돌아가려는 요요현상을 일으키려 합니다.

때문에 필연적으로 무산소 운동으로 근육을 만들어 활동 대사량률을 높이고, 그 대사량 소모률 상승을 몸이 익숙한 상태로 받아들이도록 밑 작업이 필요합니다.

그러면 우리들에게 유용한 운동들은 어떤 종류가 있을까?

우리의 몸에 근육량을 증가시키는 몇 가지 운동을 기술하면 다음과 같습니다.

에어로빅 체조

에어로빅 체조는 전통적인 에어로빅스운동에서 유래된 것으로서 높은 강도의 복합적 동작들을 음악에 맞춰서 지속적으로 실시할 수 있는 능력을 뜻합니다.

루틴을 연기 할 때에는 지속적인 동작, 유연성, 근력을 보여 주어야 하며, 7가지 에어로빅스 기본 스탭을 사용하고 난도를 완벽하게 실시하여야 합니다.

맨손 체조

신체 이외의 다른 기구를 사용하지 않고 실시하도록 고안된 운동을 말하는데 보통체조, 자유체조, 도수 체조 등으로 불리기도 합니다. 성별 · 연령 · 시간 · 장소 · 인원수 등에 관계없이 실시할 수 있으며 경우에 따라서 운동량을 적절히 조절할 수 있도록 되어 있습니다.

전신운동이므로 신체의 기능적 · 형태적 발달을 도모하고, 근육의 탄력성과 관절의 가동성을 높여 스포츠의 기술향상과 안전을 도모하게 합니다. 또한 모든 운동의 준비 · 정리 · 보강 운동에 적합하며, 작업의 능률향상을 위한 피로회복 운동으로도 적합합니다.

수영

수영의 종류는 자유형, 배영, 평영, 접영이 있습니다. 수영은 손과 발을 사용하여 물 위나 물속을 자유롭게 이동 또는 정지하는 운동, 즉 헤엄치는 것입니다.

현대인들의 생활체육에 적합하고 남녀노소 누구나 즐길 수 있으며 스포츠 종목 중에서 비교적 운동으로서의 숙달 방법이 단순한 편입니다. 전신운동이고, 큰 호흡운동을 요구하기 때문에 근육이나 심폐의 발달에 좋으며 여름철의 레크레이션으로 좋습니다.

특히 수영은 생명과도 직결되는 운동입니다. 물을 이용하는 스포츠가 증가하는 시대에 수영을 할 줄 모르고, 물 복을 먹으면 안되겠습니다. 지금은 초등학교 학생들에게 수영을 할 줄 모르면 졸업을 할 수 없다는 이야기도 있습니다.

체온과 우리의 몸

우리가 어렸을 때에는 어머니는 아무리 더운 여름이라도 배에 이불을 꼭 덮어주셨습니다. 그리고 찬물을 먹더라도 '호 호'하고 불면서 먹으라고 하셨습니다.

이는 배가 차가우면 가장 먼저 효소의 활성도가 떨어지고 장내부패의 원인이 되어 배탈과 설사를 일으키는 것을 경험으로 채득한 결과입니다. 또한 운동 부족은 장의 운동능력을 떨어뜨려 변비를 유발하게 됩니다.

현대인들의 만성 질환이 성행하는 이유 중의 하나는 장의 온도를 유지하지 못하는 것입니다. 장의 온도가 낮아지므로 소화계의 이상이 대사 이상으로 전이됩니다. 이러한 원인들이 피부 민감도가 올라가서 아토피, 천식, 비염 등 알러지가 발생하기 시작합니다.

　여기서 우리의 체온이 35°가 되면 기초대사량이 12% 감소하고, 혈류의 흐름이 나빠져 암세포가 활성화되며, 면역력이 저하되어 온갖 질병이 우리의 몸을 지배하게 됩니다.

　더 나아가서 체온이 32°가 되면 내장기능이 완전히 정지되고 뇌가 활동을 멈추는 환각 등의 증상이 나타납니다. 그래서 산을 오르는 사람들은 더욱 따뜻한 옷을 준비하고 만약을 대비하는 자세를 가져야 합니다.

　우리의 몸이 감기 등 정상이 아니면 침상에서도 땀을 흘리고 열을 내는 이유도 마찬가지입니다. 우리 몸 스스로 체온을 올림으로서 병과 싸우고 있는 전쟁 중의 몸이라는 사실은 다 알고 있는 내용입니다.

　무력감, 우울증 등 현대인을 괴롭히는 정신적인 질환도 대부분 몸을 움직이지 않고 땀을 흘리지 않기 때문입니다. 사람은 한 자리에 가만히 서 있는 식물이 아니기 때문에 움직여만 몸의 활력을 얻도록 만들어졌습니다.

　운동은 직접적으로 우리의 몸속에 남아도는 당분과 지방을 연소시키는 효과가 있다는 것을 잘 알고 있습니다. 당뇨 환자의 경우 혈관 속의 당분이 줄어들고, 비만인 경우는 지방세포를 감소시키는 결과를 가져옵니다.

집 안에서 할 수 있는 운동들

붕어 운동

침대에 누워서 5분 이내로 할 수 있는 운동입니다. 붕어가 꼬리를 흔들어 헤엄을 치듯이 우리의 몸을 S자로 흔들어주는 것이 전부입니다. 붕어 운동은 척추를 바로잡아 주고 혈액순환을 완성하게 해 줌으로 장의 운동을 부추겨서 변비 해소와 독소 배출에 효과가 있습니다.

장 마사지

"엄마의 손은 약손이다"라고 하면서 우리의 어머니는 배가 아프다고 하는 자녀의 배를 문지르던 것을 우리는 기억합니다. 장 마사지는 과식, 과로, 변비, 스트레스 등으로 인하여 긴장된 장을 이완시켜 주는 효과가 있습니다.

가장 일반적인 방법은 배꼽 주변을 시계방향으로 또는 반대 방향으로 둥글게 문지르는 것입니다. 또 다른 방법은 명치를 중심으로 안에서 바깥으로 쓸어 주거나 반대로 바깥에서 안으로 쓸어주는 방법입니다.

변비의 경우에는 마사지 전에 양손 손바닥을 마찰시켜서 열을 만들어서 배 위에 댄 후에 지그시 진동시켜 주거나, 힘을 주어서 아랫배를 누르면서 항문 쪽으로 밀어주는 것입니다.

발끝 당기기 운동

천장을 향하여 반듯하게 누운 후 발끝을 몸통 쪽으로 당기면서 고개를 들어 발끝을 바라보는 것입니다. 그러면 양 발바닥은 자연스럽게 바닥을 누르게 되고 이 상태를 2-3분 동안 계속합니다. 이 운동은 계속하여 10회 이상을 반복하는 것입니다. 이 운동은 복강 내 장기를 자극시키고, 복부 근력을 강화하여 주며, 뱃살을 태우는 효과가 있습니다.

풍선 불기

풍선 불기는 기본적으로 폐활량을 늘리는데 도움이 되지만 배변에도 긍정적인 효과가 있습니다. 배변을 할 때 저절로 배에 힘이 들어가는데 이는 항문 괄약근을 벌어지게 만들어 배변을 원활하게 하기 위함입니다.

풍선 불기는 풍선을 가지고 부는 것이 아니라 코로 숨을 크게 들이마신 후에 입으로 풍선을 불 때처럼 강하고 길게 밖으로 내어놓는 것입니다. 이때 아랫배의 힘을 길러 주고 복압을 증가시켜 변비 해소에 도움을 줍니다.

걷기

걷기는 우리의 삶에 참으로 유용한 운동입니다. 장의 연동운동을 도와서 우울증을 완화하고, 장의 면역력을 증강시켜서 세균성 질병을 예방합니다.

또한 혈액순환을 자극하여 생활습관질환을 예방하고, 소화를 도와서 다이어트에 도움을 주며, 기억력을 개선하는데 효과가 있습니다.

걷기는 일주일에 3~5회를 운동하는 것이 좋은 데 관절이 아플 정도로 오래 걷는 것은 권장하지 않습니다. 일 회에 한 시간이 넘지 않도록 하며, 10분씩 여러 차례 걷는 것도 도움이 됩니다.

무릎으로 복부치기

서 있는 상태에서 제 자리 걸음 걷기를 하되 양쪽 무릎으로 복부에 닿도록 걷기 운동을 하는 것입니다. 될 수 있으면 양쪽 무릎을 제자리 걷기 자세에서 복부를 가격한다면 하체 운동과 장운동에도 도움이 될 것입니다. 1분 동안 일주일을 하고, 2분 동안 일주일을 한 후에는 자신의 체력에 알맞은 시간 운동으로 하는 것을 권장합니다.

하체가 튼튼한 사람이 장수한다는 말을 들어 왔습니다. 근육은 근력의 바탕이 되기도 하지만 대표적인 발열 기관입니다. 근육이 있는 곳에는 반드시 열이 있습니다. 근육이 발달한 사람은 체온이 높아서 질환에 잘 걸리지 않으며 세균성 질병에도 강한 저항력을 가지게 됩니다.

건강 6 계명

충분한 휴식을 취하자

너는 엿새 동안에 네 일을 하고
일곱째 날에는 안식하라. 그리하면 네 소와 나귀가 안식할 것이며,
네 여종의 아들과 나그네가 원기를 회복하리라
출23:12

성경에서의 안식 (쉼)

『안식일을 기억하여 거룩하게 지키라.
엿새 동안은 힘써 네 모든 일을 행할 것이나 일곱째 날은 네 하나님 여호와의 안식일인즉 너나 네 아들이나 네 딸이나 네 남종이나 네 여종이나 네 가축이나 네 문안에 머무는 객이라도 아무 일도 하지 말라. 이는 엿새 동안에 나 여호와가 하늘과 땅과 바다와 그 가운데 모든 것을 만들고 일곱째 날에 쉬었음이라 그러므로 나 여호와가 안식일을 복되게 하여 그 날을 거룩하게 하였느니라.』(출애굽기 20:8-11)

하나님은 왜 6일은 일하고 7일째 되는 날은 하루를 안식하라고 하셨을까? 더 나아가서 6년 동안은 일하고 7년째 되는 날은 안식년으로 쉬라고 하셨을까?

사람의 안식뿐만 아니라 땅까지도 7년째는 쉬어야 한다고 명령하고 있습니다. 그분만 아니라 하나님도 스스로 제7일에는 안식을 하셨습니다.

이처럼 사람과 그 사람이 살고 있는 이 땅 모두가 쉼을 얻어야 한다는 것은 아주 중요한 사건입니다. 그러면 안식은 곧 무엇을 의미하고 있는 것입니까?

'안식'은 곧 '회복'을 의미합니다. 안식함으로 사람은 정신적으로 육체적으로 회복되고, 땅이 회복되는 것입니다. 지구의 온누리도 쉬어야 하고 동물도 식물도 쉬어야 합니다.

사람도 쉬어야 하고 자동차도 쉬어야 합니다. 기계도 쉬어야 하고 공부하는 학생도 쉬어야 더 큰 능률이 발생합니다.

회복 (치유 : healing)

회복의 사전적 의미는 '치료하여 병을 낫게 함'입니다. 정신적, 육체적으로 안도감이 찾아올 때 '치유된다'라고 말합니다.

회복은 곧 정신적 치유와 육체적인 치유를 합하여 전인적인 회복을 말합니다. 2000년대 중반에 들어서는 '웰빙'이라는 단어와 비슷하게 쓰이고 있습니다.

느리게 사는 삶, 여유를 되찾는 삶 등 양쪽 다 "행복한 삶을 살기 위한 방법"을 말하고 있습니다. 굳이 차이가 있다면 '웰빙'에는 물질적 풍요가 필요하지만, '힐링'은 정신적 스트레스를 멘탈인 개선으로 극복한다는 뉘앙스입니다.

힐링 여행이나 힐링 캠프 같은 표현에서 나타나며, 주로 사용되는 현상을 보면 위로, 즐거움, 기쁨, 스트레스 해소 등을 포함해서 나타내는 표현입니다.

힐링 캠프라는 프로그램이 전파를 타면서 명상이나 휴식 등의 표현이 무분별하게 '힐링'으로 대체되는 현상이 일어나고 있습니다. 우리가 유심히 살펴야 할 분야입니다.

가만히 있으면 하나님은 회복시킨다

나서기를 좋아하는 사람들이 실수하는 모습을 보고서 하는 충고가 있습니다. "가만히 있는 것이 도와주는 것이다"라고 하는 말은 격언 아닌 격언이 되고 말았습니다.

그래서 하나님도 안식일을 두셨고, 안식년과 희년의 제도를 두어서 쉼이 얼마나 중요한지를 알려주셨습니다.

가만히 두면 온 누리가 선순환이 이루어집니다. 봄이면 꽃을 피워서 벌과 나비를 불러들이고, 여름에는 잎이 무성하여 광합성을 하고, 가을이면 풍성한 열매를 맺습니다.

그리고 겨울에는 쉼이라는 시간을 가집니다. 농약을 주지 않아도 비료를 주지 않아도 가만히 놔두기만 하여도, 지구의 온 누리는 정상적인 상태로 유지됩니다.

그러나 사람의 탐욕이라는 것은 농지를 가만히 놓아두지 않습니다. 더 많은 수익을 올리기 위하여 비료와 농약을 뿌리고 비닐하우스와 전기를 사용하여 밤과 낮을 가리지 않고 성장하도록 합니다. 그래서 최고의 수익을 창출하도록 만드는 것이 오늘의 자본주의 현실입니다.

이렇게 수확한 농산물을 시장을 통하여 우리는 먹어야 하는데 인위적으로 만들어진 식품이 우리들의 몸에 얼마나 좋은 효과를 발휘할 수 있겠습니까?

다만 우리의 몸을 배부르게 할 뿐, 인체의 속은 점점 불량화되어 가는 것입니다. 그래서 깨어있는 사람들은 유기농 농산물을 먹으려고 합니다. 그런데 문제는 값이 너무 비싸다는 것입니다. 그리고 이러한 식품도 신뢰하지 못하는 사회가 되고 있습니다.

농약과 비료, 전기와 비닐하우스로 경작되어지는 농산물이 우리의 몸에 좋지 않을 뿐만 아니라, 토지 또한 황폐화되어 점점 농약과 비료를 더 많이 사용하게 되는 악순환을 되풀이하게 될 것입니다.

『너는 육 년 동안 그 밭에 파종하며 육 년 동안 그 포도원을 가꾸어 그 소출을 거둘 것이나 일곱째 해에는 그 땅이 쉬어 안식하게 할지니 여호와께 대한 안식이라 너는 그 밭에 파종하거나 포도원을 가꾸지 말며 네가 거둔 후에 자라난 것을 거두지 말고 가꾸지 아니한 포도나무가 맺은 열매를 거두지 말라 이는 땅의 안식년임이니라』
(레위기 25:3-5)

그래서 하나님은 토지에게 쉼을 허락하도록 명령하십니다. 사람의 몸도 밤에는 꿀잠으로 쉬어야 하고, 일주일에 하루는 쉬어야 하고 7년에 한해는 쉬도록 명령합니다. 그분만 아니라 땅도 안식년을 두어서 쉬도록 명령하고 있습니다.

쉼을 통해서 갱신되는 우리의 몸

그 쉬는 시간을 통해서 자라난 잡초와 과수나무의 잎과 열매는 그 자리에 떨어져 천연거름이 됩니다. 들짐승들이 먹고 난 후에 그들이 싸고 간 똥이나 오줌도 퇴비가 됩니다.

자연스러운 자연의 활동은 미생물들이 분해 활동을 합니다. 또한 미생물도 생명 활동을 통하여 다양한 대사물질을 몸 밖으로 보냄으로서 토양을 갱신시키는 것입니다.

우리의 몸도 마찬가지입니다. 쉼을 통하여 미생물이 활동할 시간을 제공함으로 우리의 몸도 갱신을 하는 시간을 가지는 것입니다.

만약 병들어 가는 몸으로부터 건강을 회복하고 싶다면 우리는 금식을 두려워 해서는 안됩니다. 그러면 어떤 금식을 해야 할까요?

우리는 단순히 몸의 체중을 줄이기 위한 목표로 한다면 물만 마시면서 금식하면 될 것입니다. 그러나 이것도 힘든 일입니다. 그렇다고 체중이 줄었다고 좋아할 수 없습니다. 왜냐하면 그 후에 요요현상으로 다시 체중은 증가할 것이기 때문입니다.

귀한 시간을 가지고 몸의 휴식을 가지는 금식이 시작된다면 우리의 몸을 완전히 변화시키는 기회로 삼아야 합니다. 그 방향은 우리의 모든 오장육부를 새롭게 탄생시키는 것입니다.

그 방향은 '효소'를 통해서 내 몸의 미생물을 활성화시킴으로 어린 시절에 가졌던 몸으로 그 기능을 회복하는 시간으로 삼아야 합니다.

우리의 몸에 미생물 활동이 시작되면, 가장 먼저 변비에 걸려있는 장이 미생물 활동에 의하여 부드러운 변을 배출하기 시작합니다.

건강한 변은 냄새가 없거나 좋은 냄새를 풍깁니다. 유익한 미생물이 장내 환경을 변화시켜서 건강한 몸으로 우리의 몸을 고쳐 놓는 것입니다.

더 나아가서 가공식품이나 화식으로 조리되어진 음식을 피하고 자연식을 바탕으로 내 몸의 음식을 조절해 나간다면 내 몸의 환경은 더욱 좋아집니다.

우리의 몸이 병으로 가득하여 병원을 찾고, 약국을 찾아서 지불되어진 돈을 생각해 보면 적지 않은 금액입니다.

우리가 자신이 몸을 알고 스스로 치유해 나간다면 돈도 잃지 않고 그 귀한 시간에 고통 없이 행복하게 장수하는 건강한 삶을 살 수 있을 것입니다.

그래서 하나님도 쉬라고 명령합니다.

물만 먹는 금식은 위험하다

물만 먹으면서 금식을 한다면 당연히 체중은 줄어들 것입니다. 우리의 삶이 60년대 70년대는 어디 고기를 먹기가 그리 쉽지 않았습니다. 제삿날이나 명절이 아니면 고기 맛을 보기는 힘들었습니다.

그러나 지금은 다릅니다. 현대인들은 언제든지 고기를 먹을 수 있고 또 즐겨 먹고 있습니다. 그래서 현대인들은 몸속에 많은 기름기로 채워져 있습니다.

기름으로 찌든 옷을 맹물로 세탁한다고 그 기름때가 제거되지 않습니다. 오히려 기름의 얼룩이 더 사방으로 퍼져서 하지 않는 것보다 못한 결과를 가져오기도 합니다.

이러한 물만 먹은 금식은 부작용으로 산독증, 골다공증, 요요현상을 가져옵니다. 그러므로 기름으로 얼룩진 옷을 빨기 위해서는 그에 알맞은 세제를 사용하여 세탁을 하듯이 우리의 몸도 마찬가지입니다.

우리 몸을 청소할 때는 효소 세제를 넣어야 합니다. 즉 복합발효 배양물을 사용해야 한다는 것입니다.

자연에서 나는 식품에는 필수적으로 효소가 포함되어 있는데 이것을 발효시키면 그 효과가 배가 되는 것입니다. 복합발효 배양물은 중복발효라는 기술을 통해서 기존에 가지고 있는 효소의 기능에 알파, 베타, 세타의 기능을 추가한 것이라고 할 수 있습니다.

금식함으로 우리의 몸을 회복하기에는 옛날의 환경이 아닙니다. 잘못된 금식으로 말미암아 몸을 해치는 사건은 얼마든지 많은 예증이 됩니다.

건강을 위한 금식을 한다면 반드시 복합발효 배양물을 외부에서 공급해주는 금식을 해야 합니다. 이때 효소는 스스로 몸을 수리하는 일을 적극적으로 돕고 나설 것입니다.

쉼이 없는 시간은 병들기 시작하는 경고이다

휴일도 없이 야근과 격무에 시달리면서 일을 하게 되면 서서히 배가 나오기 시작합니다. 그 나오는 배는 십중팔구 내장지방이 문제입니다.

내장지방이 쌓이는 가장 큰 이유는 운동 부족이지만, 장내 세균총의 변화로 내장지방이 생길 수 있습니다. 장내 세균총의 역할 가운데 지방축적을 조절하는 기능이 있기 때문입니다.

장 건강을 점검하는 방법이 있다면 무엇입니까? 가장 쉽게 점검할수 있는 방법은 대변을 살펴보는 일입니다. 정상적인 변은 물에 뜨고 있는 황금색의 바나나변입니다. 설사의 증상은 장내 세균의 조화가 깨졌다는 뜻이고, 그 원인은 야근이 될 수 있습니다.

사람의 수면시간은 적어도 하루 7시간은 자야 건강한 삶을 살 수 있습니다. 사람의 신체는 머리 따로, 손발 따로, 배 따로 만들어서 붙인 신체가 아니라 모든 기관이 하나로 연결되어진 존재이기 때문입니다.

자동차가 2만여 개의 부품으로 조립되어진 기계라고 한다면 사람의 몸은 100조가 넘는 세포로 구성되어 있는데, 그 몸에 깃들어 살고 있는 미생물의 수는 체세포보다 더 많습니다. 100조가 넘는 세포는 하나의 핏줄을 연결되어 있습니다.

서로가 소통하고 작용하고 있는데, 잠을 자지 못하면 머리만 멍한 것이 아니라 눈도 뻑뻑하고 소화도 안되고 목덜미 아토피, 얼굴 여드름도 더 늘어나는 현상을 볼 수 있습니다.

사람은 휴식을 통해서 새롭게 거듭나게 합니다. 그래서 하나님은 사람들에게 휴식하라고 명하십니다. 즉 1주일에 하루는 휴식을 취하라고 하는 계명은 결국 사람을 위한 은혜의 배려인 것입니다.

잠이란?

쉼에서도 가장 중요한 쉼이 있다면 바로 '잠'입니다. 잠 또는 수면은 동물이 일정 시간 동안 몸과 마음의 활동을 쉬면서 의식이 없는 상태로 있는 것입니다. 의식은 없거나 줄어들고, 감각 기관이 상대적으로 활동을 중단하며, 거의 모든 수의근의 움직임이 없는 것이 특징입니다.

잠은 자극에 대한 반응이 줄어드는 것으로 각성과 구별되며, 쉽게 의식을 되돌릴 수 있다는 점에서 겨울잠이나 혼수상태와는 구별됩니다. 수면 중에는 동화 상태가 고조되며, 성장과 면역, 신경, 뼈, 근육 계통의 회복이 두드러집니다.

수면의 목적과 기제는 부분적으로만 확인되었으며, 활발한 연구의 대상입니다. 잠은 종종 에너지를 절약하는 것으로 여겨졌으나, 실제로는 신진대사를 약 5~10%만 줄일 뿐입니다.

수면은 모든 포유류와 조류, 다수의 파충류, 양서류, 어류에서 발견됩니다. 겨울잠을 하는 동물들은 겨울잠 중에 대사 저하가 보이긴 하지만 잠을 자야하며, 이를 위해 저체온에서 발열 상태로 돌아옵니다.

NREM 수면(비-렘수면)의 4단계

수면은 크게 비 렘수면과 렘수면으로 나누어집니다. 비 렘수면은 전체수면의 75-80%를 자시하면서, 우리 몸의 신체적인 회복에 질대직으로 필요합니다.
비렘 수면은 4단계로 나누어지는데 1, 2단계는 옅은잠이고, 3, 4단계는 깊은 잠인데 다음과 같이 나누어집니다.

제1단계 : 뇌파가 베타파(β)에서 알파파(α)로 바뀌어 간다.
제2단계 : 세타(θ)파 및 방추형과 K 복합 뇌파가 나타난다.
제3, 4단계 : 델타(δ)파가 나오기 시작하며, 두 단계는 델타파의 양으로 구분한다.

렘(REM. 급속 안구 운동)수면은 신체적, 심리적인 회복, 단백질 합성 및 기억 향상에 도움이 된다고 보고되고 있는 역설수면입니다. 역설수면은 몸은 잠을 자고 있으나 뇌파는 깨어 있을 때의 알파파(α)를 보이는 수면 상태입니다.

즉 렘수면은 꿈을 꾸는 잠으로 알려져 있는데, 20-25%를 차지하며 마음과 정신의 피로를 회복하는데 필요한 잠입니다. 그리고 기억력에 필요한 잠입니다.

자율신경성 활동이 불규칙적인 수면의 시기로, 보통 안구가 신속하게 움직이고 꿈을 꾸는 경우가 많기 때문에 램 수면으로 언급됩니다. 한편 영아기에는 렘수면이 수면의 50%를 차지하다가 점차 줄어드는 것으로 알려져 있습니다.

수면의 단계와 주기		
항 목	NREM(숙면)	REM(역설 수면)
안전도	0	40~60/min
뇌전도	낮은 주파수	높은 주파수
심전도	느림	빠름
근전도	적정수준 긴장	마비

수면시간

사람은 어린아이 일 때, 하루에 자는 시간이 길고, 성장할수록 짧아집니다. 생후 1주에는 18 ~ 20시간, 만 1세에는 12 ~ 14시간, 만 10세에는 10시간 정도로 잠을 잡니다. 성인은 하루에 대략 5시간 ~ 8시간 정도를 잡니다.

사람은 의도적으로 수면시간을 조절하기도 합니다. 15세 이상 사람의 평균 수면시간은 대한민국을 예로 들면, 6시 15분 정도, 미국은 7시간 정도입니다. 잠이 부족하면 피로를 느끼고 감정이 날카로워져 짜증이나 화를 내기 쉬워집니다.

또한, 잠이 부족한 상태가 장기간 지속되면 심혈관계 질환이나 정신 질환 등 여러 질병에 걸릴 확률이 높아집니다. 하루 5시간 이하 수면을 계속적으로 취하면 정신 질환 발병 위험 3배에 이른다고 합니다.

건강에 유익하고 수명에 악영향을 끼치지 않는 최적의 수면시간은 연구에 따라 다릅니다. 7시간 정도가 가장 적질하다는 연구결과가 많은데, 6시간 30분 이상을 잘 때 수명이 가장 길다는 연구도 있습니다.

또한, 적절한 수면시간에는 개인차가 있습니다. 연령대별로 얼마만큼 자야 적당한지 차이가 있기도 합니다. 예컨대 미국 수면 재단에 따르면 26 – 64세 성인은 7 – 9시간을 권장하며, 6 – 10시간이면 적당하고, 6시간 이하 또는 10시간 이상이면 수면시간을 조절하는 것이 좋습니다.

취침 시간, 수면시간이 매일 달라지면 당뇨병 등의 대사 질환에 걸릴 위험이 높아집니다. 취침과 수면시간 매일 다르면 대사증후군 위험이 높아진다는 학설이 있습니다.

불면증?

밤에 잠들기가 어렵거나 숙면을 취하지 못하면 불면증에 시달리는 사람입니다. 잠을 잘 수 없어서 괴롭기도 하지만, 다음 날에 졸리고 정신집중이 안 되고 피곤하며 낮 시간에도 괴로운 시간을 보내야 합니다.

지금 일반인 3명 중 1명은 잠들기가 어렵거나 숙면을 취하지 못한다고 합니다. 그래서 지금은 약을 복용하여 잠을 청하는 사람이 많아지고 있습니다.

불면증은 모든 연령층에서 발생하고 있는데, 단지 몇일 동안 잠을 못 자는 일시적인 불면증이 있습니다. 그 원인은 대개 흥분상태이거나 스트레스가 원인입니다.

그리고 2-3주 동안 계속되는 단기성 불면증이 있는데, 그 원인은 직장과 가정에서 일어나는 스트레스가 주원인이 됩니다.

만성 불면증은 몇 개월이나 지속되는 불면증으로 한국인의 약 15-20%가 만성으로 고생하고 있습니다. 이는 단지 잠을 자지 못하여 고생이기도 하지만, 문제는 내 몸의 화학작용이 정상적으로 작동하지 못한다는 것이 또한 문제가 됩니다.

불면증의 원인은 무엇인가?

가장 먼저 심리적인 요인이 있습니다. 이는 지속적인 스트레스로 가정의 문제, 직장의 문제, 성격의 차이, 원하지 않는 환경, 인간관계 등의 악화 등으로 말미암아 불면증이 생길 수 있습니다.

그리고 정신과적인 문제로 우울증, 불안증, 정신분열증, 또는 다른 정신질환 등으로 불면증을 야기할 수 있습니다.

두 번째는 생활 스타일에 문제가 있을 때입니다. 흥분성 음료나 약으로 말미암아 생기는 것입니다. 커피, 홍차에 들어있는 카페인, 담배의 니코틴, 치료로 복용하고 있는 약에도 불면증을 일으키는 성분이 있습니다.

그리고 잠을 청하기 위하여 술을 마시는데, 잠을 일찍 깨게 만들어서 결과적으로 잠을 더 설치게 하는 역할을 하기도 합니다. 더 나아가서 불규칙한 수면시간도 그 원인이 됩니다. 그러므로 항상 같은 시간에 잠을 청하고 숙면을 취한 다음 낮에는 상쾌하게 깨어 있도록 해야 합니다.

정신적으로나 육체적으로 활동하는 낮 생활이 중요한데, 그러하지 못하여 비몽사몽으로 낮 시간을 허비한다면 이것도 또한 불면증의 원인이 됩니다.

그리고 스스로 만들어가는 불면증이 있는데, 이는 잠에 대한 불안감입니다. 그래서 수면제를 남용하는 경우가 있는데, 이 또한 더 큰 불면증을 유발하는 원인이 됩니다.

세 번째는 환경적인 요인들입니다. 소음은 숙면을 방해하는데 자동차, 비행기, 텔레비전, 공사장이나 공장 가동하는 소리는 잠을 방해합니다. 그리고 눈을 감고 있어도 밝은 빛은 눈꺼풀을 방해하여 시신경에 감지되므로 잠을 방해합니다.

네 번째는 신체 질환으로 말미암은 불면증입니다. 수면 무호흡증, 수면 중 주기성 사지운동증, 하지 불안 증후근, 각성 뇌파인 비회복성 수면, 위-식도 역류와 각종 통증에 의하여 우리 몸은 숙면을 취하지 못합니다.

하나님은 왜 밤을 만들었을까?

사람의 몸은 낮에는 활동하고 밤에는 쉬도록 창조되었습니다. 낮 시간에 무리한 활동이 있다고 할지라도 밤의 시간에 제대로 휴식을 허락한다면 사람의 인체는 정상적인 상태로 복구되어 집니다.

우리의 몸은 생활 속에서 독소에 둘러싸여서 살아가고 있습니다. 음식을 먹으면 음식 독이 들어오고, 과로하면 과로 독이 생성됩니다. 마음에 상한 말을 들으면 스트레스 독이 쌓이고, 기온이 갑자기 오르거나 내리거나 하면 기후환경 독이 침입합니다.

밝은 대낮은 독소가 유입되는 시간입니다. 그런데 이런 독소를 제거하는 시간이 바로 밤에 잠을 자는 시간입니다. 사람이 잠들기 시작하면 우리 몸을 치유하고 회복하는 수리가 들어갑니다.

이 수리공을 우리는 『효소』라고 부릅니다. 그리고 밤에 효소가 하는 일을 총칭하여 『대사』라고 말합니다.

우리의 몸이 7시간을 수면에 취하면 효소는 대사의 일을 순조롭게 마칠 수 있습니다. 예를 들면 '요산'은 고기를 먹어서 생겨난 음식 독인데 효소는 이 요산을 오줌을 통해서 방광으로 이동시키는 사역을 감당하고 있습니다.

생활 습관병으로 통풍은 고기를 많이 먹었을 때 생기는 병으로 알려져 있습니다. 하지만 고기를 좋아한다고 모든 사람이 통풍에 걸리는 것이 아닙니다. 먹는 것만큼 쉬는 것도 중요한데, 충분한 수면을 취하지 못함으로 생기는 병이라고 말할 수 있습니다.

밤의 수면은 사람의 몸이 깊은 휴식으로 들어가는 시간입니다. 이때 사람의 몸이 이완되면서 맥박, 뇌파가 느리게 흘러갑니다. 수면을 통해서 육체는 완전한 휴식에 들어가는데, 이 시간 대사 효소가 활성화되어 일하는 시간입니다.

언제 잠을 자야 할까?

장내의 나쁜 환경은 충분한 수면을 취하지 못하여 발생하기도 하지만 바꾸어 말하면 장애 환경이 좋지 못하여 수면장애가 오기도 합니다.

늦게 야식을 먹거나 저녁 식사로 과식을 하고서 즉시 잠을 청하게 되면 장도 잠을 자야 하는데 늦게 음식을 먹으면 장이 쉬지를 못하고 일을 하게 됩니다.

장이 피로하면 면역계가 제대로 돌아가지 않을 뿐만 아니라, 세로토닌이 만들어지지 않아 우울증, 수면장애가 생깁니다. 일군이 피로하면 제대로 일을 하지 못하듯이 장도 피로한 상태에서 소화, 흡수의 일을 제대로 할 수 없습니다. 그래서 장내부패가 발생하는 것입니다.

대사활동을 해야 할 효소가 일을 하지 못하고 소화기관으로 가서 일을 하니, 대사기능에 제동이 걸릴 수밖에 없습니다. 그러므로 살이 찌고 배가 나오는 것은 『대사 효소』가 해야 할 일을 하지 못하기 때문입니다.

노폐물 대사가 안 되니 내장에 지방독이 쌓이는 것은 당연한 일입니다. 장 무력증으로 입맛이 없으니 낮에는 제때 먹지를 못하다가 야간에 폭식함으로 이것이 비만과 설사로 이어지는 것입니다.

뇌가 쉬지를 못하면 대사계가 마비되고, 대사계가 일을 하지 못함으로 내장에 지방이 생성됩니다. 내장지방은 장을 차갑게 만들고, 장이 차가워지면 세로토닌이 만들어지지 않아 불면증이 옵니다.

이와 같이 사람이 몸은 그 모든 것이 서로 연결되어 있어서 한 곳이 잘못되면 연차적으로 다음 기관에 이상이 오는 것입니다. 그 시작이 효소의 부족에서 시작되고, 효소의 부족은 대사 증후근으로 발전합니다.

그러면 언제 수면을 취해야 하겠습니까? 지금까지의 논리로 본다면 잠자리에 들기 전 적어도 4시간 전에는 저녁 식사를 마쳐야 합니다. 11시에 잠자리에 들어간다면 적어도 7시까지는 저녁 식사를 마쳐야 하는 것입니다.

장내 환경이 좋아지면 순환계도 정상화가 됩니다. 인체 대사가 정상을 찾으면 우리 몸의 살은 자연히 빠지게 될 것입니다.

식사와 식사시간의 차이를 5시간으로 잡아보겠습니다. 그러면 출근 시작을 오전 7시로 잡으면 이전에 간단한 식사를 마쳐야 합니다.

정오에서 오후 1시까지 점심 식사의 시간을 정한다면 오후 6시에 저녁을 먹고 4시간 후에 잠자리에 들어가는 것으로 생활의 패턴을 잡으면 좋을 것이다. 이런 규칙의 생활이면 더욱 좋겠지만 그럴 수 없는 사회 환경과 시간이 저희들의 삶을 제한하고 있습니다.

수면 위생

수면 위생이란 잠을 자기 위하여 지켜야 할 첫 번째 치료법입니다. 앞에서 기록했듯이 밤의 숙면은 우리 몸이 새롭게 갱신하는 시간입니다.

그러므로 가장 먼저 우리 몸의 항상성을 유지해야 합니다. 우리 몸이 정상적으로 돌아오려고 하는 항상성은 잠을 청하고 일어나는 시간을 일정한 패턴을 유지해야 합니다.

그리고 될 수 있는 한 낮잠은 피하도록 하고 하절기는 10 – 15분 정도의 잠깐의 낮잠으로 대처해야 합니다.

매일 규칙적인 운동을 해야 하고, 잠들기 2시간 이내에 약 30분간 뜨겁지 않는 물에 목욕을 하여 체온을 2℃ 가량을 올리면 잠을 청하는데 도움을 줍니다.

두 번째는 하루의 주기성 인자를 잘 조절해야 합니다. 항상 같은 시간에 잠을 청하고 같은 시간에 일어나는 습관은 아주 중요합니다.

그리고 아침 기상 후 30분 이내에 햇빛에 노출되도록 가벼운 맨손 체조나 산책은 몸에 보약과 같습니다. 그리고 밤에 화장실에 갈 때도 너무 밝은 빛의 조명보다는 조그만 백열등으로 교체하는 것이 좋습니다.

세 번째는 수면에 방해되는 요소들은 제거하는 것이 좋습니다. 카페인이 든 음식들 즉 커피, 녹차, 홍차, 초코렛, 콜라, 코코아 등은 3 - 5시간 동안 우리 몸에 남아 있으므로, 이전에 식음하는 것이 좋습니다.

저녁 7시 이후에는 흡연을 금지하고, 술도 소량으로 드시고 잠자기 전에 간식은 금하는 것이 좋습니다.

네 번째는 수면 환경으로 침실은 어둡고 조용하고 환기가 잘되며 편안한 실내 온도가 유지 되어야 합니다. 필요하면 귀마개와 안대를 사용하는 것도 좋습니다.

잠자리에서 시계를 자주 보는 행위도 고쳐야 하고, 잠자리 환경이 자주 바뀌는 것도 좋지 않습니다. 침대가 있는 방에는 오직 잠자기 위한 공간이 되도록 해야 합니다.

침대에서 TV 시청, 컴퓨터 사용, 독서, 내일을 위한 계획 등은 다른 공간에서 하고 침실은 오직 잠자기 위한 공간으로 사용합니다.

내일 할 일은 메모장에 남겨두고, 모든 걱정은 아무 소용없는 일입니다. 걱정한다고 1초의 순간도 내 이득을 위하여 사용할 수 없습니다. 먼저 자신을 긍정적으로 살피고 다른 사람들은 용서하는 마음을 가진다면 행복한 내일과 내 몸을 만드는 일이 됩니다.

하나님은 말씀하십니다.

너희가 일찍이 일어나고 늦게 누우며 수고의 떡을 먹음이 헛되도다 그러므로 여호와께서 그의 사랑하시는 자에게는 잠을 주시는도다
(시편 127:2)

네가 누울 때에 두려워하지 아니하겠고 네가 누운즉 네 잠이 달리로다
(잠언 3:24)

건강 7 계명

절제의 미덕을 기르자

이기려고
애쓰는 자마다 모든 일에 절재하나니
고전9:25

세포는?

우리의 몸은 세포로 구성되어 있습니다. 그래서 세포는 모든 생물체에 있어서 구조 및 활동이 되는 기본 단위가 됩니다. 바이러스를 제외하면 어느 생물이든 세포를 가지고 있지 않은 생물은 없습니다.

생물들이 가지고 있는 세포의 개수는 제각기 다르며, 심지어 세포 1개로 구성되어 있는 생물들도 존재하여 이를 단세포 생물이라고 합니다. 그리고 세포 여러 개로 구성되어 있는 생물은 다세포 생물입니다.

그리고 동물 세포와 식물 세포의 구조는 서로 달리합니다. 이를테면 식물 세포에는 동물 세포에는 없는 엽록체와 세포벽을 가지고 있고, 동물 세포엔 식물 세포에는 없는 중심체, 리소좀, 편모가 있습니다.

다만 세포의 크기가 모두 비슷한 것은 아니고 부위나 역할에 따라 차이는 있습니다. 예를 들면 인간의 난자는 인간 몸의 세포들 중에서 가장 크지만, 인간의 정자는 가장 작은 세포입니다.

모든 세포는 성장하면서 분열을 하여 그 개수를 늘리고, 수명이 다하면 죽는데, 만약 죽지 않고 비정상적으로 무한 분열을 할 경우에, 이를 일종의 좀비 세포라 합니다. 이것이 바로 불사신 암세포가 됩니다. 좀비 세포가 증식하면 종양이 되고 이 종양은 다시 암세포가 되어서 암 덩어리가 되어 모체의 생명을 위협하는 세포가 됩니다.

세포가 무한 분열을 하면서 자기 할 일을 꼬박꼬박한다면 그야말로 늙지도 않는 신인류가 되겠습니다. 그러나 문제가 되는 이유는 역시 암세포로 변이하면 정말 아무것도 안 하면서 주변 세포를 암세포로 만드는 희대의 악성 쓰레기가 되기 때문입니다.

실제로 암세포의 무한 복제를 역이용해서 사람의 노화를 막아보려는 연구를 계획하기도 하였습니다. 그러나 학계에선 위험 부담과 가능성 문제로 거의 사장되다시피 되었습니다.

노화를 막을 수 있는 더 현실적이고 효율적이며 안전한 방법이 훨씬 많이 제시되어있기에 그쪽이 더 활발히 연구되는 중입니다.

세포를 이루는 물질

물
세포의 기본적인 액성 중간매체로서 지방세포를 제외한 세포들의 구성성분 중 70~85%가 물입니다.

세포의 많은 화학 물질은 물에 녹아있거나 물 안에서 입자로 떠 있는 상태로 존재하고 있습니다. 화학작용은 물에 녹아있는 물질들 사이에서 일어나거나 물에 떠 있는 물질의 표면에서 발생합니다.

이온
세포 내에서 중요한 이온은 포타슘, 마그네슘, 인산염, 황산염, 중탄산염이며 소량의 소듐, 염소와 칼슘도 있습니다. 이온은 비유기적 화학 물질로서 세포의 여러 작용에 관여하고 있습니다. 예컨대 신경과 근육섬유에서 전기화학 자극이 전달될 때, 이들 세포막에서 이온들의 작용이 필요합니다.

단백질

단백질은 물 다음으로 세포 내에서 가장 많은 물질로서, 약 10~20%를 차지하고 있습니다. 단백질은 크게 구조 단백질과 기능성 단백질로 나누어집니다.

지질

지질에는 여러 종류의 물질이 있는데, 이 물질들은 지방 용매에 용해되는 공통된 성질을 지니고 있습니다. 세포 내에서 가장 중요한 지질은 인지질과 콜레스테롤로서, 전체 세포 질량의 약 2%에 불과합니다.

인지질과 콜레스테롤의 세포 내 중요성은, 이들이 물에 녹지 않기 때문에 세포막과 세포 내 막 구조물을 형성하는 데 사용된다고 합니다. 인지질과 콜레스테롤 외에도, 어떤 세포는 많은 양의 트라이글리세리드가 있는데, 이를 '중성지방'이라고도 말합니다.

지방세포의 경우 약 95%까지 중성지방이 존재하기도 합니다. 이들 세포에 저장된 지방은 신체의 주요한 에너지 저장창고로서, 필요한 경우에 분해되어 에너지로 사용됩니다.

탄수화물

탄수화물은 당단백질을 제외하고는 구조적인 작용이 거의 없지만, 세포의 영양에 중요한 역할을 합니다. 사람의 세포 대부분은 많은 양의 탄수화물을 저장하고 있지는 못하고, 평균적으로 세포 질량의 약 1% 정도입니다.

하지만 근육세포에서는 3%, 간세포에서는 6%까지 그 저장량이 늘어날 수 있습니다. 용해된 포도당의 형태로 된 탄수화물은 항상 세포 외액에 존재하여 세포가 필요할 때는 언제라도 이용할 수 있게 합니다.

좀비 세포

암, 악성 신생물 또는 악성종양은 세포가 사멸 주기를 무시하고 비정상적으로 증식하여 인체의 기능을 망가뜨리는 병을 말하고 있습니다.

좀비 세포는 비정상 세포(암세포)의 제어되지 않은 성장과 분열이 원인이므로, 재생하는 어떤 생체 조직에서도 발병할 수 있습니다.

암을 유발하는 가장 심각한 요인은 발암물질이지만 확률적으로는 외적 요인 없이 건강한 인체에서도 발병할 수 있습니다. 이는 유전 영향도 강하기 때문입니다.

암세포는 혈액이나 림프액을 통해 신체의 다른 기관으로 이동할 수 있으며, 이를 전이(轉移)라고 말합니다.

암은 대한민국 국민의 사망 원인 1위 자리를 10년 넘게 놓치지 않고 있는 무서운 병으로, 뇌혈관 질환, 심혈관 질환, 간담도 질환 등이 뒤를 따르고 있습니다.

암세포의 시작

히포크라테스는 그리스어로 '게'라는 뜻인 karkinos라고 합니다. 다른 설로는 그 종양이 주는 고통이 게의 집게가 꼬집는 것처럼 아프고 아무리 떼어내려 해도 집요하게 달라붙어 있는 것이 게의 집게 같아서라는 이야기도 있습니다.

한자인 癌(암 암)은 '疒+嵒'의 형태로 이루어져 있는데, '嵒'은 바위 암(巖)의 이체자입니다. 내 몸에 바윗돌 같은 것이 갑툭 튀해서 앓는다는 의미입니다. '疒(병질엄)'은 질병의 종류라는 의미를 부여한 것이고, 嵒은 발음요소인데 또한 의미도 부여하는 경우. 실제로 이렇게 암기하는 사람이 많습니다.

해로운 세포라고 규정된 것들이 온 신체와 장기를 망가뜨리는 병입니다. 보통 1기, 2기, 3기, 4기로 나눠서 구분하며, 생존율은 각 단계별로 크게 달라지는데, 그 중 말기라고도 하는 4기의 경우, 5%도 채 되지 못합니다. 1기부터 3기는 어디에 생겼냐에 따라서 천차만별이지만, 공통적으로 4기가 되면 생존율이 희박해집니다.

또한 암세포가 얌전히 발병 위치에만 있으면 좋겠지만, 요놈이 참 극악해서 전이(metastasis)라 하여 암세포가 다른 곳으로 옮겨붙는 증상입니다. 옮겨붙는 부위는 다양 그 자체입니다. 그중에서도 뼈 전이와 뇌 전이가 가장 치명적입니다.

다른 곳의 암은 수술이나 항암 치료로 제거가 되지만 뼈 전이에는 크게 효과가 없으며, 그나마 있던 생존율도 없애는 극악한 전이 부위입니다.

다만 팔다리 부위에 전이한 경우, 한정적으로 해당하는 뼈 위쪽 관절을 아예 절단해 버리는 식으로써 장애를 감수하고 제거할 수 있다고 합니다.

그러나 절단으로 제거가 불가능한 척추, 뼈, 같은 뼈 부위와 뇌 전이는 그것마저도 불가능합니다. 뇌로 전이가 되었다면 혈뇌장벽을 통과할 수 있는

표적 항암제나 감마나이프 등으로 치료하게 됩니다.

치사율만으로 따지면 암보다 더 높은 질환도 많이 있습니다. 예를 들어 증상이 나타난 광견병은 치사율이 100%에 근접하고, 에볼라 출혈열 역시 50~90%의 치사율을 보입니다.

그러나 이런 질병들이 있음에도 인류가 암을 가장 겁내는 이유는, 특수한 상황이나 지역이 아니라면 평생 겪을 일이 없는 전자와 달리 암은 주변에서도 제법 흔하게 볼 수 있는 질병이기 때문입니다.

그리고 언제, 어디서나, 이유조차 알 수 없는 다양한 원인으로 발생하기에 일부 암을 제외하면 예방이 불가능에 가깝기 때문입니다.

이렇듯 오늘날에는 암의 위험성이 널리 알려지고 연구 또한 매우 활발히 진행되고 있으나, 불과 50년 전만 해도 암으로 죽는 사람은 이렇게 많지 않았습니다.

1900년 기준 인류 사망 원인 1위는 독감, 2위는 결핵, 3위는 위장 내 감염증, 4위는 심장병, 5위는 뇌혈관 질환 순이었습니다. 그러나 의학의 발달로 다른 전염성 질환을 이겨내고, 인간의 수명이 늘어나고 나니 암이 부각되기 시작한 것입니다.

암의 비율과 원인

대부분의 선진국에서도 암은 전체 사망 원인의 25% 정도의 비중을 차지하고 있으며, 순환계 질환에 이어 2번째로 높은 사망 원인입니다. 다만 한국의 암 사망률은 OECD 33개 국가들 중 6번째로 낮은 단계입니다.

좀비 세포는 셀 수 없이 많이 존재합니다. 길게 말할 것도 없이, 인간의 몸에 있는 세포의 수는 약 100조 개 이상인데, 내 몸에서 배출되지 못한 찌꺼기는 결국 우리 몸을 병들게 하는 것입니다.

돌연변이가 일어나는 대표적인 원인으로는 수많은 악의 근원으로 담배 등에 포함된 발암물질, 일부 바이러스, 방사선, 세포 분열중 돌연변이 등이 있습니다.

운이 없는 경우는 아예 태어나면서부터 돌연변이가 있는 경우도 있습니다. 가족 중에 암 환자가 있었으면 그렇지 않은 사람에 비해 발병률이 높은 것도 이런 이유 때문입니다.

돌연변이가 한 번 일어났다고 암세포가 되는 것이 아니라, 여러 번의 돌연변이가 암 억제 유전자들을 고장 내고 결국 암세포로 발달하는 경우입니다.

사망자의 기준으로 보면 암 사망자의 22.8%는 흡연이 그 원인입니다. 후두암은 70.3%, 폐암은 46.5%, 방광암은 35.4%가 흡연이 원인이라고 합니다. 남성 암 사망자의 32.9%는 흡연이 원인이 되었고 그로 인해 사망하였습니다.

암의 발병 부위

　세포가 망가지는 병이라는 것은, 뒤집어 말하면 세포가 있는 곳이면 거의 다 생긴다는 뜻입니다. 그리고 사람 몸에서 세포가 없는 곳은 없습니다. 따라서 사람 몸에서 암이 발생하지 않는 곳은 거의 없다고 말할 수 있습니다.

　"거의"가 붙은 이유는, 세포에 돌연변이가 생기더라도 분열을 하지 않으면 웬만해선 문제를 일으키지 않기 때문입니다.

　인체의 세포 대부분은 휴지기 상태에 있지만, 그중에서도 심장 세포나 중추신경 세포 등은 분열을 멈춘 상태이기 때문에, 이쪽 계열 세포로 이루어진 장기가 발원지인 암은 드문 편입니다.

　신경세포의 집결지인 뇌와 근육으로 이루어진 심장 등이 대표적인 예입니다. 뇌는 소아 단계에서 빠르게 성장하고 그 뒤로는 매우 느리게 성장하기 때문에 뇌종양은 소아에게서 많이 볼 수 있고, 실제로 소아암 중 백혈병 다음으로 많은 것이 뇌종양입니다.

　심장은 통계적으로 약 10만 명당 1명꼴로 암이 발생한다고 알려져 있으며, 다른 근육이 발원지인 암도 드문 편입니다. 손발톱, 털 등 죽은 세포에는 암이 절대 발생하지 않습니다.

　반면 폐, 위, 장, 피부와 같이 외부와 접촉이 많아지거나 간과 같이 온몸의 화학 물질 관련 대사에 관여하는 장기의 세포 또는 조혈모세포나 피부세포와 같이 항상 분열이 활발한 세포 등에는 돌연변이가 발생하기 쉽고 그것이 곧 암이 발생할 수 있는 최상의 발생기라고 할 것입니다.

폐암, 위암, 간암은 암 중에서도 특히 발병률이 높고 사망자가 많은 3대 암입니다.

2017년 국립암센터는 수십 년간 한국인 남성 발생하는 암의 부동의 1위였던 위암을 밀어내고 대장암이 1위를 차지할 것으로 전망했습니다.

염분 섭취량과 헬리코박터균 감염률의 저하로 위암 발생이 줄어들고 육류 소비 증가로 대장암 발병률이 올라가게 된 것이 그 원인입니다.

암의 증상

증상은 발생 부위마다 여러 종류가 있지만, 가장 흔한 증상 중 하나는 살이 빠지고 몸이 붓는 것입니다. 이를 악액질이라 하며, 살이 빠지는 것은 암세포의 불필요한 에너지 소모가 원인이고 부종이 생기는 등의 현상은 암세포에서 분비되는 미지의 독성 때문이라는 주장입니다.

평소엔 안 그랬는데 어느 날부터 먹어도 살이 자꾸 빠지는 건 절대 좋아할 일이 아닙니다. 당신이 먹은 것들을 사용해 암세포들이 미친 듯이 증식하는데, 영양분을 사용하여 정작 당신의 몸은 망가져 가고 있다는 뜻입니다.

만약 다이어트를 하지 않는데도 자꾸 살이 빠진다면 비단 암뿐이 아니라도 병원을 가서 진단을 받아야 합니다.

적당한 이유 없이 체중이 감소한다면 어떤 병이든 있다는 것입니다. 암을 의심하며 병원에 갔는데 뜬금없이 당뇨병을 진단받을 수도 있다는 뜻입니다. 살이 빠지는 병은 한두 가지가 아니기 때문입니다.

암에 걸리면 머리카락이 갑자기 평소보다 잘 자라나기도 합니다. 다만 '암' 하면 떠오르는 탈모는 정확히는 암에 의한 증상이 아니라 항암제의 부작용에 의한 것입니다. 대략 항암제를 맞고 1~2주 후부터 머리카락이 빠지기 시작합니다.

암 치료와 함께 탈모를 방지해주는 특수한 약물을 주사기로 투여해주면 어느 정도 방지가 가능하기는 하지만, 한 번 맞는데 수백만 원이 깨지는지라 맞는 사람은 거의 없을 정도입니다.

암의 치료

암은 현 인류가 가장 두려워하는 병 중 하나입니다. 그러나 의학의 발달로 조금씩 정복되어 가고 있습니다.

암은 불치병이 아니며, 대부분의 암은 발견만 조기에 하면 70% 이상이 완치가 가능하므로, 암에 걸렸다고 시한부 인생으로 단정할 필요는 없습니다. 중요한 것은 조기 발견입니다.

조기에 암세포를 발견했을 경우, 가장 확실한 치료법은 수술을 통한 절제입니다. 암이 발원지에서만 머물러 있을 경우에는 해당 부분만 절제하면 완치될 확률이 높으니, 암의 조기 발견이 중요하다는 이유도 바로 이런 이유 때문입니다.

그러나 뇌, 폐처럼 절제하면 큰일나는 장기에 암이 생기거나 늦게 발견한 탓에 전이가 일어났으면 수술만으로는 답이 없습니다. 수술하려고 들어갔다가 손도 못 쓰고 도로 봉합했다는 건 수술을 하는 의미가 없을 정도로 상태가 심각하다는 뜻입니다.

당연하지만 이게 뜨면 무조건 말기이며, 다른 장기로 전이 되었을 확률이 높으므로 생존 가능성이 현저히 낮아지게 됩니다.

암의 예방법

주의할 점은 이것이 암에 걸리는 않는 방법이 아니라, 암에 걸릴 확률을 줄이는 방법이라는 것입니다. 사실 어떤 질병이든 100% 걸리지 않을 방법 같은 건 없습니다.

아래의 방법들은 단순히 암뿐만 아니라 다른 질병에 대한 면역력 또한 높여주고, 건강 전반에도 크게 도움이 되므로 건강한 삶을 위해서라면 알아두면 좋겠습니다.

1. 정기적으로 건강검진을 받는다.

2. 하루에 7~8시간 수면을 취한다.

3. 과도한 스트레스를 줄인다.

스트레스가 암에 영향을 주는가에는 논란이 있지만, 스트레스는 위장에 반드시 영향을 미치고 이는 위장에 부담을 늘리며 이는 암으로 연결됩니다. 일단 소화기관에 한해서는 상관이 있다고 보는 것이 좋습니다.

4. 음식을 골고루 섭취한다.

암에 걸렸거나 걸렸던 적이 있는 이들 중에선 오직 채식만 하는 경우가 많은데, 오히려 영양 불균형과 면역력 저하를 가져올 수 있습니다.

채소와 고기를 구분하지 않고 골고루 섭취하는 것이 암을 예방하는 가장 좋은 식생활입니다. 즉 우리 몸에 알맞은 식사법을 따르되 가장 중요한 것은 섭취된 영양분이 각 기능을 충실히 감당할 수 있도록 소화효소와 대사효소를 생각하면서 섭취해야 합니다.

5. 비만과 저체중을 피한다.

그러니까 적당한 체중을 가져야 합니다. 건강한 몸은 우리 몸의 각 기능이 제 일을 잘 감당할 때를 말합니다.

6. 금주해야 한다.

꼭 암이 아니라고 해도 알코올 의존증 환자들을 봐도 술을 절제하고 조심하는 것이 필요하고, 술이 선천적으로 약한 체질은 당연히 안 마시는 것이 좋습니다.

7. 금연해야 한다.

간접흡연 역시 위험합니다. 애시 당초 암 때문이 아니라도 흡연은 몸에 좋을 게 없는 행동입니다. 우리 몸에 독소와 함께 살아가는 것입니다.

8. 방사선, 중금속, 환경독소 등을 피한다.

9. 여성이라면 자궁경부암 백신을 꼭 맞는다.

초경 직후에 맞는 게 좋다고 합니다. 여성뿐만 아니라 남성도 같이 맞으면 더 좋습니다. 남성은 자궁이 없기 때문에 자궁경부암에 안 걸리겠지만, 자궁경부암의 중요한 원인 인자인 인유두종 바이러스를 남자가 여자한테 옮기는 것을 막아주는 효과가 있습니다.

사실 자궁경부암 백신은 '암' 자체의 백신이 아니라 이 바이러스에 대한 백신입니다. 암세포를 직접 잡을 수 있는 백신 따위 없습니다.

10. 운동을 꾸준히 해준다.

고온일수록 암세포는 사멸히기 쉬운데, 운동으로 일시적이나마 체내의 온도를 올려줄 수 있기 때문입니다.

실제로 의사들도 권하는 사항이고 면역세포의 활성도도 높아지고 비만도 피 할 수 있습니다. 하지만 고온이 좋다고 해서, 운동은 안 하고 사우나 가면 당연하게도 소용이 없습니다.

암 예방을 위한 8가지 식사 수칙

1. 정상 체중 유지하라

2. 매일 1시간의 중정도 활동, 혹은 30분 이상 활발한 활동하기

3. 패스트푸드와 가공 음식과 같은 지방 함량이 높은 음식을 피하고 설탕이 든 청량음료를 피하기

4. 비전분 과일과 채소를 충분히 섭취하고 콩 과류나 도정하지 않은 전 곡류를 섭취하기

5. 붉은색 고기를 일주일에 약 510g(18oz.) 이하로 제한하며 가공육 섭취 피하기.

6. 캔 맥주 기준 하루에 남성은 2캔, 여성은 1캔 이하로 마시기

7. 소금은 하루에 6g를 넘지 말 것

8. 일부 영양 보충제는 암 발생을 높일 수 있으므로, 보충제에 의존하지 말고 건강한 식단을 유지하라.

암 환자들의 주의사항

일단 암 진단이 내려질 경우, 두렵고 괴롭더라도 현실을 직시하려는 자세

가 가장 중요합니다.

이미 위험한 상태라면 본인도 사람인 이상 언젠가 죽을 수 있다는 사실을 인정하고, 만일의 경우에 대비해 유서 등의 주변 정리를 해두는 것만으로도 정신적으로 훨씬 안정감을 느낄 수 있습니다.

죽음과 관련된 이야기를 지나치게 두려워하고 꺼리는 경우 환자에게 피해만 갈 뿐입니다. 환자는 자신의 질병에 대해 알 권리가 있습니다.

가끔 암 판정을 받고 극도의 절망감, 두려움으로 인한 스트레스로 술, 담배에 중독되는 경우도 있는데, 당연히 최악의 행동입니다. 암의 대표적인 원인 중 두 가지가 바로 술과 담배입니다.

의사의 말을 듣지 않고 민간요법에만 의존하는 자세도 좋지 않습니다. 암 환자의 절박한 심정을 악용하여 돈을 벌기 위해 근거 없는 민간요법을 하도록 하는 사람도 있습니다.

스티브 잡스도 이랬다가 치료시기를 놓쳐서 사망하였습니다. 스티브 잡스는 이미 2003년 10월에서 췌장암 판정을 받았으나, 이듬해 3개월까지 수술을 거부하고 정신 수행, 식이요법과 침술 등으로 암을 치료하려고 하였습니다.

또한 잡스는 몸에 칼을 대는 것에 강한 거부감을 보였으며, 부인이 설득하고 난 뒤에야 겨우 수술을 받아들였습니다. 수술을 받아들인 뒤에도 자신의 병에 대해 치밀하게 공부한 뒤 치료법까지 지시하는 등 전문가처럼 행동했다고 합니다.

그러나 처음 발견 당시에 췌장의 5%만 퍼져 있었던 암이 9개월 뒤에는 아예 췌장 전체로 퍼져 나갔고, 수술을 한 뒤에도 전이가 지속되어 결국은 사망하였습니다.

암세포에 대하여 우리는 어떤 자세를 가져야 하는가?

지금까지 정상 세포에서 암세포로 발전하는 모습을 보았습니다. 정상 세포가 암세포로 발하는 것은 쓰레기 세포가 죽지 않고 우리 몸에 남아 있어서 좀비 세포가 됨으로 발생하는 것입니다.

그러면 죽어서 배출되어야 할 세포가 쓰레기 세포로 우리 몸에 남아있는 원인은 무엇입니까?

바로 그 첫째가 대사 효소가 부족하기 때문입니다. 대사 효소의 부족으로 대사 작용이 이루어지지 않기 때문입니다. 즉 쓰레기를 배출해야 하는데 쓰레기를 배출하지 못하는데 그 원인이 있습니다.

우리 몸은 잘 먹고 또 그 먹은 것의 쓰레기를 잘 배출해야 합니다. 그런데 그 쓰레기를 우리 몸에 쌓아 놓는다면 우리의 몸은 쓰레기통이 될 것이고, 그 쓰레기통에 있는 쓰레기 음식물은 부패하여 병균이 발생하고 결국 암세포를 만드는 것입니다.

그래서 잘 먹고 잘 싸는 것은 건강의 기본입니다.

그래서 우리의 몸을 청소하는 보링 작업이 필요한 것이며, 그 보링 작업은 대사효소를 증가시키는 것이 최선의 방책입니다.

두 번째는 절제하는 것입니다. 우리의 몸은 신의 창조물입니다. 신의 귀한 손길로 만들어진 신의 작품입니다. 그런데 우리는 자신의 몸을 자기 것으로 생각하여 학대를 하고 있습니다.

술로 목욕하고, 담배의 연기로 샤워를 합니다. 질 나쁜 음식을 입맛으로 먹으면, 결국 변기통이 막히게 됩니다.

더 나아가서 하수구까지 막힘으로 그 집은 삶을 영위할 수 없는 집으로 만들어 버립니다. 그래서 몸의 인테리어 의사는 그 집에 대하여 대공사를 하게 되는 것입니다.

술과 담배, 과식과 탐욕은 우리의 몸과 정신을 병들게 만드는 원인입니다. 더 니아기서 **순간**의 쾌락을 위하여 아편끼지 더불어 한다면 **우리**는 내일을 준비해야 할 것입니다.

건강 8 계명

감사하는 마음,
낙천적인 마음을 갖자

모든 일에서 감사하라.
이것이 그리스도 예수님 안에서 너희에 대한 하나님의 뜻이니라
살전5:18

성선설과 성악설 그리고 백지설

사람은 탄생하면서 어떤 성품을 가지고 있는가에 대한 질문은 인류사에서 계속되어 왔습니다.

이에 대한 학설은 성선설과 성악설 그리고 백지설이 있습니다. 성선설은 착한 마음으로 탄생하였지만 사회와 공동체가 악한 존재로 만들었다는 것입니다.

성악설은 탄생할 때부터 악한 존재였지만 사회와 공동체의 삶에서 교육과 훈련 그리고 종교적인 신앙에 의하여 선한 자로 바꾸어 간다는 것입니다.

그리고 백지설은 인류가 탄생할 때는 선과 악이 존재하지 않는 상태였는데 사회와 공동체에 의하여 어떤 이는 선인으로 또 어떤 이는 악인으로 변화하게 된다는 이론입니다.

기독교는 원죄설을 믿고 있기에 성악설에 가깝다고 할 것입니다. 인간이 가진 본능 중에는 불순종으로 가는 반항심이 내재되어 있다고 합니다. 높아지려는 마음은 여자가 하나님과 같은 존재가 되고자 하는 욕망이 결국 선악과를 먹게 되었습니다.

모든 것이 풍족한 환경에서 하나님처럼 되고자 하는 욕망은 어머니가 가지는 품성입니다. 즉 자녀를 생산하는 것입니다. 당시 에덴의 동산의 처음 사람에게는 단 두 사람이 존재하였습니다. 아담과 하와도 모두 여호와 아버지에 의하여 탄생되어진 존재입니다.

아담과 하와는 성적인 교감에 대하여 아직은 무지한 상태였을 것입니다. 범죄 한 이후에 여호와는 아담과 하와가 서로 사랑의 교감을 느끼게 하여 주었고 그로 말미암아 자녀를 탄생하게 됩니다.

우리는 여기서 여자의 환성을 듣게 됩니다. 사람을 탄생시키는 일은 오직 하나님만이 할 수 있는 사건인데, 이것을 자신이 해냈다는 것은 여자의 위치가 하나님과 같은 반열에 있는 것처럼 여겼을 것입니다.

인류의 불안한 정서

인류의 변화는 노아의 대홍수 사건 이후로 전개됩니다. 대홍수 사건은 인류의 심정에 커다란 변화를 가져옵니다.

가장 먼저 죄책감입니다.

지구의 대홍수 사건은 인류사에 있어서 죄악이 세상에 가득하고 그들의 마음에 생각하는 것과 계획하는 모든 것들이 항상 악할 뿐입니다. 이로 말미암아 대홍수가 일어났고 8명의 가족을 제외하고 최소한으로 추정한다고 하여도 5천억 명이 넘는 인류는 홍수로 말미암아 수장되어 죽음을 당하였습니다.

대홍수의 설화는 지금도 세계 각처 곳곳에서 구전되어 내려오고 있습니다.

이는 이러한 대홍수로 말미암아 인류 전체가 죽음을 몰아가는 사실이 인류의 심성에서 작용하여 사람들의 의식 속에 남아있게 됩니다.

나의 죄악으로 말미암아 홍수의 대 심판이 진행되었다는 죄책감으로 자리 잡고 있습니다. 즉 나의 잘못으로 말미암아 내가 죽고 내 가족이 고생한다는 의식이 내 안에 존재하는 것을 '죄책감'이라고 할 것입니다.

혹시 자신의 범죄로 말미암아 자신과 가족과 공동체에 불이익이 오고 심판의 다가와서 죽음으로 이어지는 지에 대한 불안감이 엄습하게 됩니다.

이것이 지금도 인류의 심성에 자리 잡고 있는 죄책감입니다.

두 번째는 죽음에 대한 두려움입니다.

대홍수 이전의 인류는 900세가 넘는 생애의 삶을 살았습니다. 그런데 대홍수 이후부터는 인류의 생명은 장수하면 120세를 살았습니다.

대홍수와 같은 사건이 다시 발생하여 제 수명을 다하지 못하여 죽음을 맞이할 수 있다는 두려움이 발생합니다. 먹이를 놓고 동족과 동족이 전쟁을 해야 하는 상황이 되었습니다.

만 60세가 되면 새로운 인생을 산다고 하여 회갑 잔치를 했던 기억이 최근까지도 있었습니다. 이제 의학의 발전과 풍성한 영양 보충으로 120세 가까이 살아갈 수 있게 되었습니다.

풍족한 연수의 삶, 영원한 생명의 인생을 살고도 부족함을 느끼는 인생이 언제 죽을지 모르면서 살아야 하고 또 100세를 넘기지 못하여 죽어야 한다는 두려움입니다.

세 번째는 부정적인 감정입니다.

적어도 대홍수 이전에는 삶의 환경이 풍족하였습니다. 그런데 대홍수 이후에는 산과 산맥이 생기고 큰 강과 작은 강들이 생겼습니다.

그리고 곳곳에서 화산이 폭발하고 맹수와 싸움을 해야만 하였습니다. 지치고 피곤한 삶은 인생에 대한 회의를 느끼게 하고, 삶을 포기하고 싶은 욕망도 솟아나곤 하는 것입니다.

인류는 서로 경쟁해야 했으며 더 소유하기 위하여 미워하고 경계하였습니다. 부정해야 하는 세상의 싸움터에서 생존해야 하는 내 자신의 아픔을 간직하는 것이 싫어지는 부정적인 감정입니다.

지금도 인생에 대한 낙심과 생계에 지쳐서 삶을 마감하는 사람들이 있습니다. 이는 인간이 마음속에 자리 잡고 있는 부정적인 감정에 마귀의 역사가 더하여져서 비참한 결과를 낳고 있습니다.

지금도 인류사를 통해서 살펴보면 모든 사람들에게 죄책감, 죽음에 대한 두려움, 부정적인 감정은 남의 이야기가 아닙니다.

생존경쟁의 싸움터에서 자신에게 다가오는 현실은 마귀의 유혹과 함께 마음과 몸을 병들게 하고 우리의 정신세계까지 병들게 하고 있습니다.

여기서 우리는 구원받아야 하고 또 해방되어야 합니다. 그러기 위해서 우리는 건강한 몸과 건강한 정신으로 이를 승리할 수 있는 믿음이 자세를 가져야 합니다. 그 기점은 바로 우리를 거듭나게 하는 생명되시는 예수 그리스도에게 있습니다.

그래서 예수 그리스도는 치료자이시며 구원자가 되십니다. 모든 죄책감에서 해방시키시고 영원한 인생의 삶을 보장해 주십니다. 풍성함으로 채워서 넉넉한 초장으로 이끄시는 선한 목자가 되시는 분을 신뢰함으로 우리는 진정한 해방을 맛볼 수 있습니다.

허준의 '장청 뇌청'

우리나라의 귀한 보배로운 인물인 허준이 기록한 동의보감에 '장청뇌청'이란 말이 있습니다. **'장이 맑으면 정신도 맑아진다'**는 뜻입니다. 장의 건강은 인체의 소화력, 면역력과 연결되어 건강과 직결되면서 정신건강과 관련이 깊다고 할 수 있습니다.

'장청 뇌청'의 진정한 의미는 아무리 신체가 건강하다고 하여도 정신이 건강하지 않으면 장수의 의미가 없다는 말입니다.

인체의 장은 한의학에서는 '제2의 뇌'라고 불릴 정도로 중요한데 최근에는 과학적으로도 장과 뇌의 연결고리가 밝혀지고 있습니다.

장과 뇌의 연결축이라는 개념이 그것인데, 장내 미생물의 밸런스가 잘못되면 행동 장애와 자폐증, 우울증, 치매 등이 발생한다는 연구의 결과가 발표되고 있습니다.

중추신경계는 장과 뇌를 연결하는 곳으로 신경세포의 통로입니다. 미생물 대사물질이나 식품 속에 든 미네랄, 면역에 관계되는 장내 세포인 EC세포, 세로토닌 자극물질 등이 중추신경을 타고 뇌에 바로 작용하는 것입니다.

감사하는 마음은 사랑하는 것이다

자신의 몸을 사랑하는 사람은 또한 자신의 몸에 대하여 감사하고, 그러한 결과로 자신의 몸을 잘 관리하게 됩니다.

당신은 자신을 사랑하고 있습니까? 이를 확인하는 것은 간단합니다. 자신의 몸을 잘 관리하고, 잘 관리된 몸에 대하여 감사하고 있다면 당신은 자신을 사랑하는 사람입니다.

우리가 감사하는 사람이 되려면 깨어있고 더 높은 차원의 인생관을 가져야 합니다. 성경에는 '범사에 감사하라' (살전5:18)고 말한다. 「범사에」라는 단어는 '어떤 상황이든지'라는 뜻을 함축하고 있습니다.

성공하든지, 실패하든지, 자신의 인생에 어떤 극한 상황이 다가온다고 할지라도 자신의 인생과 삶에 대하여 감사하는 낙천적인 인생관을 가졌다면 그 사람은 거듭난 사람이라고 단호히 말할 수 있습니다.

가장 먼저 자신에 대하여 감사하라.
자신의 가정과 친족들과 모든 자녀들에 대하여 감사하라.
이웃에 대하여 감사하라.
국가에 대하여 감사하고,
인류에 대하여 감사하라.
이는 건강하므로 장수하는 삶을 살아갈 수 있는 근원이 됩니다.

더 나아가서 사랑하라. 늦게 들어오는 남편이 있을지라도, 그 남편에 대하여 사랑하라. 새벽 2시에 들어온다고 할지라도 수고했다고 그리고 사랑한다고 말할 수 있다면 그는 남편에 대하여 진정으로 감사할 수 있는 사람입니다.

그러면 그 남편은 당신의 노예가 될 것입니다. 그렇지 않는 사람도 있을 것입니다. 단정 짖는 것은 어리석은 일이겠지요.

감사하는 마음은 장내의 미생물 조성에 긍정적인 영향을 미쳐서 우리 몸의 건강에 지대한 작용을 합니다.

만약 우리의 마음에 화가 치밀어 오른다면 머리, 목덜미, 얼굴이 화끈거리고 손발은 싸늘하게 저 체온 현상이 일어나면서 전신이 부들부들 떨리는 현상이 나타나게 됩니다.

이런 상태가 수없이 우리의 몸에서 일어난다면 몸은 병으로 가득하게 되고, 모든 장기는 불균형을 이루어 제 기능을 발휘하지 못합니다.

장은 뇌와 연결되어 있는데 감사, 공감과 같은 긍정적인 감정은 좌뇌의 전전두엽 피질을 활성화시켜서 엔도르핀 분비를 자극합니다.

엔도르핀은 우리의 몸을 만들어 내는 천연 진통제입니다. 스트레스, 분노, 울화, 자괴, 후회와 같은 부정적인 감정과 생각을 다스리고 행복으로 인도하는 마성이 호르몬이 엔도르핀입니다.

공포영화를 볼 때의 공포는 엔도르핀의 자극에 의하여 시원한 기분이 들게 하는 것입니다.

감사하는 마음으로 습관이 되어있는 사람은 그 뇌가 감사형으로 전환이 됩니다. 감사하는 습관이 뇌를 결정하고 뇌는 언어를 결정하며, 언어는 행동을 유발합니다. 그리고 그 행동은 운명을 바꾸어 버릴 것입니다.

수승화강

자연의 이치는 근본적으로 뜨거운 것은 위로 올라가고, 차가운 것은 아래로 내려오는 것이 기본입니다. 불은 하늘을 향해서 타오르고 폭포는 아래를 향하여 떨어지는 것이 원리입니다.

그런데 사람의 몸에서는 "머리는 차갑게, 아랫배는 따뜻하게"해야 한다고 말합니다. 그래서 사람의 인체에 대하여 말하면 『수승화강』의 이치를 오장육부에 적용하면 물은 위로 올라가고 열은 아래로 내려가야 한다는 것을 말하고 있습니다.

만약 사람의 마음이 공포감과 분노로 감정을 지배하게 되면 사람의 인체 조화를 깨져버림으로 머리에는 열이 오르고 장은 차가워지게 됩니다.

만일 머리에 열이 오르면 두통, 화병, 가슴 두근거림, 건망증, 어지러움증, 어깨 결림, 얼굴 작열감, 안구 건조증, 입술 건조증, 이명, 안구 충혈 등의 증상이 나타나게 됩니다.

반면에 배꼽 아래의 하부가 차갑게 되었을 때는 생리통, 냉증, 복통, 소화불량, 식욕부진, 설사, 변비, 수족 냉증이라는 병들을 발생합니다.

여기서 더 나아간다면 신경쇠약이나 갱년기장애, 고혈압, 만성질환 등이 우리의 몸을 괴롭히게 됩니다.

이때 감사하는 마음이 우리의 몸을 지배하게 되면 긍정 에너지가 늘어나면서 아랫배에 따뜻한 기운이 모이게 됩니다. 배가 따뜻하면 장이 따듯하고, 장이 따뜻하면 유익균이 숫자가 늘어나면서 장내 세균총이 늘어납니다. 그래서 우리의 몸은 건강하고 행복한 마당이 되는 것입니다.

스트레스

스트레스는 심적인 고통입니다. 더 나아가서 스트레스는 마음속에 있는 독입니다.

정신적으로 또 신체적 자극을 일으키는 심리적, 신체적 반응으로서의 적응을 뜻합니다. 심리학 또는 생물학에서는 스트레스 요인에 대해 경계하고 대항하려는 심신의 변화 과정을 의미합니다.

이런 반응은 일반적으로 외부에서 위협당하거나 도전받을 때 신체를 보호

하고자 일어나는 현상입니다.

　용어로 설명을 한다면 외부에서 압력 받으면 긴장, 흥분, 각성, 불안 같은 생리 반응이 일어나는데 이런 외부 압력을 '스트레스 요인'이라고 칭하고, 여기서 벗어나 원상 복귀하려는 반작용을 '스트레스'라고 칭합니다.

　엄밀한 의미에서 외부 압력인 스트레스 요인은 그 반작용인 스트레스와 뚜렷이 구별하여야 합니다.

　우리의 몸은 체내에는 자극에 대응하고자 스스로 변화하게 하는 작용이 있고, 그 변화는 자극 내용 여하를 불문하고 일정합니다.

　스트레스 적응이란 스트레스 원인에서 신체를 대처하게 하거나 적응하게 한다는 의미이며, 스트레스 증후란 스트레스 결과에 의거해서 어떤 반응이 일어난다는 의미입니다.

　스트레스를 경험하면 인체는 생리상 원상 복귀하고자 스트레스에 정면으로 투쟁하거나 스트레스에서 도망치려고 합니다. 재언하면, 스트레스는 스트레스 요인에 대처해 평온한 상태를 유지하려는 생리상 반응, 즉 '싸움 - 도주 반응'하는 과정입니다.

　즉 스트레스 요인은 우리의 몸에 싸움을 걸어오는 것이라면 스트레스는 그 싸움에 대한 방어 또는 도주라고 말할 수 있습니다.

　과도한 스트레스 조건에서는 주어진 문제를 해결하려는 동기 수준이 지나치게 높아서 주어진 문제를 관심하는 범위가 극도로 축소되어 몇 가지 제한

된 문제 해결 단서에만 집착합니다.

예컨대 운동선수는 정신상 과도한 스트레스 상황에 처해 중요한 경기에서 자신의 기록에 못 미치는 결과를 나타냅니다.

스트레스가 과도하면 불안을 일으키고 이런 불안은 신체가 떨리는 소위 생리상 불순의 자동 반응을 일으켜 문제 해결을 간접으로 방해하는 역할을 합니다.

즉, 문제를 해결하기보다는 불안을 없애고자 하는 동기에만 집착합니다. 그리고 중대사나 매우 위험한 상태에 처해 있을 때 말을 더듬고 손발이 떨리는 뜻한, 감정상·방어상의 대처 행동에 더 많이 관심을 가지게 됩니다.

과도한 스트레스는 유해한 자극에 대해 부신비대, 흉선위축, 위궤양 등의 똑같은 반응이 일어나는 것을 관찰할 수 있습니다.

위험이나 위협과 같은 스트레스에 신체는 반응함으로써 에피네프린이란 단백질이나 지방성인 글루코코르티코이드 호르몬을 분비하여 글루코코르티코이드 수용체를 통해 세포 내 포도당의 생성에 관여하는 것으로 알려져 있습니다.

따라서 지속적이고 만성적인 스트레스에의 노출은 지방산 축적이나 인슐린 저항성에 부수적인 데미지 영향을 줄 수 있는 것입니다.

'아, 열 받아', '홧병'

모든 사람들이 어떤 스트레스를 받으면 수시로 말하는 언어가 있습니다. '아, 열 받아'입니다. 한마디로 열이 머리에까지 치밀어 올랐다는 것입니다.

우리는 어떤 상대방이 어려움에 처하였을 때 '똥줄 탄다'라고 표현합니다. 혹은 '애간장이 탄다'라고 말합니다. 이 말의 뜻은 간과 장이 불을 일으킨다는 말로서 그만큼 스트레스가 극심하다는 뜻입니다.

"개도 밥 먹을 때는 안 건드린다"는 속담이 있습니다. 다시 말하면 개도 밥 먹을 때 스트레스를 받는 것이니, 내가 어떤 일을 할 때 건드리지 말라는 뜻입니다.

병원의 내과 입원환자들의 통계에 의하면 70%가 스트레스와 연관되어 있다는 연구 결과가 있듯이 스트레스는 우리의 몸에 상당한 영향이 미치는 악원입니다.

학계의 보고에 의하면 우리 몸의 면역력은 60%가 장에서 만들어진다고 합니다. 그런데 우리의 몸에 스트레스를 가하면 자율신경계의 습관적인 교란으로 인하여 과민성 대장 증상으로 발전하게 됩니다.

복통, 복부 팽만감, 설사 등의 문제가 일어나면 과민성 대장증상을 의심해야 합니다. 이 문제는 단순히 병의 문제가 아니라 우리 몸의 순환계의 문제로 이어지고 결국은 우리 몸의 혈액에 까지 타격을 입게 됩니다.

우리는 종종 어떤 일이 잘되지 않을 때 "피가 마른다"는 말을 합니다. 이는 몸에서 혈액이 없어질 정도의 스트레스 속에 있다는 말입니다. 그만큼 몸이 병들어가고 있다는 사실을 고백하는 말입니다.

혈액은 약 알카리성을 띠고 있어야 정상입니다. 그러나 장으로부터 영양 공급을 받지 못하면 혈액은 산성화가 됩니다.

우리 몸의 혈액은 즉시 PH 농도 조절을 위해 몸의 시스템을 작동하게 되는데, 신체의 다른 부분에서 알카리성인 칼슘을 가져다가 혈액을 알카리성으로 바꾸려고 합니다.

그러면 칼슘이 가장 많은 곳이 어디입니까? 당연히 뼈입니다. 혈액에 칼슘을 빼앗긴 뼈는 골다공증에 걸립니다. 우리나라 여성들에게 골다공증이 많은 것도 스트레스로 인해서 뼈가 약화된 요인 중에 큰 이유입니다. 우리는 그 이유를 '화병'이라는 진단을 내리고 있습니다.

이제는 염려와 걱정을 버려요

우리의 몸이 중요하듯이 우리의 마음가짐도 이에 못지않게 중요합니다. 염려와 걱정이 가장 많은 국가의 국민이 있다면 아마도 한국인입니다.

『너희 중에 누가 염려함으로 그 키를 한 자라도 더할 수 있겠느냐』 (마태복음 6:27)

염려한다고 그 염려하는 것이 해결되지 않는다는 하나님의 말씀입니다. 좀 더 낙천적인 생각을 가진다면 우리는 넉넉한 삶의 여유를 가질 수 있습니다. 그런데 욕심이라는 것이 나를 지배하고 있으니 이를 어찌해야 합니까?

걱정과 근심을 하면 '그렐린'이 적게 나온다고 합니다. 위장은 100조 개의 정상 균이 있어 서로 작용하여 음식의 영양분을 흡수하고, 효소 내보는데 이게 마음과 연관되어 있습니다.

연동운동도 열 번째 뇌신경이 하는데, 걱정을 하게 되면 이것이 작동을 하지 않는다는 이론입니다.

뇌의 멜라토닌 호르몬이 안 나오면 불면증에 시달리게 됩니다. 그런데 수면제 먹으면 모든 수면제는 위장 장애를 발생하게 되고 그러니 배고픈 줄도 모릅니다.

근심 걱정하면 입맛이 떨어지고, 입맛이 떨어지면 식사를 못하게 됩니다. 음식 섭취가 안되니 빈혈이 발생하고, 빈혈 생기면 항암제가 그 효능을 상실하게 됩니다.

암은 완전히 치료할 수 없습니다. 우리의 몸에 있는 암세포를 잘 관리하는 마음이 중요합니다. 의사들은 연구하면 할수록 암은 치료할 수 없게 되어 있음을 알게 된다고 말합니다.

암이 계속 자라는 동안 그 안의 유전인자도 계속하여 변한다고 합니다. 하나의 암 유전인자가 계속해서 다양한 형태로 변하는 것입니다.

암 유전자는 보통 백 개 이상 있는데 이게 변형되니 치료는 더욱 어렵다고 의사들은 말합니다. 약을 쓰게 되면 이 암세포는 변화무쌍하게 변화합니다.

불안한 마음에 더욱 매달리면서 애착을 가지면 암이란 병은 더욱 악화되지만 이제 모든 것을 포기하고 산 속으로 들어가서 초연하게 마음을 내려놓고 마지막을 기도하는 순간 암이라는 병도 도망가게 됩니다.

그러므로 마음이 '악'하게 되면 암이란 질병을 완전히 고치는 것은 거의 불가능하다는 이야기입니다. 암뿐만 아니라 고혈압, 당뇨 등 만성병이 다 그렇습니다.

그러므로 우리의 몸을 잘 관리하는 것이 건강의 비결이며, 하나님이 허락하신 수명대로 살 수 있는 길입니다. 병으로부터는 멀리 떨어진 삶을 살 수 있는 비법입니다.

스트레스 해소방법으로 운동은 중요합니다. 그러나 최소한 하루 30분에서 1시간 정도로 약간 땀날 정도가 좋습니다. 그러나 만사가 그렇듯이 무엇이든지 지나치면 문제가 됩니다.

운동을 많이 하는 동물일수록 빨리 죽는다는 통계가 있습니다. 예를 들면 사자나 호랑이 등입니다. 천천히 움직이는 거북이는 2백 년 이상을 살고 있습니다.

머리에서 마음으로 오는 상처

머리에서 마음으로 오는 상처를 우리는 정신위생질환이라고 합니다. 이는 마음에서 끝나지 않고 육체에까지 영향을 주어 아픔과 고통을 동반하고 있습니다.

이들은 대부분 뛰어난 머리를 가지신 분들이나 극한 통제를 받는 상황에서 발생합니다. 즉 한 곳으로 치우친 집중력이 통합적인 상황에 대처하는 능력의 결핍으로 보고 있습니다.

인류의 보편성은 사랑, 감사, 화평, 존재감 등으로 자신을 내면화해야 하는데, 이러한 욕구가 충족되지 못함으로 나타나는 〈심적인 충돌〉이라고 말할 수 있습니다.

이러한 내용의 종류들은 너무나 많습니다. 하나님의 형상으로 탄생 된 고귀한 존재가 행복한 삶을 살아가지 못한다는 것은 아픔입니다. 저자는 그 원인을 '막힘'이라고 말하고 싶습니다. 태교에서부터 시작하여 가정환경의 막힘은 소통의 부재를 가져오고 과도한 통제와 목표의식은 '막혀버린 인생'으로 인도받게 됩니다.

국가나 사회, 그리고 가정의 과도한 목표를 성취하기 위한 사상이나 투쟁, 그리고 집념은 결국 사랑과 감사를 파괴하고 개인적인 마음의 평화를 깨뜨려서 실패한 존재감으로 남았을 때 나타나는 증상이라고 할 것입니다.

그러므로 두뇌의 막힘을 해소해야 합니다. 마음의 막힘과 육체의 막힘을 뚫고 소통하는 환경이 우리의 몸과 마음 그리고 두뇌에서 성취될 때 머리에서 마음으로 오는 아픔은 사라질 것입니다.

암에 대한 상식과 예방 방법

미국 큰 병원에선 갈수록 암 수술을 하지 않으려고 합니다. 암 등 모든 만성병은 전신병이기 때문입니다.

다시 말하면 암세포는 우리 몸 전체에 존재한다는 이론입니다. 이건 초기, 말기 이런 것에 의미 없습니다. 1cm 종양 크기에 암세포가 1조 개가 있습니다. 진단 당시 벌써 전신을 돌아다닙니다.

유방암의 세포는 유방이 집입니다. 빙빙 온 몸을 돌아다니다가 거기서 잠만 자고 있는 것입니다. 폐암의 세포는 폐에서 잠을 자고 있습니다. 과거엔 그걸 몰라 유방만 자르면 낫는 줄 알았습니다.

돌아다니는 암세포가 집을 또 지어야 하니 우리 몸의 전신에 집을 짓는 것입니다. 암 세포가 아무리 작더라도……

암의 유전자를 분석하면 악질적인 세포라는 것을 알 수 있습니다. 이것을 수술보다 약물치료 등으로 약화시켜 남아 있는 일부만 덩어리를 끄집어내는 방향으로 미국에서는 수술을 하고 있다고 합니다.

암 수술하면 집을 잃어버린 암세포는 더 악질의 암세포로 변화가 됩니다. 뼈 등에 들어가면 약이 효과가 없습니다. 작고 순한 암은 수술할 수 있습니다. 하지만 이에 대한 후속 조치가 필요합니다.

즉 장내 미생물을 활성화시켜서 우리 몸의 전 기관이 원활한 소통이 이루어지도록 해야 합니다. 그래서 우리는 효소를 섭식하므로 장내 미생물을 활성화시켜서 원활한 대사활동이 일어나도록 해야 합니다.

암 예방을 위하여 삶의 생활을 변화해 보자

(이는 모 박사님의 개인적인 의견이다)

1. 동물성 기름과 흰쌀밥을 절제하자

2. 40대 이후엔 적은 양의 음식을 섭취하자

3. 끊임없이 일하자

4. 죽음을 두려워 말고 주어진 인생의 행복을 알자

5. 가족력이 있는 사람은 해당되는 암에 대하여 공부를 하자
   (유전과 모든 병이 연관성과 조기 예방 진단을 해야 한다.
   조기엔 약이 잘 듣는다. 한번 재발되고 나면 약이 안 듣는다.)

6. 적당한 운동을 하자 (30분의 가벼운 운동을 하자)
   가볍게 많이 걷는 것이 최고이다 (1일 만 보)

7. 음악 등 취미 활동을 하고 또는 종교 생활도 도움이 된다.
   음악 치료는 자기가 좋아하는 음악으로 하는 것이 좋다.
   모차르트 음악은 좋은 것으로 정평이 나 있다.

8. 물을 많이 마시자.
(항암제 독성 물질은 물과 함께 신장으로 배출된다)

9. 좋은 친구를 만들어라.
10. 웃음, 긍정적 마음, 감사하는 마음이 가장 저렴한 특효약이다.

현대인들에게 있어서 모든 병은 계속하여 증가하게 되어 있습니다. 우리가 알 수 없는 병들이 이제 수없이 나타날 것입니다. 이제 우리의 환경에 침입하고 있는 병은 막을 수가 없습니다. 이때 우리는 어떤 삶의 자세를 가져야 할까요?

우리의 겉모습을 청년의 모습으로 바꿀 수는 없습니다. 그러나 우리 몸의 오장육부와 모든 신체의 기능은 얼마든지 변화할 수 있습니다. 자동차의 엔진을 완전히 보링하여 새로운 차로 만드는 것처럼 우리의 몸도 보링이 필요합니다.

그 방법은 우리 몸의 장에 장내 미생물을 활성화시킵니다. 그러면 장애 미생물을 민드는 깃은 무엇입니까? 비로 효소입니다.

젊은 사람들은 장내 미생물이 다량 소유하고 있지만 40세가 넘어서면서 장내 미생물은 고갈이 되어갑니다. 그러면 우리는 별도로 효소를 섭식해야만 합니다.

우리가 섭식한 효소가 100%의 기능을 가지려 한다면 어떻게 해야 하는지요? 마음이 평안하고, 긍정적인 마음가짐을 가지고, 즐겁게. 일부러라도 기쁨의 삶을 살아갈 때 효소는 가장 활성화되고 최고의 일꾼으로 일하게 함으로서 우리의 몸을 건강하게 만드는 비결 중에 하나입니다.

　음악과 코메디언 쇼을 보고 마음을 오픈하여 웃을 수 있어야 합니다. 친구도 즐거운 사람을 만나도록 해야 합니다. 그리고 나를 즐겁게 할 수 있는 것들을 찾아야 합니다.

　웃음이 우리의 몸을 치료하는 기능이 있어서 〈웃음 치료〉라는 용어가 탄생하였습니다. 박수를 치면서 깔깔거리면서 온 몸으로 웃을 수 있는 사람은 치료되고 회복하고 있다는 증거입니다.

　결론을 내리면 우리의 몸의 기능을 잘 윤활하도록 윤활유를 투입하고 그 윤활유가 잘 활성화 할 수 있도록 감사하는 마음이 '나를 건강한 나'로 살아가도록 할 것입니다.

건강 9 계명

몸을 따뜻하게 하자

그녀가 왕 앞에 서며
왕을 보살피고 왕의 품에 누워 내 주 왕이 온기를 얻게 하리이다.
왕상1:2

장내 미생물은 병균 침입을 차단하는 검색요원이다

장수 5계명에서 운동을 통해서 우리의 몸을 따뜻하게 할 수 있다는 것을 알고 있습니다. 운동이 주는 유익은 많은 부분이 있지만, 그중에서도 우리의 몸을 따뜻하게 해 줍니다. 그렇다고 우리는 24시간 운동만 하면서 살 수는 없습니다.

우리의 몸에서 면역력을 깨우는 장기가 있다면 소장의 말단 부분에서 대장의 전 구역에서 일어납니다. 이곳은 면역력의 70%를 담당하는 것으로 알려져 있습니다.

이곳은 입으로 들어온 세균들을 일일이 검사하여 처리합니다. 우리가 외국으로 출국할 때 보안 검색대를 통과해야만 비행기를 탑승 할 수 있는 것과 같이, 장은 모든 세균을 막아내는 검색대의 역할을 하고 있습니다.

장내 미생물은 최전선에서 일하는 검색요원입니다. 원만한 곰팡이, 바이러스, 병원균과 같은 것들을 소장에서 대장으로 내려가는 사이에 모두 걸러내는 것입니다.

그러므로 바이러스가 침입한다고 하여 모든 사람이 감기나 독감에 걸리는 것이 아닌 이유는 바로 이런 장내 미생물이 우리 몸의 장애에서 검색대의 역할을 하기 때문입니다.

가장 먼저 입으로 들어오는 병균을 마스크를 통해서 막아내는 감염 예방 수칙을 지킨다면 대부분 자신의 면역력으로 방어를 할 수 있는 것입니다.

장내 미생물은 따뜻한 체온에서 활성화된다

 장내에 있는 세균총이 순조롭게 작동하려면 일상 속에서 몸을 따뜻하게 하고 따뜻한 물을 많이 마셔야 합니다. 바이러스는 기후가 따뜻하고 습한 곳에서는 활동성이 둔화되는 경향이 있습니다. 마찬가지로 우리 몸의 체내도 마찬가지입니다.

 체온은 우리 몸의 위치와 시간에 따른 신체 내부의 온도를 말합니다. 어떤 상황 아래서, 어떤 곳이든지 측정해서 얻은 온도를 통해서는, 정상 혹은 건강한 체온을 나타내는 단 하나의 온도는 있을 수 없습니다.

 몸의 여러 부분은 전부 다른 온도를 가지고 있습니다. 일상적으로 평균 신체 온도라 여겨지는 것은 섭씨 37.0°입니다(화씨98.6°). 보통 입안의 체온을 측정했을 때 관찰되는 온도는 섭씨 36.8°(화씨98.2°)입니다.

높고 낮은 체온의 위험성

 몸 안의 효소는 활동조건이 민감하기 때문에 40° 근처만 올라가도 효율이 극도로 떨어지거나 세포가 사망해서 신체 활동을 제대로 유지할 수 없습니다.

 38°만 올라도 열이 불덩이 같다는 말이 나오는데, 40°를 넘게 되면 생명을 위협할 수준이 됩니다. 즉 체온이 40°가 넘어가면 열에 가장 민감한 뇌세포가 파괴되기 시작합니다.

공포의 바이러스라 불리는 에볼라 바이러스의 증세도 40°가 넘는 고열을 수반해서 치사율이 높다고 합니다. 질병에 따라서는 44°까지는 생존할 수도 있다고는 합니다.

평상시 최대 +42℃가 상한선입니다. 이 이상의 경우 특정 작업에 의해 온도가 튈 경우 +45℃에 도달, 단백질 변형이 일어나 손상됩니다. 이런 식으로 크게 열병을 앓고 나면 귀나 눈이 멀어버리는 경우까지 있습니다. 헬렌 켈러가 그런 경우였습니다.

화가 김기창의 경우 장티푸스에 걸려 고열에 시달리다 외할머니가 해 준 인삼을 먹고 더 열이 올라 귀가 멀게 되었습니다.

원래 삼은 열에 안 좋은 약재입니다. 그래서 체질적으로 몸이 뜨거운 사람 또는 열이 나는 병에 걸린 사람에게는 인삼은 피해야 하는 약재입니다. 그러나 불행히도 김기창의 외할머니는 그런 사실을 몰랐다는 것입니다.

반대로 저체온은 24도까지 내려갔어도 생존했다는 사례가 있다고 합니다. 사실 이 상황까지 내러갔다면 그냥 시체나 다름없는 상태이므로 정말 예외적인 상황이라고 봐야 할 것입니다.

일반적으로는 35도 아래로 내려가기 시작하면 문제가 생깁니다. 보통 +36℃ 이하부터를 저체온증으로 보지만, +35℃ 까지는 적절한 조치를 취하면 빠르게 체온을 수복할 가능성이 있습니다.

어린 아기의 경우는 성인보다 체온이 1°도 가량 높게 측정됩니다. 괜히 아기를 안으면 따뜻하게 느껴지는 게 아닙니다. 하지만, 신생아에서 5세 이하의 아이들은 아래에서 설명할 '열 감지 장치' 혹은 '열 조절 중추'가 완전하지 않아서 감기만 걸려도 고열이 잦기 때문에 주의가 필요합니다.

특히 아이들 가운데 고열이 되면 유전적인 요인으로 '열성 경련' 증상을 보이는 경우가 있는데, 부모들이 이에 대한 지식이 없어 당황한 나머지 아이를 깨우려고 흔들거나 하는 위험한 행동을 하기도 합니다. 보통 5세가 넘으면 사라지는 증상으로 걱정할 필요는 없지만 부모라면 대처법은 미리 알아두어야 합니다.

저체온증

우리 몸의 체온이 적정수준 이하로 떨어질 때 나타나는 현상입니다. 보통 35°도 이하가 되면 저체온증이라고 합니다.

체온이 떨어지면 신진대사가 저하되어 온몸이 덜덜 떨리고, 입술, 뺨 등 혈색이 드러나는 부위가 파랗게 되는 청색증이 나타나게 됩니다.

심해 질 경우 뇌로 가는 산소량이 줄어들면서 판단력이 흐려지고 잠이 오기 시작합니다. 조난 영화 등을 보면 알 수 있듯, 이런 상황에 깜빡 잠들었다가는 죽음의 길목을 건널 수 있습니다.

저체온증의 증상

체력 및 정신력이 남아 있는 동안은 인체는 근육을 움직여 어떻게든 체온을 높여보려 노력하는데 이게 바로 벌벌 떠는 현상입니다. 이후에는 뇌간에서 신진대사 기능을 하나씩 써가면서 에너지를 보존하려고 분투하게 됩니다.

그러나 체력이 다하여 더 이상 움직일 기력이 없거나, 잠이 들거나 하여 정신줄을 놓아 버리면, 체력이 바닥나기도 전에 체온조절 능력을 상실하여 요단강을 건너게 됩니다.

특히, 술을 먹고 잠들면 자율신경 능력이 저하되어 저체온증에 걸릴 확률이 더 높아집니다. 그나마 다행인 것은 큰 고통 없이 잠든 채로 죽는 것이라고 위로해야 할까요.

저체온증이 오랫동안 지속되면 어느 순간부터 떨림이 사라지고, 추운데도 옷을 벗어버리려는 행동이 나타납니다. '이상 탈의'라고 하며 원인은 아직 알려지지 않았지만, 추위로 인해 뇌간이 망가져 이상 명령을 내린다는 설이 있습니다.

그리고 혈관을 수축시키고 있던 근육들이 완진히 지쳐 이원하면서 갑지기 혈류량이 늘어나(=열이 방출됨) 더위를 느낀다는 설이 존재합니다.

이 지경까지 왔다면 환자에겐 이미 정상적인 판단력 따윈 없어진 뒤입니다. 그리고 얼어 죽기 직전에는 좁은 공간으로 비집고 들어가려는 '테미널 굴착'이라는 본능적인 행동을 하기도 합니다. 동면에 드는 동물에게서 나타나는 행동 양식이며, 죽기 일보 직전인 인체에 뇌간이 내리는 최후통첩입니다.

저체온증의 원인

저체온증은 눈 오는 날이나, 칼바람이 부는 날처럼 몹시 추울 때 걸리는게 보통입니다. 그러나 가랑비에 옷 젖는다고, 별다른 보온대책 없이 계속 체온을 빼앗기다 보면, 그다지 춥지 않은 곳에서도 저체온증에 걸릴 수 있습니다.

보통 보온대책에 미비한 등산객이 야영 또는 노숙을 하거나, 물에 젖은 경우 등에 나타납니다.

1970 - 80년대 서울 근교 북한산에서 고산도 겨울도 아닌데 젊은 등산객들이 떼죽음한 일이 있었습니다. 그 이유는 평상복을 입고 가볍게 등산 갔다가 악천후로 고립된 상태에서 비를 맞고 바람에 노출되어 저체온증으로 죽은 것입니다.

이는 등산 중 꽤 자주 발생하는 사고입니다. 우의나 방수가 되는 등산복, 하다못해 몸을 덮을 큰 비닐이라도 있었으면 죽지는 않았을 것입니다.

비 오는 날 열리는 자전거 경기나 마라톤 대회에서도 몸에서 충분히 열을 낼 만큼 달려주지 못하는 초보자 중에서 가끔 저체온증으로 후송되는 사람이 나오기도 합니다.

특히 물은 체온을 빼앗기 때문에 상온에서도 저 체온증에 걸릴 때가 있습니다. 단순한 예로 몸의 물기를 잘 닦지 않고 목욕탕에서 나왔을 때를 들 수 있습니다.

수영장 등에서 보이는 응급조치 표지판이나, 체온을 높이는 사우나 같은 것이 그래서 존재하는 것입니다.

이 때문에 불가피하게 강을 헤엄쳐서 건너거나 할 경우에는 옷이 물에 젖지 않게끔 해야 합니다.

옷 입은 채로 들어갈 수밖에 없다면 물에서 나오자마자 옷을 벗고 몸의 물기를 잘 말린 뒤 다른 옷으로 갈아입거나, 불을 피워 젖은 옷을 말려 입어야 저체온증을 피할 수 있습니다.

이 외에도 산에서 죽는 경우 실족사를 제외하면 대부분이 저체온증이고, 물가에서도 구명조끼를 입고 있다든지 헤엄을 잘 쳐서 운 좋게 즉시 익사는 피했다 하더라도 제때 구조받지 못하면 표류 중 저체온증으로 죽을 수 있습니다.

영화 타이타닉의 주인공 잭 도슨(레오나르도 디카프리오)도 침몰에 휘말려 빠졌지만 뱃 조각에 매달려 죽는 건 어찌어찌 모면했지만, 결국 저체온증으로 죽고 말았습니다. 실제로 타이타닉 침몰 때 승객들의 사망 원인 중 가장 많았던 게 저체온승이었습니다.

빙산이 떠다니는 겨울 바다 환경이라면 20분 내에 거의 전원 사망합니다. 영화에도 구명조끼를 입은 채 둥둥 떠 있는 수많은 시신들이 나옵니다.

의외로 사막에서도 저체온증으로 사상자가 발생한다. 사막은 일교차가 매우 커서 해가 진 뒤에는 섭씨 0도에 가깝게 기온이 떨어지기도 합니다. 이 때문에 한낮의 더위만 생각하고 방한 대책을 세우지 않았다가 저체온증에 걸리는 것입니다.

케빈 베이컨이 주연한 영화 리버 와일드는 계곡 래프팅을 소재로 한 스릴러물 영화입니다. 차가운 계곡에서 계속 물을 맞으며 너무 오래 고무보트를 타면 저체온증 때문에 아무리 체력이 좋고 보트 모는 기술이 좋아도 사망한다는 대사가 나옵니다.

저체온증에 대한 대응조치

체온이 낮아서 생기는 현상이기 때문에 체온을 정상 체온으로 복구만 시켜줘도 증상은 호전됩니다. 마른 옷을 입히고 따뜻한 곳으로 옮겨야 합니다. 난로 같은 것으로 온도를 올려주거나, 아직 의식이 남아 있다면 따뜻한 음료를 마시는 것도 큰 도움이 됩니다.

단 여름철에 물에 오래 들어가 있었던 정도의 저체온증이라면 쉽고 빠르게 회복할 수 있지만, 한겨울이나 극지방, 고산지대 같은 한랭지대에서 저체온증이 발생한다면 높은 확률로 동상과 뇌 손상이 동반될 수 있습니다.

저체온증에 대한 이야기

수면을 제대로 취하지 못하거나 또는 과다하게 수면할 경우에도 체감온도만으로도 저체온증을 느낄 수 있습니다.

이 외에 체온조절 능력이 떨어지는 어린 동물들이 이것으로 죽는 일도 흔한 일입니다. 학교 앞 병아리를 사 와서 하룻밤을 못 넘기는 이유는 병에 걸린 것이 아니라 다름 아닌 저체온증입니다. 신생아도 체온을 조절하는 능력이 떨어집니다. 괜히 강보에 싸는 게 아닙니다.

우리 몸에서 체온이 1°만 떨어져도 장은 아주 큰 피해를 가져옵니다. 배가 차가운 기운이 있으면 효소의 활성도가 떨어지고 이는 곧 장애 부패로 이어집니다. 더 나아가서 장은 운동능력을 떨어뜨려 소화와 흡수에 문제가 생기고 변비 증상을 일으킵니다.

몸의 체온에 영향을 미치는 음식들

커피를 자주 마시는 사람도 조심해야 합니다. 커피와 물은 전혀 다른 형태입니다. 왜냐하면 카페인 성분이 체내 수분을 외부로 배출하여 역효과를 낼 수 있기 때문입니다. 그러므로 커피를 마시면 물을 커피양의 2배 이상을 마셔야 합니다.

녹차도 주의해야 합니다. 녹차를 많이 마시면 탄닌산이 위벽을 두꺼워지게 만들기 때문입니다. 위벽이 얇아도 문제지만 너무 두꺼워도 위장운동에 징애를 줍니다.

홍차나 보이차 같은 발효차는 발효과정에서 차의 독성이 대부분 제거된 상태이므로 가장 권장할 만합니다. 발효차는 맛이 떫지 않을 뿐만 아니라 혈액 속의 콜레스테롤을 중화시키는 작용이 있어서 고혈압 예방에 좋은 차입니다.

무엇보다도 따뜻한 차를 마시게 되면 체온이 순간적으로 올라가서 체내효소가 활성화됩니다. 수승화강에 도움이 될 뿐만 아니라 장내 유익균의 수를 증가시켜 이중으로 황균, 황산화 작용을 합니다.

아침에 일어나면 따뜻한 발효차를 마심으로서 노폐물을 배출하고 면역력을 증강시키도록 하는 것도 지혜의 삶입니다.

실제로 아프리카에서는 말라리아에는 매운 신라면을 먹어 땀을 뻘뻘 흘리면 열이 내려간다는 속설 때문에 신라면이 인기라고 합니다. 물론 신라면과 말라리아의 상관설은 근거는 없는 속설입니다.

이열치열의 원리는 열이 내려가는 것 자체는 사실이긴 합니다. 한국에서 여름에 더위가 심할 때 삼계탕 같은 것을 먹은 뒤 더위가 어느 정도 가시는 이유도 땀이 많이 나면서 열이 방출되어 체온이 내려가기 때문입니다.

특히 삼계탕에 들어가는 인삼은 사람의 체온을 일시적으로 올려서 땀을 나게 만들어 줍니다. 당연히 병에 걸린 사람에게는 먹으면 안되는 일입니다.

물론 보양식을 먹은 주된 이유는 어디까지나 영양보충이지 체온 내려가는 것은 부수적인 효과입니다. 정말 체온을 내리고 싶다면 몸을 찬물에 담구는 쪽이 훨씬 효과적입니다.

적정한 체온을 위한 우리의 처방

먹고 마시는 것도 중요하지만 생활 속에서 보온에도 관심을 가져야 합니다. 여름에는 에어컨을 자제하는 것이 좋습니다. 에어컨을 켜더라도 26°안 밖으로 사용해야 합니다.

덥다고 실내에만 있어서도 않되고 아침과 저녁으로 외부 활동을 해야 만 건강에 도움을 줍니다. 그리고 여름에 태양광을 받아 두어야 그 기운을 가지고 겨울을 잘 지낼 수 있는 것은 상식입니다.

겨울에도 집 안의 온도와 사무실의 온도를 너무 높이지 않도록 해야 합니다. 이때에는 핫 팩, 담요 등을 가지고 배와 다리를 따뜻하게 해주는 것이 좋습니다.

여성들은 겨울만큼은 스커트를 자제하여 다리를 따뜻하게 바지를 입는 것을 권장하고 싶습니다. 다리가 차가우면 장과 자궁의 체온까지 내려가게 되기 때문입니다.

여성분들은 엉덩이를 항상 따뜻하게 하는 것이 좋고 아울러 족욕, 반신욕, 찜질, 내복 입기를 생활화해야 합니다. 더 나아가서 원적외선 온열 스파는 몸속 5~8㎝까지 침투함으로 장내를 따뜻하게 하는데 큰 도움을 줍니다.

체온조절 시 온도가 높은 경우엔 땀이 나게 하거나 대사량을 낮추어야 합니다. 낮은 경우엔 대사량을 올려서 발열을 극대화해야 합니다. 재차 밀하지만 추위에 몸이 덜덜덜 거리는 것도 우리의 몸이 체온의 균형을 이루기 위한 몸의 반응입니다.

찜질(사우나)과 체온 올리기

찜질의 기능은 혈액순환과 피부미용에도 좋다고 합니다. 그러나 혈압이나 심장병이 있는 사람들은 위험합니다. 특히 격렬한 운동을 한 후나 음주를 한 뒤에 탈수 현상이 나타나기 쉬운 상황에서 사우나를 이용할 경우는 급사할 가능성이 있습니다.

무산소 운동 후라면 높은 온도는 근육의 성장과 동화를 지속시켜주는 높은 효율을 보입니다. 다이어트도 그냥 사우나에 들어갈 때보다는 운동 후 들어갈 때 효과가 있지만, 심장이 강하고 혈관이 튼튼한 분에게 해당됩니다.

김형곤 처럼 운동을 한 후 다이어트 효과를 높이기 위해 무리하게 사우나를 하는 경우가 많은데 이는 위험한 행위입니다. 차라리 운동 후에는 따뜻한 욕조에 들어가 근육을 이완시켜주는 것이 좋고, 운동 전 굳은 몸을 풀어주기 위해 사우나를 권하고 있습니다.

찜질의 요능은 몸의 노폐물과 땀을 빠르게 배출시켜서 신진대사를 활성화하는데 있습니다. 피지가 저절로 밀려 나오는 경우도 있습니다. 피부미용에 좋다고 하는 건 바로 이 효과 덕분에 사우나 직후 피부가 탱글탱글해 보이기 때문입니다.

더 나아가서 몸의 피로감을 줄여주며 개운하게 합니다. 혈류가 빨라져서 건강해지는 기분이 들고 칼로리가 소모됩니다. 찜질의 중요한 핵심은 체중을 줄이기 위한 목적에서가 아니라, 내 몸의 온도를 높여 노폐물을 방출하기 위한 수단으로 이용해야 합니다.

'족욕'으로 내 몸의 온도를 높여보자

발은 제2의 심장이라고 불릴 만큼 우리 몸에 중요한 부분 중 하나입니다.

보통 족욕을 하거나 발 마사지를 하면 혈액순환이 원활하게 됩니다.

족욕은 모든 우리 몸의 모든 기능을 건강하게 해 준다고 하는데, 그 이유는 발에 우리 몸의 혈관들이 모여 있기 때문입니다.

족욕은 물리치료 요법보다는 다리 부위만 물에 담가 피로를 푸는 목욕의 한 종류입니다. 탈의를 하지 않고 발만 담글 수 있다는 장점 때문에 대부분의 찜질방에는 족욕 시설이 마련되어있는 곳이 많이 있습니다.

보통은 따뜻한 물에서 합니다. 따뜻한 물에서 하면 발이 따뜻해지며, 스트레스를 풀고, 혈액순환, 피부 미용에 도움을 주고, 머리가 맑아지는 등 반신욕과 비슷한 효과가 있습니다.

질환 때문에 족욕을 하고 싶다면, 사전에 전문의에게 진단을 받고 조언을 구해야 합니다. 또, 꾸준히 해야 효과를 볼 수 있습니다.

발을 인위적으로 덥혀주어 혈액순환을 개선시키고 체온도 높여주기 때문에 체질적으로 손발이 찬 사람에게 특히 도움이 됩니다.

긴장 완화 효과가 있으며, 겨울철 자기 전에 족욕을 하면 몸이 따뜻해져서 잠도 잘 옵니다. 이와 더불어 땀을 내게 하는 기능 덕분에 체내 노폐물 배출 효과도 있습니다.

족욕의 방법과 주의사항

족욕은 약 38℃~40℃의 따뜻한 물에 발을 발목까지 담그고 10~20분 정도 해주는 것이 가장 좋습니다. 너무 뜨거우면 저온 화상을 입을 수 있으니 주의가 필요합니다. 별 효과가 없는 것 같더라도 30분 이상 족욕을 하는 것은 피곤함을 오히려 더 유발할 수 있으므로 추천하지 않습니다.

이때 허브, 아로마, 에센셜오일같은 제품을 조금 첨가해주시는 것도 좋은 방법입니다. 땀이 많이 날 경우 수분이 부족해질 수 있으니 적절히 물이나 차를 마시면서 하면 더 좋은 효과를 볼 수 있습니다.

족욕은 꼭 따뜻한 물에만 해야 한다고 알고 계시는 분들이 많은데 여름철 같은 경우에는 시원한 물로 족욕을 하는 경우도 있습니다.

습식 족욕기의 경우 물을 데우는 시간이 좀 걸리지만, 피부 청결과 각질 제거에 도움이 됩니다. 건식 족욕기의 경우 피부 청결과 각질 제거는 미흡하지만, 온도가 빠르게 올라가 바로 족욕을 즐길 수 있다는 장점이 있다. 요즘에는 습식과 건식 두 가지 모드가 가능한 족욕기 상품도 있다고 합니다.

족욕을 마친 후에는 발의 물기를 잘 닦고 양말을 신거나 담요 등으로 발을 덮어 애써 얻은 온기가 날아가지 않도록 해야 합니다.

다만 하지정맥류 환자는 족욕을 하면 혈관을 더 확장시키고 정맥의 탄력을 떨어뜨려 역효과가 날 수 있습니다.

너무 오랜 시간으로 족욕을 하게 되면 발 피부를 붉게 됩니다. 몸이 허약한 상태이거나 열이 많은 사람은 이보다 더 짧게 해야 합니다.

족욕의 효과에는 어떠한 것들이 있을까?

1. 체내 노폐물 배출

족욕은 체내의 노폐물을 배출해주어 피부에 탄력을 주고, 피부 건강과 비만 예방, 다이어트에도 효과가 있습니다.

2. 혈액순환

족욕 효과 중 제일 많이 알고 있는 효과로, 족욕은 신진대사의 기능을 높여주고 혈액순환에 도움을 줍니다. 혈액순환이 잘 된다는 것은 몸의 많은 기능을 정상적, 또는 건강하게 해주기 때문입니다.

3. 붓기 제거

족욕은 혈액순환을 원활하게 하여 다리 부종을 없애는데도 아주 좋은데, 퉁퉁 부은 발이나 종아리의 붓기를 빼주는데 많은 도움을 줍니다.

4. 수족냉증, 감기에 좋다.

족욕은 혈액순환에 도움이 되기에 수족냉증이 있는 사람들에게 도움이 되며, 월경 전 증후군으로 통증이 있거나 감기가 있는 경우에도 족욕을 하면 도움을 받을 수 있습니다.

5. 두통, 불면증

스트레스를 완화하고 족욕을 할 때 족욕제를 사용하면 심신을 안정시키는 데 도움을 줍니다. 또한 스트레스를 완화시킵니다. 집중력을 향상시켜 줄 뿐만 아니라 두통이나 불면증에도 효과가 좋은 것으로 알려져 있습니다.

6. 근육통, 신경통 완화

족욕은 뭉친 근육을 풀어주고, 근육통과 신경통을 완화하는데 도움을 줍니다.

7. 피로 회복

족욕은 머리를 맑게 해주고 신경쇠약에 효과가 있으며 피로회복에 도움을 줍니다. 이때 피로회복의 효능을 더 효과적으로 얻고 싶다면 뜨거운 물에 담근 발을 앞으로 굽혔다가 폈다 하는 동작은 반복하면 더욱더 좋습니다. 또한 족욕은 혈액순환을 원활하게 해주기 때문에 면역력을 높여주는 효과도 있습니다.

8. 기타

덤으로 발 냄새와 내성 발톱을 예방하는 데 큰 도움을 줍니다. 족저 근막염도 예방하거나 완화하는 효과가 있습니다.

이렇게 족욕의 다양한 효능에 대하여 알아보았습니다. 족욕을 하게 되면 몸에서 열이 올라 땀이 많이 나기 때문에 족욕 전에는 물을 한 컵 정도 마신

후 족욕을 시작하는 것이 좋습니다.

  족욕을 하고 난 후에는 물기를 깨끗하게 닦아주어 물기가 남아 있지 않게 하는 것이 좋습니다. 발에 물기가 남아 있으면 각종 피부질환으로 이어질 수 있기 때문에 물기를 깨끗하게 닦아준 후에 보습크림이나 로션을 충분히 발라주어 영양과 수분을 공급해 주어야 합니다.

  마지막으로 발을 조금씩 주무르면서 마사지를 해 주면 상쾌한 기분이 들고 몸의 피로를 풀어 주는데 많은 도움이 될 것입니다.

제 10 계명

정기적으로
인체 정화를 하자

주의 구원의 기쁨을
내게 회복시켜 주시고
주의 자유로운 영으로 나를 떠받쳐 주소서.
시51:12

형제들아,
만일 어떤 사람이 잘못에 빠지거든 영적인 너희는 온유의 영으로
그러한 자를 회복시키고 네 자신을 살펴보아 너도 시험에 들지 않게 하라
갈6:1

인체 정화는 내 몸을 보링하는 것이다

옛날에는 자동차가 기능을 다하면 보링을 하여 새 자동차로 만들어 냈습니다. 지금은 보링하지 않고 그냥 폐차하는 시대가 되었는데, 사람도 마찬가지입니다.

사람의 몸속에 있는 각 기관이 50년 이상을 사용하면 서서히 기능이 쇠퇴하여 고장나기 시작합니다. 사람의 몸은 자동차처럼 폐차할 수는 없는 일입니다.

그러면 사람의 몸은 인체 정화를 해야 합니다. 사람의 인체 정화는 곧 자동차의 보링과 같습니다. 사람의 몸에 쌓여진 노폐물은 독소가 되어서 혈액의 흐름을 가로막게 됩니다. 그리고 좀비 세포를 탄생시켜서 기관의 운동을 저하시켜 활동하지 못하게 만듭니다.

사람의 형상은 예수님을 모델로 한 창조물이다

하나님은 사람의 몸을 정교하게 설계하여 만들었습니다. 인체의 모든 기관들과 그 기관을 움직이게 하는 윤활유와 호흡과 혈액의 소통을 통한 에너지원은 놀라운 하나님의 귀한 작품입니다.

만성대사 질환으로 비만, 고지혈증, 고혈압, 지방간, 협심증, 당뇨, 뇌경색 등은 인류역사상 최초로 경험하는 질병입니다. 현대인들의 질환으로 당뇨, 심장병, 중풍, 암의 대부분은 인체에 쌓이는 노폐물을 해결하지 못함으로 발생하는 질환입니다.

특히 우리 몸에 지방세포는 화학 합성물질의 저장소로서 당뇨, 고혈압, 암 등 치명적인 질환이 비만과 관계가 깊다고 할 것입니다.

당뇨는 세포에서 정상적으로 작용이 되지 못하여 생겨난 필요 이상의 혈당을 몸 밖으로 최대한 빨리 배출하기 위하여 몸이 행하는 자구책입니다.

고혈압의 경우도 마찬가지로 좁아진 혈관을 통하여 탁한 혈액을 같은 양의 피를 보내기 위한 몸의 몸부림입니다. 그래서 스스로 압을 높이는 것이 그 첫 번째이며, 둘째는 신장의 사구체가 오염된 혈액을 거르다가 막히면서 우리 몸이 혈액을 잘 걸러내기 위한 몸부림입니다.

암의 경우도 마찬가지입니다. 대사계의 교란으로 인하여 정상세포가 죽을 위험에 처하면 세포는 조금이라도 더 생명을 유지하기 위하여 비정상적인 세포로 변하게 됩니다.

이를 좀비세포이며, 암세포이며, 종양이 되는데 이는 세포가 생명 연장을 위한 방법의 일종입니다.

이처럼 당뇨와 고혈압, 암의 경우처럼 자신의 몸이 살기 위하여 즉 제 기능을 완성하기 위한 몸의 몸부림입니다. 그 원인은 우리 몸의 기관들이 노폐물에 의하여 잘 돌아가지 못함으로 말미암아 생기는 과부하에 걸린 상태라고 표현하는 것이 옳습니다.

우리 몸을 보링하는 이유

이때 이를 해결하기 위한 방법으로는 인체 정화를 해야 합니다. 즉 인체 보링을 해야만 우리 몸의 모든 기관들이 정상적으로 작동하게 되는 것입니다.

그러므로 당뇨, 고혈압, 암 등 모든 질환 등은 우리 몸의 각 기관이 잘 돌아가고 그 기능을 잘 진행하기만 하면 생길 수 없는 병입니다.

5가지의 백색 식품으로 백설탕, 정제 소금, 화학조미료, 하얀 밀가루, 백미를 버리고 자연식으로 돌아갈 것을 권고한 미국 상원의원이 있습니다. 맥거번 상원의원인 '맥거번 리포트'는 "인류는 현재의 식생활 문화를 바꾸지 않으면 멸망한다"는 명제를 달고 있습니다.

페스트푸드, 가공식품, 정제 식품들은 우리 몸에 먹거리로 들어오면 인체에서 제대로 처리하지 못하여 몸 안에 독소로 쌓이게 됩니다.

이 독소는 혈액과 세포의 오염을 만들고 몸의 각 기관의 대사기능을 저하시켜서 비만 또는 난치성 질환으로 나타나게 됩니다.

그러므로 인체 정화의 시작은 소화 활동을 돕는 기관이 휴식을 취하고 있는 동안, 남아있는 효소가 대사효소로 전환하는 것입니다. 다시 말하면 소화효소로 사용되던 효소가 그 기능을 마치면 대사효소로 전환하여 일하기 시작한다는 것입니다.

그리고 효소의 윤활유는 각 기관을 움직여 모든 기관의 낡은 쓰레기들을 태우게 됩니다. 이때 새로운 윤활유를 투입한다면 더 큰 효과를 가져 올 것입니다.

사람의 몸이 50년이 지나가면서 서서히 몸에 노폐물이 쌓이게 됩니다. 이 노폐물을 제거하기 위하여 우리의 몸을 보링해야 하는데 우리는 이것을 '인체 정화'라고 부릅니다. 그리고 인체 정화를 하는데, 지대한 역할을 하는 것이 '복합 활성 효소'라고 말합니다.

노폐물들이 독소로

자동차에서 엔진오엘을 교환하지 않으면 엔진은 멈추어 버립니다. 마찬가지로 사람의 몸도 노폐물이 싸여서 좀비세포가 됩니다. 그리고 좀비세포가 모여서 독소가 되고, 독소가 모여서 종양이 되고 종양이 활성화되어서 악성 종양으로 발전하게 됩니다.

독소들을 살펴보면 다음과 같습니다.
대사활동 후에 발생하는 활성산소, 세포 활동 후의 요산, 잦산, 암모니아, 호모시스테인 등이 있습니다. 그리고 세균에서 만들어지는 독소들이 존재합니다. 이를 내독소라고 합니다.

그리고 우리는 사회활동을 하면서 환경에서 우리들에게 다가오는 외독소가 있습니다. 농약, 식품첨가물, 공해로 인한 오염물질 등이 있는데 특히 미세먼지입니다.

그리고 주방세제, 청결제 등에 들어 있는 프탈레이트, 수은, 트랜스지방산, 벤젠, 트리할로메탄들이 우리의 몸을 유혹하고 있습니다.

하나님은 이러한 독소를 해독하기 위한 시스템을 만들어 놓으셨습니다. 가장 먼저 '간'입니다. 그런데 '간'이 너무 많은 고생을 하고 있습니다. 그래서 '간'의 기능을 돕는 항산화제를 섭취하려고 합니다.

그리고 두 번째는 담즙이 그 기능을 도와 대변을 통해서 배출하고 혈장을 통해서 신장이 작동하여 소변으로 해독합니다. 그리고 운동을 통해서 땀으로 배출하고 있습니다.

그런데 이러한 해독 시스템이 무너지는 경우가 있는데 세포 속 미토콘드리아의 수가 줄어들기 시작하면 연속하여 에너지대사도 줄어들게 됩니다.

이때 대사 에너지가 그 기능이 약화되면서 소화효소가 부족하게 되고 우리가 섭취한 음식이 완전대사가 이루어지지 않으면서 체내에 쌓이게 되면 노폐물이 발생하고 이 노폐물이 비만과 질병을 만들어내게 됩니다.

이때 효소의 투입은 소화와 대사의 활동을 원활히 함으로 우리 몸의 각 기능이 정상적으로 유동할 수 있는 기회를 맞아하게 됩니다.

'쉬라' 그러면 몸은 작동하기 시작한다

그러면 우리 몸을 보링하기 위해서는 어떤 과정이 필요하겠습니까? 자동차를 보링하기 위해서는 가장 먼저 공장으로 입차해야 합니다. 그리고 엔진을 분해하여 더러워진 이물질을 제거해야 합니다. 사람도 마찬가지입니다. 그래서 금식함으로 몸을 쉬게 해야 합니다.

이슬람의 성자 마호메트는 이렇게 말했다. "1주일 금식하면 피가 맑아지고, 2주 금식하면 뼈가 맑아지고, 3주 금식하면 마음이 맑아진다"고 했습니다.

우리의 몸의 기관은 별개의 존재가 아니라, 피와 뼈와 마음이 하나의 유기체로 연결된 존재라는 말입니다.

골다공증은 뼈만의 문제가 아니라 스트레스(마음)로 인하여 피(혈액)의 산성화와 밀접한 관계를 맺고 있다고 하였습니다. 피가 오염되면 '디스크'라는 척추 질환에 쉽게 노출됩니다. 이렇게 뼈가 약한 환자의 경우는 공통적으로 우울증에 시달리는 것을 볼 수 있습니다.

연세가 들어가면 신체의 골조가 약해짐으로 눈물이 자주 흐릅니다. 이는 마음이 약해짐에 따라 자신의 몸도 약해지고 있다는 것을 증명하고 있습니다. 몸의 심지가 곧 마음의 심지임을 알리고 있습니다.

즉 몸을 비우는 것은 마음을 비우는 것입니다. 이것이 건강을 위한 첫 발걸음이라고 말할 수 있습니다. 인류 구원을 위한 공생애 삶을 시작하기 전에 가장 먼저 40일을 금식하신 예수님을 볼 수 있습니다. 몸을 비움으로 마음을 비워 '사랑'이라는 인류의 대명제를 선포할 수 있었습니다.

우리의 삶은 긴 시간의 금식을 할 수 있는 환경이 주어지지 않았습니다. 그러나 마음가짐은 금식하는 마음으로 소식을 한다든지, 하루 셋 끼에서 두 끼의 식사로, 두 번의 식사에서 한 번의 식사의 삶을 살아가는 것도 유용한 금식이라고 할 수 있습니다.

우리 몸을 단순히 금식으로 내버려 두어서는 않됩니다. 여기에 복합 활성 효소를 더하여 섭취하므로 우리 몸의 토양에 장내 유익균을 투여하는 것입니다. 효소를 공급함으로 몸을 새롭게 변화시킬 수 있는 기회의 장으로 연결되어야 합니다.

복합 활성 효소란?

'효소'란 동식물과 미생물의 활동에 의하여 생산되는 고분자 유기화합물입니다. 일종의 유기촉매로서 단백질과 보결군이 결합된 물질입니다.

효소의 활동은 외부에서 받아들인 영양소를 소화 흡수시켜 활력을 발생시키며, 낡은 조각을 폐기하고 새로운 조직을 만드는 일을 감당합니다.

이는 마치 자동차의 각 기관에 있는 불순물을 제거하여 새로운 윤활유를 주입하는 것과 같습니다.

본래 효소는 세포 안에 존재하면서 생명 유지에 관계된 화학적 반응을 촉매하지만, 세포조직에서 분리해도 그 작용을 상실하지 않습니다.

이것이 세포내 효소를 추출하여 식품으로 만들 수 있는 원리가 됩니다. 이것이 우리 몸의 윤활유입니다.

효소의 종류는 300만 가지가 넘습니다. 효소는 우리 몸에서 여러 가지 대사를 진행하기 위하여 생체 반응을 하고 있습니다. 그 수는 셀 수 없을 정도로 많은 종류의 효소를 보유함과 동시에 예비군 역할을 하는 원형 '엔자임'이라는 형태로 간직하게 됩니다.

효소의 대표적인 기능은 가장 먼저 '항상성'입니다. 항상성이란 사람의 인체가 항상 같은 상태를 유지하고자 하는 성질을 말합니다.

우리 몸에 혈액은 정상 상태에서 약알칼리성을 지향하는데 우리의 몸에 이상 형상이나 스트레스로 인한 큰 변화가 있을 때 피는 산성으로 변하게 됩니다. 이때 효소가 달려와서 약알칼리가 되도록 대사를 조정하게 됩니다.

우리 몸에 이물질이 침입하게 되면 이를 퇴치하기 위하여 효소가 작용하게 되는데, 이는 병원균의 침입에 대하여 저항력 즉 면역력을 강화시키는 범주에 해당됩니다. 외부의 병원균은 우리 몸의 항상성을 무너뜨리려는 세력이기 때문입니다.

그리고 더 나아가서 죽은 병원균을 우리 몸의 밖으로 배설하는 일도 효소가 관여하고 있습니다. 즉 효소는 혈액을 정화하는 막중한 역할을 하고 있는데, 혈액 속의 노폐물과 염증의 병독을 분해하고 배설하여 혈중 콜레스테롤을 용해시켜 혈류를 원활하게 만드는 일입니다.

소화효소와 대사효소

효소는 크게 소화효소와 대사효소로 구분할 수 있는데, 과식이나 소화불량 음식을 소화시키기 위하여 효소가 모두 투하된다면 피의 오염을 막을 수 없습니다. 그러므로 소화효소와 대사효소를 모두 완성하기 위한 건강한 상태를 유지해야 합니다.

그래서 우리는 외부에서 식품의 형태로 주효소인 단백질, 미네랄, 조효소인 비타민을 공급함으로 체내효소의 부족분을 보충해 주어야만 합니다.

그래서 복합 활성효소는 이 두 가지 효소 외에 알파, 베타, 세타 등의 물질이 혼합된 형태로 우리 몸에 공급해 줌으로 효소의 기능을 최고로 활성화시키는 일을 하게 하는 것입니다.

복합 활성 효소는 우리 몸 전체에 대사과정과 세포의 생산과 부활에 개입합니다. 생산과정은 저온에서 배양한 효소가 활성도를 가장 높게 할 수 있는데, 더불어 저압과 다차원발효기술을 통해서 제조되고 있습니다.

다차원발효란 해조류, 곡류, 생약류 등 다양한 재료를 가지고 중복하여 발효시킨 것을 말합니다. 해조류는 자체는 상당한 유익이 있지만, 그냥 섭취하면 사람의 소화 기능에 따라서 20~30%의 흡수율을 가지지만 발효하여 섭취하면 80% 이상을 흡수할 수 있습니다.

이제 인류는 자연으로 돌아간다는 것은 참 어려운 환경에 처하였습니다. 그러나 우리는 인위적인 자연의 섭리에 순응하면시 우리의 몸을 관리할 때 참된 행복과 건강을 누릴 수 있는 것입니다.

하나님은 사람의 몸이 한 시스템으로 돌아가도록 신비하게 만드셨습니다. 인체는 음식을 흡수하면 탄수화물은 포도당으로, 단백질은 아미노산으로, 지방은 지방산과 글리세롤로 분해되어 100개에 달하는 체세포에 영양을 공급하도록 하셨습니다.

스트레스를 받을 때 단것을 먹으면 기분이 가라앉는 것도 당분이 뇌의 진정작용을 돕기 때문입니다. 이와같이 탄수화물은 인체 대사에서 중요한 에너지원으로 사용되다가 그 남은 분량은 지방으로 축적되어 만약의 상황에 대비하게 됩니다.

그런데 적량의 저장은 필요하지만 과도한 저장은 결국 쓰레기가 된다는 것이 우리 몸의 원리입니다.

결국 "넘치는 것은 부족한 것보다 못하다"는 결론에 도달하게 됩니다. 넘치는 지방분은 혈관을 돌아다니다가 고혈압, 동맥경화, 당뇨 등 각종 질환을 만들어 내는 주범이 됩니다.

그래서 우리는 자신의 몸에 대하여 아는 지식을 더해야 합니다. 그래서 나를 알고 내가 먹는 음식과 환경을 알 때 내 스스로를 건강한 자아로 거듭날 수 있는 길이 됩니다.

건강한 몸이란 세포가 생기있게 증식되고, 각 기관이 원활하게 활동하는 것을 말합니다. 여기에 이를 뒷받침해주는 환경이 주어 진다면 더없이 좋은 몸으로 장수를 누릴 것입니다.

현대인들은 언제 병이 들었는지도 모르게 갑자기 대사질환의 진단을 받게 됩니다. 대사질환은 우리의 몸이 윤활유가 부족하여 제동이 걸려서 발생하는 병입니다.

그중에 첫 번째가 혈액에서 나타납니다. 즉 피가 탁하다는 것은 좀비 세포가 혈액 속에 침투해 들어갔다는 것입니다.

그 모든 원인은 과욕에 있습니다. 일 중심, 돈 중심, 직장 중심, 목표 중심으로 살고 있어서 쉼이 없는 삶을 살고 있기 때문입니다.

그래서 휴식하는 시간도 없고, 이리 뛰고 저리 뛰고 하다보면 상당한 스트레스를 받게 되어 있습니다.

그리고 사무실 속에 갇혀서 햇빛을 보지 못하고 살아가고 있으니 어깨 결림, 복부비만, 과민성 대장의 질환, 안구 건조, 탈모, 관절염들이 우리 몸을 지배하게 되는 것입니다.

이런 것들이 더 시간을 지나다 보면 고혈압, 고지혈, 당뇨 등으로 우리 몸을 병들게 만드는 원인이 됩니다. 우리 몸은 계속하여 신호를 보내지만, 나의 삶은 더욱 세상의 좋은 것을 향하여 매진할 때 결국은 암이라는 선고를 받게 됩니다.

그러나 이러한 병들은 결코 무서운 것이 아닙니다. 우리 몸을 잘 관찰하면 즉시 그 전조증상을 발견할 수 있고, 더 나아가서 주위의 권고를 받아들인다면 우리 몸은 얼마든지 병을 예방하면서 살아 갈 수 있습니다.

그러면 가장 먼저 해야 할 일은 무엇입니까? 우리 몸의 면역력의 70%는 '장'에서 담당하고 있습니다. '장이 건강해야 몸도 건강한다'는 논리이다.

그래서 우리는 이렇게 말한다. "잘 먹고 잘 배설하면 건강하다"는 농담인데, 이는 농담이 아니라 진리라고 생각합니다. 특히 잘 배설하는 것은 더욱 중요합니다.

가난할수록 수명이 짧다는 통계자료가 있습니다. 이 말의 원인은 우리 몸에 필요한 충분한 영양분을 공급받지 못하고 있다는 논리입니다. 그렇습니다. 옛날의 어르신들은 60세만 되어도 완연한 노인이 되었습니다.

그런데 지금은 영양이 과다하여 문제를 발생시키고 있습니다. 그런데 유기농의 식품을 먹는 사람과 패스트푸드를 먹는 사람의 장내 환경은 확연히 다르다고 합니다.

다시 강조하지만 음식을 통한 영양분의 섭취와 효소의 섭취는 완연히 다른 것입니다. 그러므로 장내에 있는 미생물을 활성화 시킨다면, 우리 몸의 각 기관은 제 기능을 완벽하게 수행해 낼 것입니다.

유기농 농산물로 충분한 자연식을 하면서 장수 십계명을 따른다면 우리는 병 없이 120년의 삶을 건강하게 살 수 있을 것입니다. 그런데 우리의 환경은 이를 허락하지 않습니다.

비료만 사용하는 땅과 퇴비를 주는 땅은 확연히 다릅니다. 만약 연작을 하지 않고 휴경을 한다면 그 땅은 더욱 좋아질 것입니다.

그러면 인체 정화의 기본은 무엇일까요?

가장 먼저 쉬는 것입니다.

우리 몸도 쉬고, 우리 몸의 장기도 쉬는 것입니다. 즉 절식 함으로 소화작용을 하는 기관들도 쉬는 것입니다. 여기에 좋은 물과 햇빛, 깊은 산 속의 산소를 마시면 더욱 좋습니다.

두 번째는 우리 몸을 보링하는 것입니다.

즉 인체 정화를 위한 복합발효 배양물을 섭취하는 것입니다. 다시 말하면 땅속에 배양물이 많으면 지렁이가 살고 수많은 미생물이 생존하듯이 우리 몸의 장내에 유익한 미생물균으로 가득채워야 합니다.

세 번째는 건강을 위한 프로그램을 세우는 일입니다.

적어도 일 년에 한번은 자신의 몸을 위한 관리계획을 세워서 실천하는 모습을 보여주어야 합니다. 자신의 몸을 보링하기 위한 시간을 아까워하지 말고 건강한 몸으로 건강한 내일을 바라보는 우리들 모두가 되었으면 좋겠습니다.

그리고 마지막으로 평상시 우리의 몸을 위한 건강관리는 다음과 같이 참고하면 좋겠습니다.

1. 아침과 저녁의 식사는 유동식으로 하자.

2. 점심식사는 고형식으로 하되 유기농 재료로 섭취하자.

3. 간식은 생채소, 블루베리, 라즈베리, 과일로 하자.

4. 섬유질 식품을 섭취하여 장운동을 자극하여 배변을 촉진하게 하고 독소를 재흡수하는 것을 방지하게 하자.

5. 유산균 식품을 섭취하여 콜레스테롤 흡수를 방해하도록 하자.

6. 항균제 식품을 섭취하여 우리 몸속의 유해균을 제거하자.

부 칙

서로 사랑하자

그를 사랑하는 자들은
힘차게 나아가는 해 같게 하시옵소서.
삿5:31

하나님께서 세상을 이처럼 사랑하사
자신의 독생자를 주셨으니 이것은 누구든지 그를 믿는 자는 멸망하지 않고
영존하는 생명을 얻게 하려 하심이라.
요3:16.

어린아이와 효소

사람의 생명과 직결되어지는 효소는 부모로부터 태어나면서 평생을 소비할 수 있는 효소를 가지고 태어난다고 합니다. 이러한 이론은 사람의 생명에 대한 운명론으로 직결될 수 있습니다.

그러나 이러한 논리에 대하여 적극적인 찬성이나 반대를 하는 논리도 아직은 불분명한 이론에 불과합니다. 이는 서로 간 증명된 사실이 없기 때문입니다. 그러나 효소가 생명과 직접적인 관계가 있다는 사실은 진리입니다.

어린아이의 시절의 몸에서는 효소가 충분한 량으로 내재되어 있을 것입니다. 그러나 이 효소가 활성화되는 기회는 바로 어머니의 사랑입니다.

오늘의 부모님 세대는 임신 초기부터 정서적인 안정과 영양 공급, 그리고 태교의 과정을 진행하면서 임신의 기간을 보내게 됩니다. 그리고 출산한 이후에도 부모님의 사랑과 관심의 대상이 됩니다.

어머니와의 진한 스킨쉽은 자녀들로 하여금 큰 사랑으로 다가와서 긴강하고 여자 아이에게는 아름다운 얼굴로, 남자 아이에게는 준수한 얼굴로 변형되어 갈 것입니다. 특이한 경우도 있지만 이는 예외로 하였습니다.

이는 충분한 사랑을 공급받은 어린아이의 행복은 어린이가 가진 자신의 몸이 더욱 활성화된 효소들로 하여금 최상의 육체로 만들기 때문입니다.

이러한 우리의 몸은 20-30대 청년기에 이르러 최고의 활성화를 이루어 건강한 몸을 이루다가 절정의 30대를 지나면서 서서히 효소는 감소하게 됩니다.

우리의 몸은 50대를 기점으로 하여 자신의 몸에 대한 관심을 가져야 하고 건강 검진과 함께 의료와 건강에 대한 상식도 가져야 합니다. 즉 우리의 몸도 관리의 대상이 된 것입니다.

부부가 서로 사랑하고 가족이 서로 협력하므로 행복을 만들어가는 가정은 장수하는 가문입니다.

하나님은 분명하게 말합니다. 〈너는 네 하나님 여호와께서 명령한 대로 네 부모를 공경하라. 그리하면 네 하나님 여호와가 네게 준 땅에서 네 생명이 길고 복을 누리리라〉 (신명기 5:16)

신약성경에서도 말합니다. 〈네 아버지와 어머니를 공경하라. 이것은 약속이 있는 첫 계명이니 이로써 네가 잘되고 땅에서 장수하리라〉 (엡6:2,3)

잘 되는 가문의 가정들을 살펴보면 그곳에는 반드시 효도함으로 사랑받는 자녀들이 존재합니다. 사랑은 복을 만들고 장수하게 하고 행복으로 인도받는 길입니다.

사랑과 효소

그러므로 사랑은 우리의 몸과 생명에 상당한 지분을 가지고 있습니다. 이는 신앙의 생활에도 상당한 영양을 미치고 있어서 장수의 유전자와 함께 신앙의 힘은 사람의 생명에 깊은 관계가 있음을 느낄 수 있습니다.

하나님의 사랑을 느끼고 체험하면서 살아가는 성도들이 장수에 미치는 영향을 연구하는 학문은 계속되어야 합니다. 그 이유는 성도는 하나님의 사랑을 먹고 살아가는 사람들이기 때문입니다.

그리고 하나님의 나라는 영원한 생명을 가지고 영원한 장수를 누리면서 살아야 하는 곳입니다. 그러므로 성도는 영원한 생명으로 영원한 장수를 누리는 신앙의 자세도 바르게 가져야 합니다.

우리는 종종 영원한 나라로서 하나님의 세계에 대하여 불신하는 경향이 있습니다. 단순히 종교적인 편견으로 보아서 관심을 두지 않고, 그들이 가진 설화 정도의 이야기라고 치부하여 버립니다.

지금도 인류는 하나님의 나라인 천국을 찾아 나서고 있습니다. 그러한 와중에 인류가 살아갈 수 있는 별을 발견하기를 소망하고 있습니다. 저자는 단연컨대 그러한 별은 발견하지 않을 것입니다. 그 이유는 하늘의 문이 닫혀있기 때문입니다.

그러나 하나님의 나라는 존재합니다. 다만 지금은 하늘의 문이 닫혀있음을 성경은 알리고 있습니다. 그러나 언젠가는 그 문이 열릴 것입니다. (계 4:1)

영화 〈인터스텔라〉와 영생

'크리스토퍼 놀란' 감독이 제작한 〈인터스텔라〉라는 영화가 있습니다. 이 영화는 지구의 멸망이 다가옴으로 말미암아 인류가 살아갈 수 있는 새로운 별을 찾아서 나가는 우주 영화입니다.

주인공들로 우주선 조종사인 '쿠퍼'와 그의 사랑하는 딸 '머피'와의 관계에서 우주과학에 대한 이론을 정립하고 있습니다. 그리고 아버지와 딸 사이에 가지는 관계를 우주의 원리를 통해서 소통하는 영화입니다.

새로운 별을 찾아 나서는 쿠퍼 일행은 기존의 우주의 별들에서는 인류가 살 수 있는 별들을 찾지 못하여 웜홀과 블랙홀에 들어가게 됩니다.

남자 주인공인 '쿠퍼'와 여자 주인공인 '타스'는 블랙홀에 들어가게 되는데 이 공간은 5차원의 공간입니다. 즉 이곳은 시간과 공간을 자유롭게 이동할 수 있는 곳입니다.

그리고 이곳은 강한 중력으로 말미암아 시간이 느리게 가는 곳으로 지구에서의 7년이 블랙홀에서는 1시간에 불과합니다. 그 결과 지구로 귀환한 '쿠퍼'는 자신의 딸 '머피'가 할머니가 되어 있으며, 자녀들과 손자들에 둘러싸여 임종을 기다리고 있었습니다.

감독과 제작자들은 이 영화를 만들기 위하여 대학에서 우주에 관한 전문화 교육과정을 이수하면서 만든 영화입니다. 그만큼 과학적인 자료들을 가지고 만들어진 영화입니다.

강력한 중력은 시간을 정체하게 만듭니다. 이는 과학적인 전문 이론입니다. 그리고 이러한 중력을 다스리고 관리하는 일은 하나님의 능력 안에서는 가장 손쉬운 일입니다.

영원한 생명의 황금성 아파트

그러므로 〈하나님의 나라〉도 수천 억개가 넘는 블랙홀 중에 어떤 블랙홀 안에 존재하는지 모르는 일입니다.

성경에서 이 지구는 지옥의 별로 남아 있을 것이며, 땅을 사랑하는 자는 땅에 속한 자가 되어 이곳에 영원히 존재하게 됩니다. 그러나 여호와 아버지는 성도들을 위한 새로운 별을 준비하고 계십니다.

그리고 부모님을 도와 건축일을 하셨던 예수님은 승천하신 목적도 당신의 신부들을 위한 처소(요14:2)를 마련하기 위하여 아버지의 곁으로 간다고 하셨습니다. 신부들을 위한 처소(아파트)를 건축하고 계신 예수님은 이미 준공하여 분양하고 있습니다.

그 처소가 바로 〈거룩한 황금성 예루살렘 맨션아파트〉입니다. 이 아파트는 신부를 위하여 준비하는 신랑되신 예수님의 작품입니다. 그리고 우리는 이 성에서 최고의 사랑 속에 최상의 행복을 누리면서 영원한 생명의 장수를 누리게 됩니다.

우리의 안식처인 거룩한 황금성 아파트는 한 면의 길이가 일만 이천 스다디온입니다. 스다디온은 로마의 길이 단위입니다. 1 스다디온은 182(192)m입니다. 이를 계산하면 약 2,200Km가 됩니다.

서울 김포공항에서 제주공항까지는 444㎞인데 약 1시간 가까이 소요됩니다. 그러므로 비행기로 약 5시간 가까이 가야하는 거리입니다. 다시 말하면 1층에서 맨 위에 꼭대기 층까지 올라가는데 엘리베이터를 타면 비행기 속도로 5시간을 타야합니다.

거룩한 아파트는 가로, 세로, 높이가 일정한 정 육각면체의 아파트이기에 사각의 모퉁이를 돌고 오면 8,800㎞가 됩니다. 대한민국의 인천에서 미국의 시애틀까지는 8,318㎞라고 합니다.

아파트 한 층의 넓이는 4,840,000㎢입니다. 남북한 대한민국의 영토는 223,404㎢이므로 22배 가까이 넓은 아파트가 성도를 위하여 준비되어 분양되고 있습니다. 적어도 모든 성도들에게 개인당 50평 이상 분양될 것으로 사료됩니다.

참고로 아파트의 울타리가 나오는데 그 길이는 기록되지 않고 높이만 성경은 기록하고 있습니다. 높이는 144규빗인데, 1규빗은 45㎝로 팔목에서 손끝까지의 길이입니다. 울타리의 높이를 m로 환산하면 약 65m가 됩니다. 이는 각종 보석으로 꾸며진 성곽입니다.

아파트와 정원

미국의 대 저택에는 대문을 지나서도 차량으로 이동하여 집에 도착하는 모습을 영화에서 볼 수 있습니다.

하늘나라의 맨션아파트도 마찬가지입니다. 성곽(울타리)에는 진주보석으로 꾸며진 대문들이 있습니다. 이 대문은 동서남북으로 각각 3개의 입구로 총 12개의 보석문이 존재합니다. 여기서 성안으로 들어가는 자와 성 밖에 남아있는 자가 있습니다.

그리고 성 밖에 남아있는 자들은 성령의 기름이 부족한 분들입니다. 그래서 이분들은 결국 정원(낙원)에 거주하는 자들이 됩니다. 그래서 예수님께서는 니고데모에게 말씀하시기를 하나님의 나라를 바라보는 자와 하나님의 나라에 들어가는 자는 다르다고 말씀합니다.

(요3:1-8)

영원한 장수와 황금성 아파트

성경에서는 이미 1,000년 가까이 삶을 살아가는 사람들의 모습을 기록하고 있습니다. 이 지구에서도 무드셀라라는 분은 최장수 969세까지 살았으면 영원하시고 전능하신 하나님 나라의 삶에서는 당연한 결과입니다.

1. 거룩한 황금성 아파트는 중력을 다스리는 여호와 아버지의 나라입니다.

그곳은 과학적인 법칙이 적용되지 않습니다. 그러므로 미세먼지, 점염병, 유해한 바이러스가 존재하지 않습니다.

2. 성도는 영원히 우리들을 사랑하시는 예수님의 품 안 사랑에서 살아갈 것입니다.

모든 눈물을 씻겨주시고 원한을 풀어주십니다. 원수가 존재하지 않으며 사망이나 애통하는 것도 없습니다. (계21:4)

3. 우리의 몸은 생명의 형체를 덧입게 됩니다.

아버지의 나라에서의 우리의 몸은 육체가 아니라 형체입니다. 형체는 다른 말로 말해서 부활체입니다. 천사들이 입고 있는 천사체입니다. 육체는 혼으로 생명이 유지되어 혼이 떠나면 시체가 되지만, 형체는 영으로 생명이 유지되어 영원한 생명을 유지합니다. (고전15장)

4. 우리 몸의 에너지는 생명 과일입니다.

이곳에는 생명수가 흐르고, 그 생명수가 흐르는 곁에는 12과일이 열리는 '생명과' 과일이 열립니다. 그러므로 성도는 한 달에 한번 생명 과일을 먹음으로 우리는 영생을 누리게 되는데 이는 우리에게 에너지를 주는 효소덩어리라고 여겨집니다. (계22:2)

그러므로 우리는 이 세상에서도 자신을 사랑하여 자신의 몸을 관리하는 훈련을 해야 합니다. 함부로 자신의 몸을 험한 곳에 내어 놓아서는 안됩니다. 어둠의 세상에서 빛 가운데로 나와야 합니다. 더 더욱 세속적인 쾌락이나 마귀의 숭배를 따르는 풍속은 자신의 몸과 마음을 학대하는 길입니다.

자신의 몸과 정신을 빛 가운데로 인도받아야 하는 길은 예수 그리스도에 있습니다. 이 분은 아주 당돌한 말씀을 하십니다.

〈예수께서 이르시되 내가 곧 길이요, 진리요, 생명이니 나로 말미암지 않고는 아버지께로 올 자(아버지의 나라에 들어갈 자)가 없느니라〉 (요14:6)

이 세상에서 뛰어난 수많은 사람들이 유명한 금언을 많이 남겼지만 이러한 말씀은 함부로 할 수 있는 말이 아닙니다.

자신의 말에 대한 책임을 감당할 수 있기에 자신있고, 그리고 담대하게 전하는 생명의 말씀입니다. 하나님이 하신 말씀에 대하여 믿음으로 받아들이지 않으면 하나님을 거짓말하는 자로 만드는 것이라고 하였습니다. (요일 5:10) 즉 하나님은 자신이 하신 말씀에 대하여 책임을 지시는 분입니다.

자신의 생명이 소중하다고 여긴다면 생명되시는 분을 의지해야 합니다. 우리는 영원한 인생을 즐길 수 있는 생명을 가졌습니다. 그 생명은 사랑입니다. 그리고 사랑은 여러분을 행복하게 합니다.

자가면력시스템을 활성화할 수 있는 유일한 길은 〈사랑〉이라는 발전기를 운전하는 것입니다. 우리는 〈하나님은 사랑〉이라고 말합니다. 그래서 하나님은 영원하신 분입니다.

〈사랑〉이라는 내 마음의 발전기를 돌려, 모든 것을 포용할 수 있는 심령은 행복의 향기를 발하는 인생으로 인도받을 것입니다.

나가면서

건강함으로 내일을 보고 싶다

『인간의 몸은 매 초당 1000만 개의 **세포 분열**가 일어나고 있고, 200가지의 **화학 반응**이 일어나는 주 무대이다』

위의 문구는 본 책을 들어가면서 기록한 첫 문장입니다. 이 문장은 한 백과사전에서 인간의 몸에 대하여 설명을 하는 첫 번째 문장입니다. 저는 이 구절에서 나의 몸에 대한 생명의 근원을 느끼게 되었습니다.

그러므로 우리의 몸은 정상적인 세포 분열과 화학 반응이 순조롭게 이루어진다면 우리는 건강하게 장수를 누리는 삶을 살다가 평안한 임종을 맞을 수 있습니다.

즉 세포분열은 음식을 통한 영양분의 보충으로 이루어지고 있지만 이에 대한 소화효소와 대사효소의 작용이 있어야만 가능합니다. 우리는 이 대사효소의 작용을 우리 몸의 화학작용이라고 합니다.

사람의 수명이 다한다는 말은 곧 우리 몸에서 세포 분열이 숭난뇌고, 화학반응이 일어나지 않으면 우리의 생명은 끝난다는 것입니다. 어찌 보면 세포분열도 화학 반응에 의하여 일어납니다. 소화효소와 대사효소의 작동없이는 세포 분열도 무용지물입니다.

자동차에 연료가 필요하듯이 우리의 몸도 세포 분열은 우리가 섭취하고 있는 영양소입니다. 그리고 엔진오일이 고갈되면 아무리 좋은 연료도 필요가 없듯이 우리 몸도 화학작용을 돕고 있는 효소가 공급되지 않으면 우리의 생명도 멈추게 됩니다.

우리의 몸은 시간이 지나면서 점점 퇴화되어가고 있습니다. 그러나 우리에게 주어진 생명을 가지고 주어진 시간에 건강하고 행복한 삶을 누려야하는 책임이 우리들에게 있습니다.

9988234가 우리의 삶에서 이루어질 수 있는 최상의 방법을 찾아야 합니다. 지난 60여년의 인생을 살아온 저자는 18세기, 19세기, 20세기, 21세기의 문화를 접하면서 살아온 것 같습니다. 사회문화적으로 보았을 때의 저의 경험입니다.

그런데 나는 22세기의 문화를 살고 싶습니다. 이 세상이 변화하는 모습을 내 눈으로 보고 싶고, 체험해 보고 싶습니다. 그리고 마지막 종말의 시대에 하나님의 역사를 체험하고 싶습니다.

소달구지를 끌고 다닌 어린 시절의 기억이 생생한데, 이제는 승용차를 타고 다니는 시대에 살고 있습니다. 부자들은 자가용 비행기까지 있습니다. 해외여행은 이제 보편적인 삶이 되었습니다.

시속 300Km가 넘는 속도로 여행을 다니고, 어린 시절 먹어보지 못한 것들을 언제든지 먹고 마시는 시대에 살고 있습니다. 신토불이 식품뿐만 아니라 외국에 있는 진기한 식품까지도 우리는 언제든지 맛볼 수 있습니다.

이제 우리들 인생에서 삶에 불의의 사고가 오지 않는 한 앞으로도 40년 이상을 살게 될 것입니다. 그러므로 이 40년을 어떻게 살 것인가는 참으로 중요합니다.

병들어 병약한 모습으로 병원을 왔다 갔다 하면서 살다가 죽을 것인가, 아니면 힘차게 활동하면서 살아갈 것인가는 바로 나의 건강에 달려 있습니다.

앞으로의 미래를 상상하여 봅니다. 하늘을 나는 자동차를 보게 될 것이고, 나만의 보트를 타고 여행을 할 것입니다. 돈을 좀 저축할 수 있으면 세계여행은 보편화되는 삶을 살아갈 것입니다.

내가 목표로 하는 것을 성취해 나갈 수 있는 충분한 시간입니다. 60년간 경험되어진 노하우가 지금에 와서야 큰 자산이 되고 있습니다.

건강에 대한 현대인들의 착각

지금은 텔레비전에서 방영되고 있는 프로그램 중에 일종의 '먹방' 프로그램이 인기리에 방영되고 있습니다. 인기를 위해서라면 못할 것이 없는 현대인의 모습입니다. 사람들의 삶에서 입맛을 위하여 살게 만드는 현실의 반영입니다.

입맛을 위하여 사는 것이 나쁜 것이라고 말하지는 않겠습니다. 다만 비만의 사람으로는 만들지 말자는 것입니다.

방송사들이 우리 대한민국 국민을 비만의 병든 사람들로 가득하게 만드는 메스미디어로 자리 잡고 있다면, 이는 참으로 슬픈 일입니다.

과거 어려운 시절은 참으로 먹을 것이 귀한 시절이 있었습니다. 그러나 지금은 풍요로운 시대를 맞이하여 목구멍이 차기까지 음식으로 채우고 있습니다. 참으로 불행한 일입니다.

보기 좋고, 맛있고, 진기한 음식과 향이 좋은 먹거리를 찾아서 전국을 3시간을 마다하고 달리고 있습니다. 음식으로 과식하고 커피로 입가심을 합니다.

오고 가는 길에 간식과 과일 상가에서 과일로 다시 배를 채웁니다. 그리고는 하루의 일과를 마무리하는 시대에 살고 있으니, 우리의 몸은 병으로 향하여 달려가는 기관차와 같다 할 것입니다.

영양가 있는 음식을 찾아서 먹는 일은 좋은 일입니다. 그런데 과식하는 것이 문제입니다. 우리 몸으로 들어온 음식물은 소화기관에서 분해하고 소화효소가 나와서 소화를 돕고 있습니다.

첨가물이 많이 든 가공식품, 육류 등을 많이 먹게 되면 타액, 위액, 췌장액, 장액 등에 과도한 소화효소를 투입하여 화학 반응을 해야만 합니다.

우리 몸에 있는 전반적인 효소가 소화에 투입되면 나머지 효소로 대사기관에 투입해야 하는데, 여기서 항상 효소는 부족합니다.

효소를 대사기관에 투입하여 뇌, 심장, 신장, 폐, 근육을 움직여야 하는데 효소가 부족함으로 대사작용이 일어나지 않으므로 우리 몸에 찌꺼기 세포들이 쌓이게 됩니다. 그리고 이 찌꺼기가 모든 병의 원인이 됩니다.

그래서 현대인들은 만성 효소 부족증을 가지고 있으며, 이것이 첫 번째 증상으로 몸이 부어오르는 것입니다. 그런데 우리는 영양분이 충분하여 내가 살찌고 있다고 착각합니다.

즉 몸이 부어오른 것은, 내 몸의 쓰레기 세포로 축적된 결과입니다. 이러한 좀비 세포가 나를 지배하게 되면, 이들은 악성 세포로 변화되는 것입니다.

이런 효소의 대사 화학작용의 부족은 암, 고혈압, 당뇨, 고지혈증, 파킨슨, 치매, 정신 질환을 일으키고 더 나아가서 아토피, 무좀, 우울증, 불면증까지 발병하게 됩니다.

우리의 탐식이 결국은 병을 만들고, 또 병을 내 몸에 소유하고 살아가는 병의 노예가 되는 것입니다.

행복한 여행자의 최대 무기는 건강입니다

우리의 몸은 영혼을 담는 그릇입니다.
우리의 몸은 자아의 정체성을 간직한 보자기입니다.
우리의 몸은 자아의 목표를 성취해 가는 도구입니다.
우리의 몸은 부활할 때 이 몸의 형체로 부활할 것입니다.
우리의 몸은 하나님의 손길로 만들어진 작품입니다.
우리의 몸은 예수님을 모델로 한 하나님의 형상입니다.

부모님을 통해서 이 세상에 여행을 시작한 우리는, 행복한 여행자로 그 여행을 마쳐야 합니다. 행복은 사랑할 때 최고의 가치로 나타납니다. 그래서 예수님은 사랑을 가르치셨습니다.

지금에 와서야 정신을 차리고, 내 인생과 몸에 대하여 점검하며 건강에 대하여 생각할 수 있는 기회에 가지게 되었습니다. 이에 대하여 참으로 고맙고 감사합니다. 여러분도 행복한 여행자가 되기를 원합니다.

저자는 이 책을 쓰면서 내 자신의 몸을 관리하는 프로그램을 계획합니다. 그것은 건강하게 장수하면서 내가 꿈꾸고 있는 목표를 성취해 나가는 희열을 체험하는 것입니다.

30년이 넘는 시간을 알지 못하는 병으로 인하여 헛된 시간을 소비했습니다. 일찍이 내 몸에 대하여 알았다면 이런 실수는 하지 않았을 것입니다.

내 몸은 내 것이 아니라 하나님으로부터 의탁되어진 선물입니다. 내 자신 스스로 잘 관리해야 할 책임이 있습니다.

하나님이 허락하신 수명을 다할 때까지 장수하는 복을 누리고 싶습니다. 그래서 이 세상이 변화하는 모습을 보고 싶습니다. 왜냐하면 오늘의 문명의 변화는 신비에 가깝기 때문입니다.

그리고 행복하고 싶습니다. 참 행복은 사랑에서 온다는 것을 새삼 깨닫고 있습니다. 이것이 성경의 핵심인데 이를 깨닫지 못하는 사람이 너무 많습니다.

그래서 장수 십계명을 실천하기 위한 자신의 결단이 필요하다고 생각합니다. 그 요점을 살펴보면 다음과 같습니다.

몸의 건강을 위한 외부의 요소

1. 맑은 공기로 호흡은 길게 한다.

가슴과 어깨와 장까지 움직이는 복식 호흡을 해야 합니다. 그리고 가끔은 숲을 찾아서 몸의 기운을 바꾸어야 합니다.

2. 깨끗하고 미네랄이 살아있는 물을 마신다.
될 수 있으면 이뇨작용에 도움을 주고, 체내 수분을 충분히 공급할 수 있는 물과 차를 마십니다.

3. 하루 30분은 햇빛과 함께 놀이를 한다.

4. 가장 먼저 개량화된 식사의 메뉴를 정한다.

아침식사는 간단한 '죽'이나 '스프'로 합니다.
점심식사는 정상적인 식사로 다양한 식단으로 합니다.
저녁식사는 소량의 10곡 이상의 곡류와 여러 해조류를 섞여서 생식합니다. 된장국과 함께 곁들일 것입니다.

외식은 일주일에 한번으로 하고, 그것도 점심 식사로 합니다.

될 수 있는 한 고기 외식은 금하고 싶습니다. 그렇다고 완전히 자연식만 하는 피곤한 식단을 하겠다는 것은 아닙니다. 모든 음식은 골고루 먹을 것입니다. 그중에서도 자연식을 70% 이상으로 하고 싶다는 것입니다.

5. 규칙적인 운동을 한다.

맑은 날에는 가까이 있는 대학교 운동장을 이용하고, 그러지 않는 날에는 보건소를 이용합니다. 요즘은 지역보건소에서도 많은 헬스 도구들을 비치하고 있으니 이를 이용하면 공짜라서 더 좋습니다.

6. 오후 11시 이전에는 잠들어야 한다.

그런데 나는 이것이 참 고민입니다. 연구하고 글을 써야만 할 때 어찌해야 할까? 그래도 될 수 있으면 11시 이전에 잠들고 싶습니다. 그리고 휴일은 꼭 챙겨 먹어야 한다고 다짐합니다.

몸의 건강을 위한 마음의 자세

7. 절제로 자기 스스로 통제하는 힘을 기른다.

이 나이 들어서 이제는 모든 것을 내려놓는 마음의 자세가 필요한 시기에 와 있습니다. 욕심없이 주어진 삶에 최선을 다하고, 옆에 있는 사람과 사랑하는 욕심으로만 채우려고 합니다.

8. 긍정적이고 감사하는 자세를 기른다.

본래부터 가지고 있었던 성품이기도 합니다. 지금에 와서 더 느끼는 것이 있다면 나에게 주어진 환경과 사람들에게 사랑할 수 있는 기회를 놓쳐서는 안된다는 것입니다.

왜냐하면 이 세상에 존재한 내가 감사하고, 또 내 주위에 있는 모든 사람들이 감사하기 때문입니다.

내 인생에서 영원한 기억은 〈사랑한 것〉이고, 또 저 나라로 가지고 갈 것도 〈사랑하였던 모뎀〉입니다.

그 사랑의 첫째는 나를 사랑하는 것입니다. 나를 사랑하는 것은 내 몸을 사랑하는 것입니다.
둘째는 이웃을 사랑하는 것이고,
셋째는 예수님을 사랑하는 것입니다.

9. 우리는 일 년을 370일로 살고 싶습니다.

일 년은 365일이고, 나의 체온은 36.5°입니다. 그런데 나는 일 년을 370일 살고 싶습니다. 될 수 있으면 따뜻한 음식을 먹습니다. 마시는 물도 조금은 따뜻한 물을 마셔야 합니다. 그래서 내 몸이 36.5°에서 37.0°의 평형을 유지해야 합니다.

오늘 나에게는 수넴 여인 '아비삭'은 없어도 나의 곁에는 몸이 따뜻한 아내 사록꽃이 있어서 좋습니다. 아내와의 스킨쉽이 더욱 필요할 것 같습니다. 오늘도 그녀에게 더 가까이 다가갑니다. 오늘따라 사록꽃이 더 이뻐 보입니다.

족욕에 대한 계획도 세워봅니다. 목욕탕에 자주 가는 것도 좋은 계획이지만 집에서도 간단하게 할 수 있는 족욕도 내 몸의 온도를 높이는 방법 중에 최선의 방책입니다.

건강한 몸을 유지하기 위한 방법

10. 일 년에 한번은 10일 정도로 인체 정화 프로그램에 참여하여 나의 몸을 보링을 한다.

지금까지 우리는 자신의 몸을 의식없이 학대하여 왔습니다. 우리 몸의 각 기관에 쓰레기로 채워서 청소도 하지 않고 막 사용하여 왔습니다. 내 몸에 대하여 참 미안한 마음이 들어야 합니다.

고급 원료(자연식)를 이용합니다. 엔진오일을 제 때에 교환하여 주며, 각종 오일을 잘 공급하여 준다면 안전 운행 시에 100만 ㎞도 넘는 주행을 할 수 있습니다.

저는 그렇게 자동차를 운행하는 사람을 보았습니다. 나도 내 몸을 100만 ㎞을 초과하여 달릴 수 있는 건강함을 유지하고 싶습니다.

장수 십계명을 서술하면서 나의 몸에 대하여 많은 것을 배우게 되었습니다. 이제 와서야 내 몸이 어떻게 작동하고 있는지를 조금은 깨닫게 되었습니다.

하나님이 직접 손으로 빚어서 만든 이 몸이, 이제는 존귀한 존재로 하나님께 드려지기를 원합니다.

병들어 실패한 나의 인생은 내 잘못임을 고백하고, '건강한 몸에서 건강한 정신이 나온다'는 금언을 마음에 새겨봅니다. 더욱 겸손한 배움으로 하나님의 은혜를 사모합니다.

본서를 가까이하여 건강한 삶을 위하여 노력하시는 모든 분들에게 하나님의 은혜가 충만하기를 기원합니다. 그리고 주어진 인생의 가치를 실현하면서 행복한 나날이 되기를 기원합니다.

감사합니다.
사랑함으로 행복한 시간을 함께하는 여행길이 되기를 기원합니다.

건강한 라이프 스타일을 위한 10가지 생활습관

1. 맑은 공기와 복식 호흡하기.

2. 충분한 물을 마신다.
   (예 : 135 파운드 성인의 경우 매일 1,8 리터).

3. 매일 최소 30분의 햇빛을 받으세요.

4. 익힌 것과 익히지 않은 과일과 채소를 같은 양으로 섭취하십시오.
   (가공식품을 피하자)

5. 규칙적으로 운동을 한다.

6. 오후 10시부터 오전 6시 사이에 충분한 휴식(수면)을 취하십시오.

7. 자기 통제의 중요성을 이해하십시오.

8. 긍정적이고 감사하는 태도를 가지십시오.

9. 안정된 체온을 유지하십시오.

10. 규칙적이고 정기적인 신체 건강 회복 프로그램에 참여하기

Ten Habits for Healthy Lifestyle

(미국 현지에서 사용하는 건강 십계명 번역본)

1. Do abdominal Breathing.

2. Drink enough water :

   (For example, 1,8Liters daily for a 135-pound adult).

3. Get at least 30 minutes of sunshine daily.

4. Consume an equal amount of cooked and uncooked fruits and vegetables.

5. Exercise regularly.

6. Get plenty of rest (sleep) between 10:00 p.m. and 6:00 a.m.

7. Understand the importance of self − control.

8. Have a positive and thankful attitude.

9. Maintain a stable body temperature.

10. Have a regular Body Health Recovery Program routine

장수 십계명

목사 **허봉식(錫)**

2022년 8월 31일   초판 1쇄 발행

펴 낸 이 : 허봉식, 김사록
펴 낸 곳 : 사록꽃 출판사
등   록 : 제 2019-00006 호
주   소 : 경기도 안성시 중앙로 2. 안동 309호
전   화 : (031) 674-1599
팩   스 : (031) 677-1599
전자우편 : pp9988@naver.com
출   판 : 한 빛

ISBN 979-11-968646-1-3 03370